1+X 旅行策划职业技能等级证书配套教材

旅行策划 中级

中国旅游协会旅游教育分会 组织编写

主编 黄宝辉

副主编 焦云宏 谢红霞 杨栋

高等教育出版社·北京

内容提要

本书为中国旅游协会旅游教育分会组织编写的 1+X 旅行策划职业技能等级证书配套教材（中级），是新形态一体化教材。本书依据教育部批准的《旅行策划职业技能等级标准》进行编写，采用模块化的编写思路，内容包括定制旅游产品需求研判、定制旅游产品策划创意、定制旅游产品制作、定制旅游产品供应商管理 4 个模块共 12 个工作任务，工作任务的具体学习和训练内容依据职业技能要求展开。

本书内容编排合理，理论阐述清晰，技能训练贴近岗位作业实际，具有很强的实践性和操作性，体现了 1+X 教材产教融合、岗课赛证融通的鲜明特色。本书的编写广泛吸收了旅行策划行业最新理论研究成果和行业实践经验，教材理论知识的选取紧紧围绕职业技能训练的需要，体现了工学结合、任务驱动的理论实践一体化编写思路，呈现了旅游类专业核心课程教学改革的最新成果。

本书适合高等职业教育、应用型本科学生及社会从业人员报考旅行策划职业技能等级证书（中级）培训使用，也可作为旅游类专业中开设的旅游产品策划与定制、旅游产品设计、旅游线路设计等课程的教学用书。推荐使用智慧职教 MOOC 学院（mooc.icve.com.cn）平台上的在线开放课程“旅游产品策划与定制”进行教学和学习。

图书在版编目（CIP）数据

旅行策划：中级 / 中国旅游协会旅游教育分会组织编写；黄宝辉主编. -- 北京：高等教育出版社，2022.4（2025.1重印）
ISBN 978-7-04-058302-1

Ⅰ. ①旅… Ⅱ. ①中… ②黄… Ⅲ. ①旅游业－策划－高等职业教育－教材 Ⅳ. ①F590.1

中国版本图书馆CIP数据核字(2022)第034667号

Lüxing Cehua（Zhongji）

策划编辑 张 卫　责任编辑 张 卫　封面设计 张 楠　版式设计 王艳红
责任校对 胡美萍　责任印制 赵 佳

出版发行 高等教育出版社
社 址 北京市西城区德外大街 4 号
邮政编码 100120
印 刷 人卫印务（北京）有限公司
开 本 787mm×1092mm 1/16
印 张 13
字 数 250 千字
购书热线 010-58581118
咨询电话 400-810-0598
网 址 http://www.hep.edu.cn
http://www.hep.com.cn
网上订购 http://www.hepmall.com.cn
http://www.hepmall.com
http://www.hepmall.cn
版 次 2022 年 4 月第 1 版
印 次 2025 年 1 月第 4 次印刷
定 价 41.80 元

物 料 号 58302-00

旅行策划（中级）编审委员会

序一

旅游产业的迅猛发展，对专业人才的供给提出了越来越高的要求。如何使我们各类旅游院校所培养的学生在掌握旅游产业的一些基本概念和理论的同时，做到既能“侃旅游”，同时也更会“干旅游”，这始终是我国旅游教育界需要下大力气解决的一个现实问题。

要解决好这一问题，就需要在理念、教材和教师结构上进行大胆的改革和创新。值得欣喜的是，近年来，不论是旅游企业，还是各旅游院校都为此开展了大量有意义的探索和努力，也涌现出了一些具有较高质量的工作成果。《旅行策划（中级）》就是这些成果中的一个代表作。

本教材的编写以党的二十大精神为指引，落实立德树人的根本任务。教材根据教育部颁布的《旅行策划职业技能等级标准》，将定制旅游产品需求研判、定制旅游产品策划创意、定制旅游产品制作和定制旅游产品供应商管理的内容分为必备知识、任务引入、任务分析、知识链接、自主训练与拓展、任务实施、任务评价、思考与练习等环节，逐一铺陈展开。在传播基础知识的基础上，聚焦提升学员的实践能力和动手能力，同时也使得相关的考核和评价标准更加贴近实际。《旅行策划（中级）》的出版可谓是旅游教育界在这一系列努力中的又一次积极尝试。

众所周知，旅游产业素质的进一步提升，离不开大量合格专业人才的参与。而合格专业人才的打造，则仰仗于高质量的教育和培训。也正是基于这一点，相信所有旅游人都期待着更多类似优秀创新实践的不断涌现。

是为序。

中国旅游协会副会长兼秘书长

2024年1月

序二 <<<<<<<<<

2019年1月24日，国务院印发《国家职业教育改革实施方案》（简称“职教20条”），提出在职业院校启动“学历证书＋若干职业技能等级证书”（简称1＋X证书）制度试点；同年3月29日，教育部、财政部发布了《关于实施中国特色高水平高职学校和专业建设计划的意见》，重申“双高”建设的院校和专业要率先开展1＋X证书制度试点；紧接着同年4月4日，教育部、国家发改委、财政部、市场监管总局制定了《关于在院校实施“学历证书＋若干职业技能等级证书”制度试点方案》，全面启动1＋X证书制度试点。1＋X证书制度是职业教育领域一项重要的制度创新，学历证书反映学校教育的人才培养质量，职业技能等级证书是毕业生、社会成员职业技能水平的凭证，反映职业活动和个人职业生涯发展所需要的综合能力。1＋X证书制度是适应新时代职业教育发展的需要，是促进产教融合发展的需要，是推进校企衔接发展的需要。

旅游职业教育是我国旅游教育的重要组成部分，也是职业教育战线上的重要力量，改革开放以来为我国培养了数以万计的适应旅游产业发展需求的高素质技术技能和管理服务人才，为提高旅游从业人员素质、推动旅游经济发展和促进旅游就业做出了重要贡献。为了在旅游职业教育界落实国务院“职教20条”，2019年5月在浙江旅游职业学院举办第十一届全国旅游院校服务技能（饭店服务）大赛期间，我和中国旅游协会旅游教育分会原秘书长刘莉莉进行了深入的交流，我们认为旅游职业教育战线要积极学习、贯彻和落实国务院“职教20条”，要以较快的速度在旅游职业教育中进行探索实践。我们意识到1＋X证书制度将引领职业教育的“三教”改革，对推动旅游职业教育发展具有重要的意义与价值。我们商定以浙江旅游职业学院的师资团队为基础，着手开展对1＋X证书制度的相关研究，探索具有旅游职业教育特点的证书体系。

2019年5月至8月，中国旅游协会旅游教育分会、浙江旅游职业学院组织专家开展了一系列研制工作。2019年9月21日，中国旅游协会旅游教育分会在浙江旅游职业学院召开旅游类职业技能等级证书专家工作会，讨论了“旅行策划”证书的标准。

为了有效开展旅行策划职业技能等级证书的试点工作，中国旅游协会旅游教育分会统筹安排，以浙江旅游职业学院黄宝辉副教授为主编的团队完成了《旅行策划（中级）》教材的编写。宝辉老师一直从事旅行社相关专业的教学、科研和社会服务工作，是一个有旅游职业教育情怀的教师，当我们邀请她参加旅行策划职业技能等级标准研制工作时，她积极参与、认真工作，付出了心血和汗水。这本教材的顺利出版，为进一步推进试点工作打好了基础。党的二十大胜利召开之后，编写团队及时对教材内容进行了更新，以全面落实党的二十大精神进教材，进课堂，进头脑。

教材以工作任务为导向，采用模块化的编写方式，将定制旅游产品需求研判、策划创意、产品制作、供应商管理四个工作领域的学习内容分成模块和教学单元，工作任务的具体学习和训练内容依据职业技能要求展开。教材注重培养学生形成优秀的品德和正确的职业观；采用任务驱动式的设计体例，案例丰富真实、深浅适度，符合学生的心理特征和认知规律；本教材为新形态一体化教材，信息化资源丰富，注重培养学生的实践能力和应用能力。

两年来，我们主动作为、担当使命、积极探索，在中国旅游协会旅游教育分会、浙江旅游职业学院、高等教育出版社、旅行社企业和兄弟院校的齐心合作、共同努力下，旅游职业教育探索1+X试点工作取得了一些突破和成绩。在此，十分感谢中国旅游协会旅游教育分会原秘书长刘莉莉，浙江旅游职业学院王方副校长，教务处史庆滨副处长，高等教育出版社陈瑛老师，以及浙江省中国旅行社集团有限公司总经理助理张帆、浙江捷程国际旅行社有限公司总经理陈永祥、西藏松赞绿谷文化旅游有限公司产品研发中心李悠然、太原海外国际旅行社有限公司总经理常敬忠、山西商务国际旅行社（有限公司）市场总监周洪波、港中旅国际（山东）旅行社有限公司总经理助理袁杨、青岛途嘉国际旅行社有限公司总经理高宏伟，他们为教材的出版给予了大力支持、并做了大量工作。

中国旅游协会旅游教育分会原副会长

浙江旅游职业学院教授

2024年1月

序三

经各方协同努力，《旅行策划（中级）》教材终于面世了。作为教育部1+X证书制度试点的培训评价组织，深感欣慰与期待。

1+X证书制度是国务院发布的《国家职业教育改革实施方案》的重要内容，是新时期职业教育改革的一项重大制度创新。将学历证书与职业技能等级证书相互融通，为职业教育教学模式和评价模式带来了深刻变革，对于增强旅游职业教育的适应性，提高复合型技术技能人才培养质量具有重要意义。

为此，在中国旅游协会重视、旅游教育分会会长副会长牵头、广大会员单位支持和秘书处成员的努力下，我们自2019年以来对1+X证书制度试点工作积极探索与实践，调动旅游教育界、旅游产业界资源，凝聚行业企业、院校和研究机构的专家力量，在证书标准开发、题库建设、师资培训、考务组织、教材编写等方面取得了成果。2020年12月30日，“旅行策划职业技能等级证书”获教育部批准，列入1+X证书制度第四批试点，并于2021年4月2日正式发布了《旅行策划职业技能等级标准》。

标准是职业技能等级证书开发的核心内容，配套教材是证书实行的重要基础。本教材的开发模式，突出了旅游职业教育类型特色，我们组建的编写团队，吸引了一批深耕于旅行策划专业领域的院校骨干教师、企业家及技术骨干、行业专家共同参与。本教材的内容设计，体现了旅游产业进步和“书证融通”要求，对应《旅行策划职业技能等级标准》，以模块化编写思路，将旅行策划（中级）工作领域的学习内容分为4个模块共12个工作任务，更加符合学生的认知特点、职业教育教学和人才成长规律。

感谢本书的主编、编者们倾注心力，感谢高等教育出版社编辑们的专业水准，感谢翻开书页的你们。期待这本书助力学习者专业有成，拓展就业创业能力，实现职业发展愿景，成为新时代中国旅游业及相关领域的高素质复合型人才。

在党的二十大精神指引下，旅游业成为满足人民美好生活需要、推动高质量发展的重要支撑。随着大众旅游深入发展和现代旅游业体系更加健全，旅行策划职业技能前景广阔。我们秉持人才培养初心，将不断完善教材编修，与院校师生、社会成员交流共进。

谨为序。

中国旅游协会旅游教育分会原秘书长

全国旅游标准化技术委员会委员

2024年1月

前言

党的二十大报告指出，坚持以文塑旅、以旅彰文，推进文化和旅游深度融合发展，这为实现文化和旅游业的高质量发展提供了根本遵循。定制旅游是以旅游者为中心，在目标市场细分基础上，遵循以旅游者体验价值为导向，为旅游者提供个性化服务解决方案，努力使旅游者满足度最大化的一种旅行综合服务形式。当前，旅游业进入高质量发展阶段，以文化、户外、修学、徒步、民俗等个性化偏好驱动的定制旅游蓬勃发展。各类市场主体积极探索定制旅行，其中旅行服务商是定制旅游产品设计的主力军，在线旅游（OTA）等也都在积极开发定制旅游市场。旅游行业需要大量的定制旅游产品设计人才。作为一种复合型人才，定制旅游人才专业跨度大、关联覆盖面广，培养难度较大。中国旅游协会是教育部批准的第四批1+X旅行策划证书的培训评价组织，中国旅游协会旅游教育分会负责“旅行策划职业技能等级证书”试点的各项工作，分会专门组建专业编写团队，组织证书配套教材的编写。

本书内容依据教育部批准的《旅行策划职业技能等级标准》编写，采用模块化的编写思路，包括定制旅游产品需求研判、定制旅游产品策划创意、定制旅游产品制作、定制旅游产品供应商管理4个模块共12个工作任务，工作任务的学习和训练内容依据职业技能要求展开。每个模块的开始都设置了必备知识环节，每个工作任务包括任务引入、任务分析、知识链接、自主训练与拓展、任务实施、任务评价、思考与练习等环节。必备知识，主要阐述了与工作任务中任务实施有关联的基础知识；任务引入，通过引入定制旅游产品实例，结合职业技能要求，提出需要完成的学习任务；任务分析，对学习任务进行分析，分析完成任务需要掌握的知识点和技能点；知识链接，详细讲解职业技能要求里包含的知识点，内设知识卡片栏目，拓宽学生的知识面；自主训练与拓展，对关键的职业技能要求进行任务驱动式训练；任务实施，通过任务综合应用所学知识，提高学生系统地运用知识的能力提升职业技能；任务评价，对任务实施过程中知识和职业技能进行总结和评价；思考与练习，结合职业技能要求，设计思考与练习题，供学生自主学习。

本书主要面向的岗位群如下：旅行社企业、在线旅游运营商等旅游企业的旅游产品经理，旅游定制师、旅游市场拓展专员、旅游供应商管理等岗位，主要完成定制旅游产品需求研判、策划创意、产品制作和供应商管理等工作。

本书落实立德树人根本任务，注重培养学生形成优秀的品德和正确的职业观。本书体现了产教融合、岗课赛证融通的编写理念，吸收了行业企业的新理念、新规范；引入企业真实运营产品案例，注重以真实作业项目、典型工作任务为载体组织教学单元；将多个旅游产品策划类职业技能大赛的资源改造为教材中理实一体化的训练项目。本书体现了新形态一体化教材的融合创新，教材配套了颗粒化的二维码教学资源，支持利用移动终端即时互动学习。

本书由黄宝辉担任主编并负责大纲拟定、全书统稿以及各个模块的编写指导，编写模块二和模块三，附录由焦云宏编写，模块一由谢红霞编写，模块四由杨栋编写。西藏松赞绿谷文化旅游有限公司、野性中国工作室、浙江捷程国际旅行社有限公司等企业为本书的编写提供了宝贵的素材。

本书的编写参考和借鉴了旅游界诸多同行和专家的研究成果，得到了高等教育出版社的大力支持，本书部分案例引用自网络公开资料，在此一并表示感谢。

限于编者知识理论水平和实践经验，本书难免存在不足之处，敬请专家和广大读者批评指正。

中国旅游协会旅游教育分会
2024年1月

目录

二维码微课资源目录 <<<<<<<<<

模块一　定制旅游产品需求研判

工作任务	职业技能要求
• 定制旅游产品目标市场分析	• 了解定制旅游产品目标市场旅游者群体的旅游动机，并依此有针对性地选择产品开发方向 • 能分析定制旅游产品目标市场旅游者群体关注的核心利益，并据此构思产品的内容 • 熟悉定制旅游产品目标市场旅游者群体旅游消费的特点，并依此构思产品呈现的形式
• 定制旅游产品目标客户需求描述	• 能倾听客户的诉求，描述定制旅游产品目标客户旅游需求实现的场景 • 能给客户提供旅游目的地的具体信息，引导定制旅游产品目标客户描述旅游需求的时间指向性和地域指向性 • 能引导定制旅游产品目标客户描述功能类旅游需求和情感类旅游需求
• 定制旅游产品目标客户需求确定	• 能与客户进行有效沟通，确定定制旅游产品目标客户旅游需求实现的场景 • 能掌握核实技巧，确定定制旅游产品目标客户旅游需求的时间指向性和地域指向性 • 能逐渐引导定制旅游产品目标客户明确和确认其自身的功能类旅游需求和情感类旅游需求

必备知识

一、旅游产品的定义和分类

旅游产品是通过利用、开发旅游资源提供给旅游者的旅游吸引物和服务的总和。

旅游产品按照旅游者的旅游动机、旅游活动的内容和性质、旅游产品生产商对产品构成要素的选择及组合方式，可以分为观光旅游产品、度假休闲旅游产品和专项旅游产品。

（一）观光旅游产品

观光旅游产品是指依托旅游目的地的自然旅游资源和人文旅游资源，以各项旅游接待设施为载体，以满足参观游览自然风光、文物古迹及考察民情风俗等旅游动机为目的的旅游产品类型。观光旅游产品一般具有资源品位高、可进入性强、服务设施多、环境氛围好、安全保障强等条件，长期以来一直是旅游市场的主流产品，深受广大旅游者的喜爱。

（二）度假休闲旅游产品

度假休闲旅游产品是指在度假地（区）短期居住，进行娱乐、休闲、健身、疗养等消遣性活动，以满足休息、度假等旅游动机的旅游产品类型。度假休闲旅游产品要求度假地（区）具备4个条件：区位条件优越，拥有良好的住宿设施和健身娱乐设施，景观资源丰富，服务水平高。度假休闲旅游产品所包含的项目参与性很强，例如，水上运动、滑雪、高尔夫球、垂钓、温泉浴、泥疗、潜水等。购买度假休闲旅游产品的旅游者在旅游目的地的停留时间较长、消费水平较高。度假休闲旅游产品对旅游目的地建设水平要求较高。

（三）专项旅游产品

专项旅游产品是依据社会、经济、文化、科研、修学、康养等中的某一主题而设计开发的旅游产品，也可以是针对某一细分市场特有需求开发的旅游产品。专项旅游产品中各个组成项目之间有比较统一的内容或属性，具有较强的文化性、知识性、趣味性和专业性。此类旅游产品由于各产品的主题多种多样，因而受到不同兴趣爱好的旅游者的欢迎。专项旅游产品包括红色旅游、商务旅游、特种旅游、修学旅游（研学旅游）、文化旅游、遗产旅游、工业旅游、农业旅游、科技旅游、少数民族风情旅游、节事旅游、乡村旅游、森林旅游、温泉旅游、海洋旅游、摄影旅游、自驾旅游、美食旅游、老年旅游、亲子旅游、女性旅游、家庭旅游等。

二、定制旅游和定制旅游产品的定义

定制旅游是以旅游者为中心，在目标市场细分的基础上，遵循以旅游者体验价值为导向，为旅游者提供个性化服务解决方案，努力使旅游者满足度最大化的一种旅行综合服务形式。

定制旅游产品是旅行社或在线旅游运营商接受旅游者的委托，根据旅游者的需求，单独设计行程、报价并提供服务的专项产品及服务。

定制旅游产品主要分为 3 种类型：根据某一类旅游者需求定制鲜明主题化产品的泛定制旅游产品，在标准化产品基础上进行微调的半定制旅游产品，以及根据旅游者需求定制产品的全定制旅游产品。

三、定制旅游目标市场

定制旅游产品生产商在规划定制旅游业务板块之前，必须先确定要进入的目标市场。对目标市场的规划，须结合企业自身的战略发展目标、经营目标、企业资源等，以此来确定自己在同业市场中的定位。

定制旅游产品生产商在开发定制旅游产品时，须深入挖掘目标市场旅游者群体的需求，对其旅游动机和消费特点进行深入的研究，有针对性地设计目标市场旅游者需要的旅游产品和服务。

四、旅游者群体及划分

旅游者群体由具有相同需求和旅游偏好的旅游者组成。每一个具有类似需求特点的旅游者群体都是一个细分市场。

按年龄来划分旅游者群体，可分为少年、青年、中年、老年 4 类群体。

按性别来划分旅游者群体，可分为男性旅游者群体和女性旅游者群体。

按职业来划分旅游者群体，可分为军人、教师、机关工作人员、商业服务人员、农业从业人员、学生、离退休人员等群体。

按出行目的来划分旅游者群体，可分为观光型旅游者、度假型旅游者、家庭及个人事务型旅游者、文化型旅游者、特种旅游者等。

五、旅游需求

（一）旅游需求的含义

旅游需求是指人们为了满足外出旅游的需要，有购买旅游产品和服务的欲望。旅游需求分为现实旅游需求与潜在旅游需求。现实旅游需求是人们实际购买旅游产品和服务的行为，反映了旅游市场的现实需求状况，是一种有效的市场需求。潜在旅游需求是一种未来需求，它反映市场的扩容潜力，表明旅游市场的发展趋势。定制旅游产品生产商要在接受旅游者委托的基础上，结合旅游者的现实需求，挖掘旅游者的潜在需求，为定制旅游者提供满意的专项产品和服务。

（二）旅游需求的特征

旅游需求具有以下特征。

1. 指向性

旅游需求的指向性包括旅游需求的时间指向性和旅游需求的地域指向性。旅游需求的时间指向性是指旅游需求在时间上具有较强的季节性。旅游需求的地域指向性是指旅游需求在空间上具有较大的需求差别性。

2. 整体性

旅游需求的整体性是指旅游者对旅游活动的需求具有多面性或系列性，即食、住、行、游、购、娱等多个方面的需要。

3. 敏感性

旅游需求的敏感性表现在两个方面：一是指旅游者对出游环境变化所做出的敏感反应；二是指旅游者对旅游需求的影响因素所做出的敏感反应。

旅游需求的影响因素如下。

（1）旅游者因素：收入水平、闲暇时间、动机、个人偏好。

（2）旅游资源因素：数量、等级、组合。

（3）旅游交通因素：便捷程度、交通工具及其安全性。

（4）旅游地接待因素：服务体系、区位、价格。

（5）经济社会条件因素：经济发达程度、旅游业开发程度、旅游业扶持政策等。

4. 多样性

旅游需求的多样性是指人们在旅游目的地选择、旅游方式、旅游项目的类型和规格、旅游时间等方面存在的差异性。

工作任务一　定制旅游产品目标市场分析

任务引入

以山西省A旅行社设计的“倾国·倾城·晋享祺乐人文之旅四日游”为例，分析该旅游产品目标市场旅游者群体的旅游动机及产品开发方向、关注的核心利益、产品构思、旅游消费的特点及旅游产品呈现的形式。以下是该旅游产品的行程安排。

“倾国·倾城·晋享祺乐人文之旅四日游”行程安排主要内容如下。

一、行程特色

- 一次人文之旅：感悟晋商文化，品味精致生活。
- 三大美妙体验：享受晋商大院的温泉养生活动，品味文化遗产的东方韵美，演绎旅拍摄影的盛年风华。
- 五种文化对话：对话历史、对话古城、对话非遗、对话时尚、对话田园。

二、行程安排

行程安排如表1-1所示。

表1-1　行程安排

日期	行程安排	用餐	住宿
D1周五 4月9日	太原—灵石	—，中，晚	灵石
8：30　指定地点集合 8：30　乘车前往灵石县（车程165千米）。了解旗袍文化：沿途通过车载多媒体进行旗袍穿搭的示范和指导。了解如何让旗袍丰富着装文化内涵，由内而外地展现女性的个人修养和品质，了解旗袍的演变过程，以及各个时代的旗袍名人 10：30　与灵石县旗袍协会交流。学习旗袍礼仪，模特现场示范表演，欣赏集体舞《旗袍美人》 11：30　参观巾帼创业基地——灵石县灵尚绣品有限公司。了解中国刺绣的发展历史和非物质文化遗产——晋绣的渊源，专人协助挑选精美绣品（每人限选1件，作为礼品赠送给旅游者） 12：30　安排入住酒店。崇宁堡坐落在灵石县静升镇静升村，为王家大院的重要组成部分。崇宁堡温泉酒店充分利用晋商大院的文化底蕴和温泉资源条件，秉承“厚古不薄今、厚今不薄古”的开发理念，建成了古堡式温泉度假酒店，让旅游者在欣赏中国传统古民居的同时，也能在天然温泉水中沐浴养身、解疲去乏 13：00　安排中餐，餐后休息 14：30　旗袍秀。表演集体舞《旗袍美人》后，分别进行个人展示。身着旗袍，一起演绎修长挺拔的站姿，端庄优雅的坐姿，具有东方神韵的走姿，习得自己最具魅力的表情和眼神，寻觅最佳上镜角度。既可以演绎小家碧玉的矜持，亦可以演绎大家闺秀的柔美，动静皆美 16：30　卸妆，休息 17：30　享用晚餐 19：00　自由活动并畅享温泉。崇宁堡温泉拥有地下1 900米深处的温泉资源，泉水富含对人体有益的多种微量元素。可享受各类药物温泉、花香温泉、红酒温泉、香醋温泉、咖啡温泉、薄荷温泉、牛奶温泉。也可躺在露天温泉池里，抬头看着满天繁星，也是一种惬意的体验。还可以三五好友，漫步“夜色古堡”，恍若在远古与现代的时光隧道中穿梭，在历史文化的长廊中回味晋商风云			

续表

<table>
<tr><th>日期</th><th>行程安排</th><th>用餐</th><th>住宿</th></tr>
<tr><td colspan="4">用餐安排：早——无早餐　中——酒店内中餐　晚——酒店内中餐
住宿安排：崇宁堡温泉酒店</td></tr>
<tr><td>D2周六
4月10日</td><td>太原—平遥</td><td>早，中，晚</td><td>平遥</td></tr>
<tr><td colspan="4">7：00　酒店自助早餐
7：30　分组化妆
9：30　游览王家大院。欣赏王家大院的建筑精华，体会其蕴含的中国传统礼制文化和“三雕”（砖雕、木雕、石雕）艺术。摄影师随时抓拍，并进行个人专题拍摄。王家大院是国家4A级旅游景区，清代民居建筑的集大成者。《榆阳秋》《刀客家族的女人》《铁梨花》《吕梁英雄传》《杀虎口》《古镇大河》《沧海桑田一百年》等多部影视作品均在此取景
12：00　安排中餐，餐后休息
14：30　微电影拍摄。拍摄旗袍微电影《盛世佳人》，分享精彩花絮（短视频）。剧情和台词由旅行社提供模板，行前与旅游者共同商定
17：30　享用晚餐
19：00　自由活动。可以继续享受酒店各项设施和服务，也可以欣赏古堡迷人夜景
用餐安排：早——酒店自助早餐　中——酒店内中餐　晚——酒店内中餐
住宿安排：崇宁堡温泉酒店</td></tr>
<tr><td>D3周日
4月11日</td><td>灵石—平遥</td><td>早，中，—</td><td>平遥</td></tr>
<tr><td colspan="4">8：00　酒店自助早餐
9：00　乘车前往平遥古城
10：00　前往平遥中国推光漆器博物馆体验学习。平遥推光漆器髹饰技艺于2006年首批入选国家非物质文化遗产名录，为“平遥三宝”之首。团队前往参观“中国推光漆器博物馆”，并亲手体验中华传统漆器工艺，学做精美漆器作品。（每人可获赠一件首饰盒）
12：00　午餐并安排入住
14：00　赴“初见汉服体验馆”选择自己心仪的汉服（每人限选2件），着汉服、游古城，参观古城墙、日升昌等城内景点。摄影师随时抓拍，并进行个人专题拍摄。专门安排乘坐人力黄包车体验，每组一台黄包车，自由体验、拍照。晋商大院的故事在继续，而身着汉服的女子们将要前往下一个地点，去唤醒一扇门，去温柔一处景
16：00　赴茶文化会所——品遥汇，体验源远流长的茶文化。学习“行茶十式”，了解山西药茶，交流万里茶路和晋商文化。欣赏沿途美照和精彩短视频
17：30　印象新街自由活动。在印象新街感受民国风情，晚餐自理，尽情品尝平遥特色小吃
19：30　欣赏大型情景体验剧《又见平遥》。这是一个关于血脉传承、生生不息的故事……以古城为剧场，让您身临其境，边走边看，甚至与表演者对话，仿佛穿越到了那个年代一样，成为戏剧的一部分。穿过完全不同的场景，感受每一个街角，每一个传说，真切体味生活在平遥的先辈是如何用自己的聪明才智，在中国历史舞台上，谱写着非同寻常的华美乐章</td></tr>
</table>

续表

<table>
<tr><th>日期</th><th>行程安排</th><th>用餐</th><th>住宿</th></tr>
<tr><td colspan="4">21：10 返回酒店休息
用餐安排：早——酒店自助早餐　　中——酒店内中餐　　晚——无晚餐
住宿安排：云锦城公馆</td></tr>
<tr><td>D4周一
4月12日</td><td>平遥—祁县—太原</td><td>早，中，晚</td><td>太原</td></tr>
<tr><td colspan="4">8：00　酒店自助早餐
9：00　游览“彩塑艺术宝库”——双林寺。双林寺唐槐、宋碑、明钟以及古代建筑、彩塑、壁画，都具有很高的观赏价值。尤其是2 000多尊彩绘泥塑，更令人称道不已。这些泥塑继承了唐代以及宋、辽、金、元彩塑的优良传统，具有高度写实风格，它们形神兼备，艺术价值极高，其中的自在观音、渡海观音、韦驮像以及18尊罗汉像等皆为经典之作
12：00 安排中餐，餐后休息
14：00 乘车赴祁县
15：00 欣赏祁县万亩梨花园。共赴“春天之约”，一人一旗袍，一花一世界……在万亩梨花园内自由拍照、合影留念
16：00 乘车返回。途中欣赏照片作品，确认“我最爱的18张美照”，由旅行社制作成册，向每位旅游者赠送一册
17：00 抵达太原，结束美丽之旅
用餐安排：早——酒店自助早餐　　中——平遥天元奎饭店　　晚——无晚餐
住宿安排：无</td></tr>
<tr><td colspan="4">说明：
1. 目标客户群：24人女教师团
2. 行前自行到太原市旗袍会馆等机构租/购旗袍，以2~3套为宜，费用自理
3. 微电影《盛世佳人》的台词和剧情行前与旅游者商定
4. 全程4名专业摄影师随团跟拍，4名专业化妆师随团提供化妆服务</td></tr>
</table>

任务分析

定制旅游产品目标市场旅游者群体的旅游动机和旅游需求，以及旅游者群体在旅游消费过程中关注的核心利益，其旅游消费的特点等，都直接影响着定制旅游产品的开发方向、产品的内容及产品的呈现形式。要完成以上任务，需要学习定制旅游产品目标市场分析的相关知识。

知识链接

一、了解目标市场旅游者群体的旅游动机，并据此选择产品开发方向

（一）旅游动机

1. 旅游动机的含义

旅游动机是一个人外出旅游的内在驱动力，是促使一个人外出旅游以及选择到何处去、开展何种旅游活动的心理动因。

2. 旅游动机的特点

（1）旅游动机的对象性。旅游动机表现出人们对于某一事物或某一活动的指向。比如，长期工作的紧张感就会使人产生度假旅游的动机，寒冷的冬季会使北方人产生去温暖的南方旅游的动机，而炎热的夏季又会使人产生去避暑胜地旅游的动机等，这种异于惯常生活环境的体验，反差越大，吸引力越强。

（2）旅游动机的选择性。旅游动机决定着旅游者对旅游内容和旅游方式的选择。由于旅游者在国籍、民族、职业、文化水平、性格、年龄、兴趣爱好、生活习惯和收入水平等方面存在差异，他们对旅游活动内容的选择较为多样。

（3）旅游动机的相关性。旅游活动是一项综合性的活动，旅游者的旅游动机往往不是单一的，不同的旅游动机之间存在着联系，形成复杂的旅游动机体系。因此，旅游产品的要素越丰富，越有利于提高旅游产品的吸引力。

（4）旅游动机的发展性。当一种旅游动机实现后，会在其基础上产生新的旅游动机，成为人们旅游行为的新动力。适应旅游者旅游动机的发展变化，旅游产品不断更新。除观光旅游之外，各个机构也纷纷推出城市观光游、生态游、健身游、探险游等专项旅游，以满足旅游者的不同需求。

3. 旅游动机的类型

旅游者的旅游动机相当复杂。不同的学者对旅游动机有不同的分类。

参照马斯洛的需求层次理论，旅游动机可以由低到高分为 5 个层次。第一个层次为放松动机，旅游者主要是欣赏风光，使身心得到放松和休息；第二个层次为刺激动机，旅游者通过接触不同的人、社会文化以及风俗习惯，体验到新的感受和新的刺激；第三个层次为关系动机，旅游者通过逃避日常的人和事，结交新的朋友、建立新的关系；第四个层次为发展动机，旅游者通过学习新的知识和技能、增加新的阅历、培养新的兴趣，发展自我潜能；第五个层次是自我实现动机，旅游者借助旅游资源，发挥主体能动性，丰富、改变和创造人的精神素质，获得更高的成就，实现自己的梦想和价值。

常见的旅游动机主要包括以下几个方面。

第一，健康动机。健康动机主要是保持身体健康的需要。人们到风景优美的森林、海滩及名山大川去享受大自然清新的空气，释放身心的疲劳。

第二，文化动机。获取新知识、增长见识、丰富阅历是人们外出旅游的重要动机。文化的差异以及文化的异地传播，使人们产生了接触异域文化的动机。

第三，交往动机。社交是人的本性，通过旅游，人们可以结交新的朋友，从而满足个体对归属和爱的需要。

第四，事业动机。由事业动机而进行的旅游活动，包括各种学术交流和商务活动。

实际上，在一次旅游中，每个旅游者的旅游动机也不是单一的，而是几种动机相互交错、同时并存的，往往是以某种动机为主，兼有其他旅游动机，即其中某一方面是主导动机，其他方面为辅助动机。例如，在一次度假旅游中，既放松了身心，又满足了购物的需求。

知识卡片

表1-2为老年旅游者的旅游动机。

表1-2　老年旅游者的旅游动机

旅游动机	项目内容
社交归属动机	结识新朋友
	合群、归属感
求新、求异动机	参观历史文化景点
	品尝异地美食
	去看新事物，满足好奇心
	体验不同的地域文化和生活环境
自我提升动机	丰富人生经历，增加自我成就感
	获得他人尊重
文化艺术动机	参观革命圣地，红色文化
	欣赏各种形式的文化艺术
	参观宗教场所，了解宗教文化
放松休闲动机	暂时脱离日常琐事，放松休息
	排遣孤独情愫，寻求愉悦

续表

旅游动机	项目内容
情感怀旧动机	探亲访友
	重温过去的经历，回到曾经生活过的地方
	实现儿女们尽孝的愿望
健康疗养动机	疗养和治疗
	挑战自我体能，激励自己锻炼身体

资料来源：周刚，张嘉琦．基于旅游动机的老年旅游市场细分研究［J］．资源开发与市场，2015，31（12）：1540-1544．

（二）依据目标市场旅游者群体的旅游动机，选择产品开发方向

不同年龄旅游者群体的旅游动机存在差异，因而需要设计相应的旅游产品。例如，青少年旅游是想认识世界、增长见识，可以设计研学旅游产品；老年人旅游是出于健康疗养、寻根访祖的需要，可以设计慢节奏旅游与疗养型的旅游产品。

不同性别旅游者群体的旅游动机存在差异。男性在“求动”心理的驱动下，追寻身体机能挑战，旅游动机更倾向于体育锻炼、探险、度假等，可以设计体育旅游、户外拓展类旅游产品；女性在“放松”方面的动机更为强烈，在“求静”心理的影响下，女性更在意身心的放松和疗养，同时表现出强烈的购物动机、浪漫动机、文化动机等，可以设计休闲游憩、康养美食、文化旅游类旅游产品。

值得注意的是，定制旅游产品生产商应依据目标市场旅游动机的发展变化开发新的旅游产品。随着生活节奏的加快，周期短、体验新的轻奢类旅游产品开始受到市场欢迎。定制旅游生产商可以开发“景区＋民宿”的旅游产品，以及康养旅游产品、轻户外体育旅游产品等。

自主训练与拓展

训练项目：女性旅游市场根据年龄和阅历的不同，旅游的需求动机是不同的。查找资料，分析不同年龄段的女性旅游者的出游动机，以及女性旅游产品开发的方向。

训练项目

自检自查：学生完成以上训练项目，请扫描二维码上传作业，上传后即可获取参考答案，对照参考答案，分析自己对知识点和技能点的掌握程度。

二、分析定制旅游产品目标市场旅游者群体关注的核心利益，并据此构思产品的内容

旅行策划人员应重点关注定制旅游产品目标市场旅游者群体关注的核心利益，也就是旅游产品赋予旅游者的益处和获得感。包括定制旅游产品主题所体现的产品的核心价值、旅游目的地的吸引力、游览景区的体验价值及旅游服务的价值。例如，自然风光的视觉冲击，民俗旅游的独特文化体验，美食游的感官愉悦，旅游景区的体验价值，以及食、住、行等要素的高附加值服务。由于旅游者群体的需求存在差异，旅游产品中旅游吸引物存在差异，旅游者对旅游核心利益的感知也是存在差异的。

康养旅游者关注的核心利益是身心疗愈，在康养类旅游产品的构思上，要注意以下几点：旅游目的地的选择要能够达到康养的目的，例如，去森林吸氧、去乡村采摘等；旅游项目的设计上要增加一些有利于身体健康的项目，例如，举办养生讲座、运动、泡温泉、游泳、理疗等；餐饮安排要注意餐食的营养搭配；住宿安排要考虑安静、舒适。

家庭旅游者关注的核心利益是情感的融洽和交流，在家庭游产品的构思上，要注意以下几点：应节奏缓慢、舒缓身心，设计互动性较强、贴合家庭同乐的旅游项目，如温泉旅游、乡村休闲游等。旅游目的地选择古镇或者海边。

值得注意的是，越来越多的旅游者更加关注旅游行程的安全性，旅游安全关乎旅游者的切身利益。旅行策划人员在进行旅游产品构思时，应充分考虑旅游安全保障。旅途中的陌生环境可能会引起旅游者的不安，他们也会担忧旅游产品各个环节的安全系数。女性旅游者比男性旅游者更缺乏安全感，她们在旅游餐饮住宿、旅游交通和旅游娱乐购物等方面有更高的安全需求，女性旅游者对旅游方式、旅游产品和旅游目的地选择有更多的考虑和担忧。女性旅游者倾向于结伴出游或者参加旅游团队。旅行策划人员在进行旅游产品构思时应选择交通条件优越、服务设施安全、治安条件良好的成熟旅游目的地，安排职业道德素养高、耐心细致稳妥的服务人员提供旅游服务。

三、依据目标市场旅游者群体旅游消费的特点，构思旅游产品的呈现形式

（一）旅游者群体旅游消费的特点

旅游消费是指人们在旅行游览过程中，为了满足旅游需求，而进行的物质资料和精神资料消费的总和。旅游者是否选择旅游消费活动、旅游消费时间、旅游消费构成、旅游消费层次与旅游消费量取决于旅游者的旅游消费倾向、旅游消费习惯、旅游消费能力以及旅游消费水平等。

分析不同细分市场的旅游者群体的旅游消费特点，有助于定制旅游产品生产商根据某一类客户需求，定制主题化产品，或者根据某一类客户的需求在标准化产品的基础上进行微调，生产半定制旅游产品。因此，定制旅游产品要适合目标市场旅游者群体的旅游消费特点。

旅游者群体的特点主要考虑以下几方面因素：旅游者群体的年龄，旅游者群体的性别，旅游者群体的职业类别，旅游者群体分布的区域，旅游者群体的收入水平，旅游者群体的家庭规模，旅游者群体的文化教育水平，旅游者群体的人生家庭阶段，旅游者群体的消费习惯。下面以不同年龄的旅游者群体为例，对其消费特点进行分析。

按年龄，可将旅游者分为少年、青年、中年、老年4种旅游者类型，从而可以根据他们的喜好以及年龄特点安排不同的服务和旅游目的地。

1. 少年旅游者群体

少年旅游者群体是指在16岁以下的旅游消费者。此类型旅游者多为小学或初中的学生。少年旅游者好动、好奇心强，善于学习文化知识，喜欢猎奇；他们用餐和住宿要求不高，餐食可口、住宿舒适即可。服务少年旅游者的导游形象要健康、稳健，导游讲解风格以活泼开朗、风趣幽默为宜，但应避免低俗化。人文旅游资源丰富和自然景观优美的旅游目的地对少年旅游者更具吸引力。

2. 青年旅游者群体

16~35岁的旅游者可称为青年旅游者群体。此类型旅游者多为大学生或者职场中的青年人。青年旅游者思维活跃，懂得时尚和享受，也是当今的主流旅游消费群体。青年旅游者需求多样，对旅游服务要求较高。餐饮安排要突出特色，青年旅游者对餐品造型、口味或名字较为敏感。为青年旅游者服务的导游要有活力，了解最新的流行元素。青年旅游者喜欢古建筑、遗址遗迹、美食文化、流行文化，更喜欢名山大川和富有浪漫气息的景点。

3. 中年旅游者群体

35~60岁的旅游者可称为中年旅游者群体，该群体由于生活的高压力，在外旅游以休闲放松为主。为中年旅游者服务的导游个人素质要高，需要有足够的阅历和较好的文化素养。中年男性旅游者对自然风景情有独钟，在开阔的天地寻求压力的释放，喜欢峡谷、瀑布、森林景观，也有部分中年男性旅游者对茶文化、高雅艺术有偏好。中年女性旅游者喜欢健康养生类旅游产品，能满足美容、休闲放松、社交、购物需求的旅游产品受到她们的欢迎。

4. 老年旅游者群体

60岁以上的旅游者可称为老年旅游者群体。老年旅游者由于年龄较大，活动不方便，适合周边旅游。老年旅游者喜欢宁静、舒缓的旅游活动，偏爱历史文化、自然风光类旅游景区，餐饮安排以清淡为宜，住宿安排以安全、舒适为宜。为老年旅游者服务的导游要有亲和力和较强的责任心，具有奉献精神，性格开朗。老年旅游者对导游服务的依赖性较强。老年旅游者对乡村旅游、红色旅游和观光旅游接受度较高。

（二）构思旅游产品的呈现形式

旅游产品呈现形式包括旅游产品主题的描述、旅游产品的规格、旅游目的地类型的描述、旅游交通方式的描述、旅行节奏的设计、活动项目的设想。旅游产品呈现形式是在旅游者头脑中勾勒出旅游产品的蓝图。表1–3以不同年龄的旅游者群体为例，阐述适应其旅游消费特点的旅游产品呈现形式。

表1–3　旅游产品的呈现形式

旅游者群体类型	产品主题的描述	旅游产品的规格	旅游目的地类型的描述	旅游交通方式的描述	旅行节奏的设计	活动项目的设想
少年旅游者群体	休闲度假旅游	小康型	度假资源丰富的旅游目的地	自驾车、高铁、飞机、旅游客车	舒缓	亲子互动、趣味体育、文化体验、乐享美食
	研学旅游	经济型	人文旅游资源和自然旅游资源丰富的旅游目的地	高铁、飞机、旅游客车	适度的压力感和挑战性	科学探究、社会交往、人文艺术、自然科普、技艺研习、现代科技体验
青年旅游者群体	文化旅游	小康型	人文旅游资源丰富的旅游目的地	自驾车、高铁、飞机、旅游客车	深度游、远程多地游	历史文化、民俗文化、非遗文化、文学艺术、影视演艺、饮食文化、建筑园林文化
	户外拓展旅游	经济型、轻奢型	名山大川类旅游目的地、具备安全保障的探险目的地、运动休闲资源丰富的旅游目的地	自驾车，高铁，飞机，旅游客车，适合于山地、林间、户外的特色交通工具	紧凑、高强度	攀岩、露营、旅拍自驾、越野、徒步
	时尚体验旅游	高端型	时尚资源丰富的旅游目的地、商业设施完善的旅游目的地	自驾车、房车、飞机、以舒适享受为主的特色交通工具	舒缓慢行与峰值体验并存	美容、购物、节庆狂欢、美食体验、时尚活动、电竞游戏

续表

旅游者群体类型	产品主题的描述	旅游产品的规格	旅游目的地类型的描述	旅游交通方式的描述	旅行节奏的设计	活动项目的设想
中年旅游者群体	休闲度假旅游	小康型、高端型	度假资源丰富的旅游目的地	自驾车、房车、飞机、以舒适享受为主的特色交通工具	舒缓	运动休闲、美食休闲、文化休闲、观光休闲、养生休闲
	康养旅游	高端型	康养度假资源丰富的旅游目的地	自驾车、房车、飞机、以舒适享受为主的特色交通工具	舒缓	心理疏导、身心调理、康体健身类活动项目
	社会交往旅游	品质型	都市型旅游目的地	自驾车、高铁、飞机、旅游客车	劳逸结合	会议旅游、研讨访谈、商务差旅
老年旅游者群体	养生保健旅游	小康型、经济型	康养资源丰富的旅游目的地	高铁、旅游客车	缓慢	身心调理、康养类活动项目
	情感体验旅游	品质型、经济型	风光优美、社会氛围友好的旅游目的地	高铁、旅游客车	劳逸结合	走亲访友、互动交流、故地重游
	历史文化旅游	小康型、经济型	历史文化资源丰富的旅游目的地	高铁、旅游客车	深度游	探古寻幽、文博馆藏欣赏、专项主题研讨、传统文化体验
	红色旅游	经济型	红色旅游资源丰富的旅游目的地	高铁、旅游客车	劳逸结合	造访红色遗址遗迹、英雄事迹缅怀、红色演艺互动
	乡村旅游	小康型、经济型	田园风光优美、乡村接待设施完善的旅游目的地	高铁、旅游客车	劳逸结合	乡村劳作、乡村观光、当地村民生活体验、乡村演艺互动

自主训练与拓展

训练项目

训练项目：查找资料，结合老年旅游者的特点，分析老年旅游者为何不适合长距离的多地、景点密集、行程紧凑的旅游？

自检自查：学生完成以上训练项目，请扫描二维码上传作业，上传后即可获取参考答案，对照参考答案，分析自己对知识点和技能点的掌握程度。

任务实施

以山西省 A 旅行社设计的“倾国·倾城·晋享祺乐人文之旅四日游”为例，分析该旅游产品目标市场旅游者群体的旅游动机及产品开发方向、关注的核心利益、产品构思、旅游消费的特点及旅游产品呈现的形式。

1. 依据目标市场旅游者群体的旅游动机，确定产品开发方向

该旅游产品的目标客户群体是针对知识女性设计的旅游产品，知识女性学历比较高，收入稳定，对旅游产品的文化内涵和服务品质要求比较高，因此在旅游产品开发时要考虑从文化体验的需求出发去确定旅游目的地和旅游项目；目标女性群体的年龄为 35~50 岁，她们希望通过旅游放松身心、减轻压力、焕发活力。

该旅游产品依据知识女性旅游者的旅游动机，确定产品开发的方向，具体如下。

（1）文化体验的动机。设计了 5 种文化对话（对话历史、对话古城、对话非遗、对话时尚、对话田园），让旅游者在游览中了解传统与现代、经典与时尚等多元文化。

（2）健康养生的动机。设计了泡温泉等服务项目，让旅游者消除疲劳，养颜美容。

（3）愉悦身心的动机。设计了游览祁县万亩梨花园、插花项目，让旅游者感受到自然的美好，体会到生活的情趣。

（4）展现完美形象的动机。设计了旅游者亲自参与旗袍秀微电影《盛世佳人》拍摄，并提供专业摄影师和化妆师服务。

2. 分析目标市场旅游者群体关注的核心利益，依此构思产品内容

该旅游产品的核心利益是满足知识女性旅游者对文化体验和放松身心的需求。因此，在旅游产品内容的构思方面，不仅选择了文化底蕴深厚的旅游景区，如王家大院和平遥古城，而且安排了具有丰富文化内涵的各类旅游体验项目，在王家大院欣赏古建文化，游览世界文化遗产平遥古城、“彩塑艺术宝库”双林寺，参观非物质文化遗产——平遥推光漆器，观看《又见平遥》实景表演。同时安排了诸如温泉等能够放松身心的旅游活动项目。

3. 分析目标市场旅游者群体的旅游消费特点，依此构思产品呈现形式

该旅游产品的旅游者群体收入较高，追求独特的旅游体验，尤其渴望精神追求和寻找自我、释放自我。该旅游产品在产品呈现形式的构思方面充分考

虑了旅游者的消费特点。“倾国·倾城”的主题点明了针对女性高端客户群体，凸显了活动的华丽气质，同时透过文字美又映射出佳人美景的画面美感；“晋享祺乐”隐喻本次旅行的目的地王家大院、平遥古城，揭示了本次旅行是一场放松安逸、体验心灵的美妙人文之旅；结伴出游符合女性旅游者情感型的消费特点；交通方式采用大巴，方便景点之间的交通；整个行程安排张弛有度，活动内容丰富，体验感强。

任务评价

定制旅游产品目标市场分析是较为复杂的技能点，需要学习和掌握定制旅游产品目标市场分析、旅游动机、旅游需求、旅游消费特点等知识，再结合定制旅游产品生产商的生产实际进行技能训练。本工作任务以山西省A旅行社设计的“倾国·倾城·晋享祺乐人文之旅四日游”为例，分析相应的知识点和技能点，同时为了训练关键技能点，设置了“自主训练与拓展”环节，学生按照要求完成训练项目，通过扫描二维码上传作业，即可获取参考答案进行对比分析。通过理论知识和实践技能训练一体化的学习，实现知识的迁移和技能的提升。

思考与练习

单项选择题

1. 以下旅游产品中能够满足短期度假休闲旅游者核心利益的是（　　）。

   A. 免费接送游客

   B. 旅游目的地酒店推出多种周末包价度假产品

   C. 旅游景区推出节庆促销活动

   D. 大型商场促销打折活动

2. 如果是为（外）祖父母带着（外）孙子外出旅游提供组合式旅游产品项目，以下选项中不适合列入的是（　　）。

   A. 长途飞行服务

   B. 海上豪华邮轮

   C. 带有游乐设施的休闲民宿

   D. 迪士尼乐园参观游览

工作任务二　定制旅游产品目标客户需求描述

任务引入

认真阅读山西省A旅行社设计的“倾国·倾城·晋享祺乐人文之旅四日游”旅游产品行程安排，以王家大院旅拍活动为例，通过倾听目标客户的诉求，描述该旅游产品目标客户旅游需求实现的场景，并引导目标客户描述期待实现的功能类旅游需求和情感类旅游需求。

任务分析

生动、形象地描述目标客户旅游需求实现的场景，必须掌握倾听客户诉求的技巧，同时分析定制旅游产品与目标客户需求的对应度；引导目标客户描述期待实现的功能类旅游需求和情感类旅游需求，亦是不断将目标客户需求具体化的过程。要完成以上任务，需要学习定制旅游产品目标客户需求描述的相关知识。

知识链接

一、倾听客户诉求，描述定制旅游产品目标客户旅游需求实现的场景

微课：引导目标客户描述自身需求的方法——“听闻问切”

（一）倾听客户诉求

在倾听客户诉求时要注意以下几点。

1. 做好准备

无论是网络交流还是当面沟通，旅行策划人员在与客户沟通之前应做好准备，如职业形象塑造、声音形象塑造、沟通心理准备、旅游产品资讯准备等。

2. 注重礼仪

在倾听过程中，旅行策划人员应注重沟通礼仪。如果是当面沟通，在倾听过程中需要做到：始终与客户保持目光交流；身体稍向前倾，表示对客户的尊重和对谈话内容的重视；与客户谈话时，可以给予必要的、简单的回应，如“对”“好的”等；当客户表达的观点与自己一致时，适当地点头表示赞许以鼓励对方继续说下去；当客户表达的观点与自己不符时，不要流露出厌烦的情

绪，要耐心地听对方说完；当客户讲到关键处时，可以引导对方着重阐述关键的部分，有利于自己对重点的理解；重点问题用笔记录下来；插话时请求客户允许，使用礼貌用语。

3. 巧用提问

通过提问可以有效地了解客户的诉求。在实际运用中有以下几种提问方式可以选择：封闭型问题所要的是肯定的答案，例如，“是”“不是”；开放型问题则要求潜在客户提出更进一步的信息，例如，“您对……有什么看法?”反射型问题是对已经说出的答案加以反射，要求对方针对某一点加以说明，例如，“您似乎比较在意饭店的星级?”反射式问题让旅行策划人员能确定客户谈话的真正意思；引导式问题通常是暗示对方有比目前更好的设想或者做法，例如，“一旦……您可以考虑……非常不错!”

4. 及时总结和归纳客户的观点

这样做有助于保证旅行策划人员没有误解客户的意见，从而更有效地找到解决问题的方法。例如，“您的意思是……”“如果我没听错的话，您更需要……”

（二）描述定制旅游产品目标客户旅游需求实现的场景

对旅游需求实现场景的描述是建立在对目标客户旅游需求充分了解的基础上，通过对旅游目的地、旅游景区等吸引物进行要素提炼和组合，从中找到吸引目标客户的关键点。

场景是指戏剧、电影中的场面。与旅游需求实现相关的场景是相应的环境与条件。描述定制旅游产品目标客户旅游需求实现的场景，可以从以下几方面展开。

1. 旅游目的地、旅游景区等主要吸引物概述

旅行策划人员在对主要吸引物进行概述时，要结合旅游者的旅游需求，还要找出旅游目的地、旅游景区的特色并重点描述，描述时要对主要吸引物进行概括性的介绍和具体性的描述。

例如，对北京进行如下概述：北京是有着3 000多年历史的国家历史文化名城，拥有众多帝王宫殿、园林、庙坛和陵墓。

作为一个旅游景区，吸引旅游者的可能是一个自然景观或人文景观，也可能是一个传说故事，还可能是一项体验活动。

例如，对黄山“四绝”进行如下概述：黄山奇松是因黄山独特地貌、气候而形成的中国松树的一种变体，如迎客松、蒲团松等。黄山怪石是因岩体风化差异而导致其形态各异，著名怪石有金鸡叫天都、仙人指路等。黄山云海变化莫测，以美、胜、奇、幻享誉古今。黄山温泉源出紫云峰下，可饮可浴。

2. 定制旅游产品构成要素描述

定制旅游产品构成要素较多，不同客户关注的侧重点不同，旅行策划人员不必面面俱到，重点描述客户关注的要素即可。

（1）餐饮。突出旅游目的地独特的风味饮食。例如，山西是“面食之乡”，有据可查的面食在山西就有280种之多，其中尤以刀削面名扬海内外，被誉为中国著名的五大面食之一。其他如拉面、刀拨面、拨鱼、剔尖、河捞、猫耳朵等多种，名目繁多，让人目不暇接。

（2）住宿。突出住宿建筑、设施、服务等方面的特色。例如，悬崖酒店、稻田酒店，酒店本身就是美丽的风景。

（3）交通。突出特色交通工具带来的体验感。例如，乘坐小火车、马车、皮划艇、小船、魔毯、热气球、直升机、滑索。

（4）游览。突出游览对视觉带来的冲击和震撼感。例如，著名的北岳恒山悬空寺，整座寺院就像悬挂在悬崖上，以如临深渊的险峻而著称，素有“悬空寺，半天高，三根马尾空中吊”的俚语。

（5）购物。突出购物体验的愉悦。例如，中国旅游集团旗下的三亚国际免税城是海南旅游的新地标，免税城的品牌、品类齐全，涵盖了服饰、箱包、香水、化妆品、手表、太阳镜、小皮件等品类，汇集了各国特色商品、海南特产、户外运动用品、美食、顾客服务五大功能分区，兼有娱乐休闲区域。

（6）娱乐。突出娱乐项目的精彩和兴味盎然。例如，北京的古北水镇推出了“长城脚下过大年”，挖掘与长城有关的历史文化与民风民俗，以老北京文化为主线，再现边关小镇的生活，将传统文化、非遗文化、冰雪文化、节庆文化等诸种文化融为一体，有着边关文化与传统的老北京年俗相交融的独特气质。

3. 定制旅游产品服务价值描述

定制旅游产品服务价值描述是指能够体现定制旅游产品服务价值的、有特色旅游资源的采购，旅游供应商提供的符合定制旅游主题的服务，具有峰值体验的旅游活动，旅游活动氛围的营造，陪同人员、管家、向导等服务人员提供的细致周到的服务等内容，旅行策划人员择要点进行生动形象的描述即可。例如，旅游者与当地渔民一起乘船出海，捕捞海鲜；在鱼排上吃海鲜，融入渔民生活；晚上进行夜捕，在大海中看发光的鱿鱼等。

二、提供旅游目的地的具体信息，引导定制旅游产品目标客户描述旅游需求的时间指向性和地域指向性

（一）提供旅游目的地具体信息

旅游目的地是指能够对一定规模的旅游者形成旅游吸引力，并能满足其

旅游需求的各种旅游设施和服务体系的空间集合。旅游目的地信息是指与旅游目的地相关，能为旅游者了解旅游目的地、形成旅游决策、制定旅游计划和享受旅游过程提供参考或引导的信息，以及旅游者和其他第三方对旅游目的地和旅游过程的回顾、评论信息。在描述旅游目的地信息时，较好的方式是尽量全面且具有概括力。因为旅游者的消费需求复杂多样，某些人认为是无关紧要的信息，而另外一些人却认为非常有价值。

旅行策划人员给旅游者提供旅游目的地的相关信息包括：旅游目的地的景区景点、特色旅游项目、最佳旅游时间、旅游活动、旅游主题、旅游禁忌、交通、住宿餐饮、公共设施、旅游商品、天气预报等。

（二）引导定制旅游产品目标客户描述旅游需求的时间指向性和地域指向性

引导目标客户描述自身需求的方法有很多，可以通过"听闻问切"来进行，"听"就是要学会倾听，了解客户的真正需求；"闻"就是摸清客户的需求，知晓客户真实的想法是什么，要引导客户说，客户说得越多，那么取得有效信息的机会越大；"问"就是要善于发问，通过有技巧的问，主动了解旅游需求的信息；"切"就是根据得到的信息对客户的情况进行判断，引导客户明确需求，拟出解决方案。

1. 引导定制旅游产品目标客户描述旅游需求的时间指向性

（1）旅游需求时间指向性及影响因素。

旅游者在出游时间选择上有明显的指向性，主要包括季节指向性、周末时间指向性和节庆时间指向性。由此形成旅游的淡季、旺季和平季。这种经营上的淡旺季是由旅游者在外出旅游时间选择上的不平衡引起的，例如，绝大部分旅游者通常都会选择景观观赏性强、气候较适宜的夏季进行旅游活动。

影响旅游者出游时间选择的因素主要有：旅游资源的季节性、气候条件适宜性，以及法定节假日、民俗节庆活动、竞技体育活动等社会因素。旅游者会在最佳观赏时期进行游览活动。节假日出游的旅游者较多，民俗节庆活动、竞技体育活动都有特定的举办时间，对旅游目的地的淡旺季会产生一定的影响。

（2）引导定制旅游产品目标客户描述旅游需求的时间指向性。

首先，旅行策划人员要运用自身专业知识，引导目标客户描述旅游需求的时间指向性，帮助其做出科学的决策。例如，看山景，最好的季节是春、秋两季。春季繁花似锦、秋季层林尽染。观水景，特别是瀑布，最好是春、夏两季，因这时降水量大，瀑布才能有银河倒挂的气势。去草原，最好是初秋，那时草肥水美，一派"天苍苍，野茫茫，风吹草低见牛羊"的景象。游园林，最好的季节是春天，中国的园林讲究造景，妙在得自然之趣，使人能足不出户而获山水之怡。这种感觉只有在春天花开满园时才能深刻地体味出来。

其次，引导目标客户描述旅游需求的时间指向性，需要考虑客户的出游时间倾向。有的客户会选择法定节假日出游，有的客户会选择年假、周末或者寒暑假出游。旅行策划人员应将旅游目的地的最佳旅游时段与客户可以自由支配的时间相匹配，同时还要帮助客户避开旅游高峰期，以保障旅游体验的品质。

自主训练与拓展

训练项目：请认真阅读“倾国・倾城・晋享祺乐人文之旅四日游”行程安排，思考其中安排的赏花活动，查找资料，分析山西其他著名的赏花胜地，以及这些赏花胜地最佳的赏花时间，以便旅行策划人员推出相应的旅游产品。

训练项目

自检自查：学生完成以上训练项目，请扫描二维码上传作业，上传后即可获取参考答案，对照参考答案，分析自己对知识点和技能点的掌握程度。

2. 引导定制旅游产品目标客户描述旅游需求的地域指向性

（1）旅游需求地域指向性及影响因素。

旅游需求具有明显的地域指向性，主要表现为同一时段内旅游冷点地区和热点地区并存。这种旅游目的地的冷热性是由旅游者在旅游目的地选择上的不均衡引起的，例如，绝大部分旅游者通常都会选择一些知名度高、旅游资源独特的旅游目的地，从而形成热门旅游目的地。

旅游者选择旅游目的地的影响因素主要有：旅游者的收入和闲暇时间、目的地因素（包括气候状况、旅游资源、安全状况、旅游接待设施、居民友好程度、距离、交通通达性等因素）、旅游者的偏好及其他影响因素（目的地的宣传、相关群体的推荐、媒体的传播等）。

（2）引导定制旅游产品目标客户描述旅游需求的地域指向性。

旅行策划人员应充分考虑目标客户的实际情况，引导目标客户描述旅游需求的地域指向性。例如，引导目标客户结合自身的经济支付能力选择旅游目的地，结合休假时间的长短选择旅游目的地，结合自身偏好选择旅游目的地。另外，还需考虑目标客户家庭成员的需求，如果是带老人或小孩一起旅游，建议去接待设施比较成熟、无障碍环境建设相对完善的旅游目的地，这里的交通、住宿、饮食等条件都相对较好。

三、引导定制旅游产品目标客户描述功能类旅游需求和情感类旅游需求

（一）功能类旅游需求和情感类旅游需求

功能类旅游需求是指旅游者在旅游过程中，在食、住、行、游、购、娱

等方面的基本生活需求，如定制旅游产品的食宿安排、交通接驳、出行保障等方面的要求。它关系到旅游者的健康和安全，是定制旅游产品必须满足的需求。

情感类旅游需求是指旅游者在旅游过程中的体验需求与文化需求。体验需求通过旅行中的服务给旅游者带来独特的感受和记忆，包括4个方面：情感体验（如甜蜜、感伤、温馨）、科学与智慧体验（如户外科普学习、科学考察、智力游戏等）、运动体验（体育、探险、极限挑战等）、商务体验（如会务、调研、展览等）。文化需求是旅游者为了满足精神文化需要而形成的对定制旅游产品的需求，如饮食文化、民族民俗文化、建筑文化等。定制旅游产品生产商应对旅游产品构成要素的文化元素进行深度挖掘和开发，以满足旅游者的文化需求。

（二）功能类旅游需求和情感类旅游需求的描述要点

表1-4以旅游产品构成要素为例，对功能类旅游需求和情感类旅游需求的描述要点进行了概括。

表1-4　功能类旅游需求和情感类旅游需求的描述要点

旅游产品构成要素	功能类旅游需求描述要点	情感类旅游需求描述要点
餐饮	餐饮安全及卫生、正餐安排次数、餐饮样式、风味特色、餐饮费用	体验饮食文化、体验饮食习俗、品尝特色美食、享受用餐环境、学习用餐礼仪
住宿	住宿安全、住宿的地理位置、住宿设施、周边配套、住宿费用	体验住宿文化、高品质服务、丰富多元的住宿场景
交通	交通安全、交通工具及规格、交通时间、交通距离、交通接驳、交通费用	交通舒适性、交通场景和氛围、温馨的服务
游览	游览安全、景区游览内容、景区设施与服务、游览时间、景区游览费用	峰值体验活动、高品质的讲解服务和游览服务
购物	消费者权益保障、购物安排、旅游商品的品种和质量、购物设施及服务	购物愉悦感、旅游商品的外形特点和文化内涵
娱乐	消费者权益保障、娱乐安排、娱乐项目的类别和内容、娱乐项目费用	审美愉悦

任务实施

认真阅读山西省A旅行社设计的“倾国·倾城·晋享祺乐人文之旅四日游”行程安排，以王家大院旅拍活动为例，通过倾听目标客户的诉求，描述该旅游产品目标客户旅游需求实现的场景，并引导目标客户描述期待实现的功能类旅游需求和情感类旅游需求。

旅行策划人员：您好！我是A旅行社的小张。这是我根据您在网上填写的定制旅游需求单制定的行程计划，您看还有哪里不合适？

客户：好的，我看一下。

客户：整体来看还不错，特别是“古堡旗袍秀”很好。但是，我想问一下，旗袍是我们自己带还是旅行社提供？

旅行策划人员：旗袍是在出发前去太原旗袍会馆租的，如果想购买也可以，费用均自理。

客户：“古堡旗袍秀”由谁负责拍摄呢？

旅行策划人员：这是我们这次行程的特色。为了给您留下美好的回忆，我们不仅会请专业的摄影师跟团拍摄，还会配备专业的化妆师，一定会为您拍下最美的瞬间。

客户：太好了，每次出去玩都是自己拍或朋友拍，摄影水平有限，老拍不好，有的时候为了拍照也玩不好。有专业的人士给拍照就不会留下遗憾了。听说王家大院拍过许多电视剧，我们这些人都喜欢看穿越小说，能不能给拍成微电影？

旅行策划人员：可以拍，但需要好好设计一下，可以编一个小剧本，题目咱们就叫作《盛世佳人》，您看如何？剧本我们可以为大家提供。

客户：那太好了！既然咱们请了专业的化妆师和摄影师，那在整个行程中还可以多安排一些拍摄活动。

旅行策划人员：可以，我们在平遥古城给您安排穿汉服游古城的项目，您看如何？

客户：可以，我在网上看到有人穿汉服坐人力黄包车游古城，看起来挺有意思的。

旅行策划人员：那就给您安排一个“着汉服，游古城，梦回明清”专题拍摄活动。我们先去“汉服体验馆”选择汉服，然后让您穿着汉服游古城，并且专门安排乘坐人力黄包车的体验活动，每组租一台黄包车，参观古城墙、日升昌等城内景点，摄影师随时抓拍，这样可以吗？

客户：可以。我们赏梨花的时候也可以穿上旗袍拍照。

旅行策划人员：没问题。旅行结束的时候，您还可以选出这次行程中最喜欢的18张照片，我们为您制作出精美的相册做纪念。

客户：太好了！听起来非常棒，我已经开始期待这次旅程了。

旅行策划人员：您放心，我们一定会尽最大的努力让您不虚此行。回去后我们会根据刚才沟通的结果修改行程计划，然后再发给您确认。

客户：好的。

旅行策划人员：再见！

客户：再见！

任务评价

定制旅游产品目标客户需求描述是较为复杂的技能点，需要学习和掌握沟通的技巧、旅游心理学、旅游目的地概况、旅游产品构成要素、旅游需求分析等知识，再结合定制旅游产品生产商的实际情况进行技能训练。本工作任务以山西省A旅行社设计的“倾国·倾城·晋享祺乐人文之旅四日游”为例，分析了相应的知识点和技能点，同时为了重点训练关键技能点，设置了“自主训练与拓展”环节，学生按照要求完成训练项目，通过扫描二维码上传作业，即可获取参考答案进行对比分析。通过理论知识和实操技能训练一体化的学习模式，实现知识的迁移和技能的提升。

思考与练习

论述题：如果要调研某市小学生春游市场需求，调研的对象应是哪些人群？哪些人群属于重点调研对象？如何引导他们描述自身需求？请简要分析。

工作任务三　定制旅游产品目标客户需求确定

任务引入

认真阅读山西省A旅行社设计的“倾国·倾城·晋享祺乐人文之旅四日游”旅游产品的行程安排，在掌握核实技巧的基础上，确定该旅游产品目标客户旅游需求的时间指向性和地域指向性，以及引导该旅游产品目标客户明确和确认其自身的功能类旅游需求和情感类旅游需求。

任务分析

定制旅游产品目标客户需求的确定是产品策划创意的先决条件。要完成以上任务，旅行策划人员需要掌握沟通策略，在洞悉客户需求、熟悉产品的前提下，与客户共同完成需求确定。

知识链接

一、与目标客户进行有效沟通，确定其旅游需求实现的场景

微课：目标客户旅游需求实现场景的确定

（一）与目标客户进行有效沟通

在确定旅游需求实现场景时，需要与客户进行有效的沟通。旅行策划人员通过与客户进行有效沟通，尽可能多地收集目标客户的需求信息，将客户需求与定制旅游产品的构成要素一一对应，并从目前掌握的产品资源出发，从性价比、可操作性角度引导目标客户确定需求实现的场景。

沟通的方式有当面沟通、电话沟通、网络沟通等方式。

当面沟通是一种自然、亲近的沟通方式，这种沟通方式往往能加深彼此之间的友谊、加速问题的解决。沟通双方如果距离不是很远，优先采用当面沟通的方式。

电话沟通是一种比较经济的沟通方式，以下几种情况适合使用电话沟通：彼此之间的距离较远，但问题比较简单时；彼此之间的距离较远，很难或无法当面沟通时；彼此之间已经采用了电子邮件的沟通方式，但问题尚未得到解决时。

网络沟通通常使用微信或电子邮件进行。以下几种情况宜采用电子邮件进行沟通：沟通小问题时；复杂问题需要借助“书面”才能表达清楚时（这类问题往往需要采用书面表达和口头表达相结合的方式）；需要对方先思考、斟酌，短时间不需要或很难有结果时。需要特别注意的是，在使用电子邮件沟通多次而问题尚未得到解决或甚至引起误解时，一定要及时终止电子邮件这种沟通方式，改用电话沟通或当面沟通的方式进行。

总之，沟通时尽量多采用当面沟通的方式进行。能当面沟通的，就不要采用电话沟通；能电话沟通的，就不要采用电子邮件沟通，这是沟通方式的基本选用原则。

知识卡片

客户有效沟通六步骤

1. 事前准备

为了提高沟通的效率，需要事先准备以下内容。

（1）设立沟通的目标。这是非常重要的，我们在与客户沟通前，一定要有一个目标，明确自己希望通过这次沟通达到什么目的。

（2）制订计划。有了目标，就要有计划，例如，如何与客户沟通，先说什么，后说什么，遇到特殊情况的应对方法。如果情况允许，最好列一个表格，把要达到的目的，沟通的主题、方式，以及时间、地点、对象和注意事项等都列出来。实践证明，计划制订的越充分，沟通的效果就越好。

（3）预测可能遇到的异议和争执。世界上没有两片完全相同的树叶，不存在观点、信念完全相同的人。所以，对于可能出现的异议和争执，要有充分的心理准备，还要根据具体情况对异议或争执的可能性进行尽可能详细的预测，这些预测可以根据沟通的内容和沟通对象等已经掌握的情况列出，这是沟通的必要准备工作，有利于提升沟通的效果。

（4）对出现的情况进行SWOT分析。明确双方的优势、劣势，设定一个更合理的、大家都能够接受的目标。其中，S表示优势（strength）；W表示弱势（weakness）；O表示机会（opportunity）；T表示威胁（threat）。

2. 确认需求

确认需求有如下3个步骤。

（1）积极倾听。通过设身处地的倾听，用心去了解，就是为了更好地理解对方的意图。

（2）有效提问。提问是非常重要的一种沟通方法，它可以帮我们了解更多客户的信息和潜在需求，从而便于对自己的目的进行调整，通过互相调整达成共识，最后达成双方都能接受的协议。

（3）及时确认。当没有听清、理解客户所表达的内容时，要及时提出，一定要完全准确理解客户的意图，做到有效沟通。

3. 阐述观点

阐述观点就是把你的观点向对方表达清楚，使对方能够全部理解你的意思。

表达能力是一个职业人士所具备的基本技能之一。锻炼自己的表达能力，掌握阐述自己观点的技巧是非常必要的。在表达观点的时候，有一个非常重要的原则——FAB原则：F是feature，即属性；A是advantage，即作用；B是benefit，即利益。在阐述观点的时候，按这样的顺序来说，对方容易听懂、容易接受，同时印象也会非常深刻。

4. 处理异议

在与客户沟通的过程中，异议是经常会遇到的，因为双方的观点不可能总是相同的。成年人固有的观念和习惯都是很难改变的，一旦遇到异议，就很容易导致沟通失败。解决人际关系问题中最具威力的3个字是“我理解”，要塑造一个让客户可以畅所欲言、表达意见的环境，展现支持、理解、肯定的态度，尊重客户的情绪及意见，让客户觉得与你交谈是件轻松愉快并且获益良多的事，这样才有利于排除异议，从而达成共识。

5. 达成协议

沟通的结果就是双方最后达成一个协议，一定要注意的是，是否完成了沟通，取决于最后是否达成了协议。

6. 共同实施

在与客户达成协议之后还要与客户共同实施，达成协议只是沟通的一个结果，但是在工作中，任何沟通的结果都仅仅意味着一项工作的开始，而不是结束。如果达成协议，却没有按照协议去实施，客户就会觉得你不守信用，从而对你失去信任。

如果按照这6个步骤去沟通，就可以使你的工作效率得到更大的提升。

资料来源：谢红霞．沟通技巧［M］．3版．北京：中国人民大学出版社，2018.

（二）确定定制旅游产品目标客户旅游需求实现的场景

确定定制旅游产品目标客户旅游需求实现的场景对定制旅游生产商而言非常重要，它关系到旅游产品的创意和制作的成败。确定的要点有旅游目的地、计划游览的旅游景区、旅游产品构成要素的特别要求、体验式旅游活动及旅游服务项目。

其中，体验式旅游活动的场景确定很重要。例如，亲子游活动的选择范围很大。按室内和室外进行大致划分，其中室内主要包括各种亲子场馆，如科技馆、水族馆、博物馆、美术馆乃至城市规划馆等教育科技类场景，室外的范围就非常广泛了，有主题乐园、儿童游乐场等亲子场所，也有公园、城市休闲观光区、乡村美景、海边探险等自然风光区域。

旅行策划人员还需确定目标客户对食、住、行、游、购、娱的特别要求。以亲子游为例，饮食要卫生、健康。住宿方面可以选择亲子酒店，或卫生情况良好的民宿，以及提供大床房及加床服务的酒店，甚至酒店附近是否有药店也是需要考虑的因素。根据场地不同，需要考虑携带婴儿推车、滑板车或平衡车，一般孩子较小的时候推荐携带婴儿推车，在活动范围大的室外可以推荐带上滑板车或平衡车。

二、掌握核实技巧，确定定制旅游产品目标客户旅游需求的时间指向性和地域指向性

（一）掌握核实技巧

旅行策划人员核实定制旅游产品目标客户旅游需求有如下技巧。

1. 反馈

反馈是旅行策划人员将目标客户的部分或全部沟通内容复述给对方，复述时用语要清晰明确，并尊重和认同客户的意见。复述时应观察目标客户的反应，适当提醒其进行信息确认。

2. 修正

目标客户修正旅行策划人员反馈的信息时，旅行策划人员应做好记录，并再次确认对方话语中传达出的信息。特别注意要将目标客户的模棱两可、含糊不清、不够完整的陈述询问清楚，在发问的过程中可以得到更多的信息。

3. 阐明

旅行策划人员应引导目标客户主动阐明重要的旅游需求，并进行一定的解释，使得目标客户有一个自我解释的过程，从而在与旅行策划人员进行互动沟通的过程中，能更加明确和肯定自身的需求。

（二）确定定制旅游产品目标客户旅游需求的时间指向性和地域指向性

目标客户在描述旅游需求的时间指向性和地域指向性的时候，已经基本明确了出游的意向。

旅行策划人员对目标客户出游意向进行复述的时候，可以再次强调旅游目的地旅游资源的季节性，询问目标客户可以自由支配的闲暇时间，结合旅游者的年龄、性别、职业和旅游偏好等实际情况，为旅游者的出游提供时间规划。

对于目标客户倾向出游的旅游目的地，旅行策划人员可以进一步和客户确定旅游目的地的范围。在确定旅游目的地范围时，要考虑旅游资源的地域性特点，还要考虑旅游目的地的哪些区域有目标客户心仪的旅游项目。例如，内蒙古草原的蒙古包，西南地区的竹楼，北方的四合院，以及傣族的泼水节、侗族的花炮节、彝族的火把节、壮族的歌圩等。

目标客户对旅行策划人员的复述进行修正或者确定，并再次阐明自己出游的时间和地域规划，旅行策划人员再次与目标客户进行确认无误后，双方就完成了需求确定。

三、引导定制旅游产品目标客户明确和确认其自身的功能类旅游需求和情感类旅游需求

定制旅游产品目标客户在描述自身的功能类旅游需求和情感类旅游需求时，其意向已经基本清晰。

功能类旅游需求中，目标客户最关心的是服务规格、安全保障、费用等。以餐饮和住宿安排为例，旅行策划人员需要和目标客户确认用餐次数、餐饮禁忌和用餐费用，以及明确住宿类型、入住和离店时间、房间数量和房型、对楼层和朝向的要求、住宿费用等。

情感类旅游需求中，目标客户最关心的是文化体验和情感慰藉，下面以餐饮和住宿安排为例进行说明。目标客户对餐饮安排的情感类需求表现在两个方面：一是能够让旅游者了解当地的饮食习俗和体验不同特色美食，并学习烹饪知识、酒水知识、养生保健知识等；二是能够在用餐过程中为旅游者提供个性化的贴心服务，例如，客户有糖尿病不能吃甜食，或是少数民族有饮食禁忌，旅行策划人员须与目标客户确定，以提高旅游者对餐饮消费的满意度。目标客户对住宿安排的情感需求以住宿环境和住宿服务为主。旅行策划人员须确定住宿服务机构能否为客户提供特殊需要的一些辅助设施，例如，民宿能否让旅游者体验当地风情、感受民宿主人的热情与服务，提供更为个性化和接地气的住宿体验，给有情怀的旅游者提供别样的情感体验。

任务实施

认真阅读山西省A旅行社设计的“倾国·倾城·晋享祺乐人文之旅四日游”旅游产品的行程安排，在掌握核实技巧的基础上，确定该旅游产品目标客户旅游需求的时间指向性和地域指向性，以及引导该旅游产品目标客户明确和确认其自身的功能类旅游需求和情感类旅游需求。

旅行策划人员：您好，我是A旅行社的小张，前期咱们已经进行过沟通，这次我们想对这次行程的内容做一个最后的确认。

客户：好的。

旅行策划人员：咱们的行程是4天，没问题吧？

客户：没问题。但是能不能把周六、周日利用起来？

旅行策划人员：可以，那咱们就安排周五、周六、周日、周一，您看这样可以吗？

客户：可以的。

旅行策划人员：咱们去的地方主要是灵石和平遥两个地方，对吗？

客户：对。

旅行策划人员：灵石我们安排了两天的行程，第一天主要安排大家参观非物质文化遗产——晋绣，还有旗袍秀、泡温泉，第二天，游览王家大院，拍摄微电影《盛世佳人》。

客户：没问题。

旅行策划人员：平遥也是两天行程，首先参观平遥的中国推光漆器博物馆，并亲手体验中华传统漆器工艺，学做精美漆器作品。然后“着汉服，游古城”，第二天参观双林寺和镇国寺。

客户：晚上能不能安排观看《又见平遥》的演出？

旅行策划人员：可以安排，但费用得自理。

客户：第二天上午参观双林寺，下午镇国寺，但是听说祁县现在梨花开得正好，咱们回去的时候能不能安排去看梨花？

旅行策划人员：可以，但这样的话，时间上是不是有点紧张呢？

客户：那能不能调整一下呢？

旅行策划人员：可以调整，那就双林寺和镇国寺去一个地方就可以了。下午返程路上去祁县赏梨花。

客户：可以，参观哪一个比较好？

旅行策划人员：镇国寺以五代时期的建筑著称，双林寺以彩塑闻名。看您想看哪个？

客户：那就双林寺吧。

旅行策划人员：好的。

客户：我看吃饭基本上都在酒店，我想体验一下当地的特色小吃。

旅行策划人员：可以，在观看《又见平遥》演出的那天晚上就不在酒店安排就餐了，剧场附近正好有一条小吃街，您可以在那里品尝平遥特色小吃。您看住的方面没问题吧？

客户：没有。

旅行策划人员：好的，因为平遥古城很大，古城内每个景点之间都有一些距离，我们给您安排了人力黄包车，这样既可以让您不会感到疲劳，又可以坐在黄包车上穿着汉服让摄影师抓拍，您看这样安排可以吗？

客户：可以。

旅行策划人员：下午我们还给大家安排了去茶文化会所，一边体验茶文化，一边欣赏照片，您看可以吗？

客户：可以。

旅行策划人员：那您看一下行程安排还有哪里不合适？

客户：没有了。

旅行策划人员：好的，我们会根据今天和您沟通的内容对行程进行调整。然后会根据这次商定的行程安排来拟定旅游合同，请您确认合同无误并签字。

客户：没有问题了，就按您说的办。

旅行策划人员：好的，合同出来后我会再和您确认，再见！

客户：再见！

任务评价

定制旅游产品目标客户旅游需求的确定是较为复杂的技能点，需要学习和掌握沟通技巧、旅游心理学、旅游目的地概况、旅游产品构成要素、旅游需求分析等知识，再结合定制旅游产品生产商的生产实际进行技能训练。本工作任务以山西省 A 旅行社设计的“倾国 · 倾城 · 晋享祺乐人文之旅四日游”为例，分析了相应的知识点和技能点，通过理论知识和实操技能训练一体化的学习，实现知识的迁移和技能的提升。

思考与练习

以小组为单位，选拔组员分别扮演旅行策划人员小王，目标客户某企业高级管理人员李先生，模拟小王向李先生确认丽江休闲度假四日游住宿需求的情境对话。并集体撰写一份情境对话脚本，要求体现职业情境中旅行策划人员与目标客户进行需求确定的真实过程。

模块二 定制旅游产品策划创意

工作任务	职业技能要求
• 旅游目的地调研	• 能分析旅游目的地旅游资源的价值和效益 • 能评估旅游目的地的无障碍环境建设水平 • 能分析旅游目的地社会资源对定制旅游产品开发的影响
• 定制旅游产品开发所需资源分析	• 能分析定制旅游产品开发所需的技术团队和服务团队的人力资源，并做好人力规划 • 能分析定制旅游产品开发所需的各类旅游供应商资源，并做好采购预案 • 能估算定制旅游产品开发所需的经费投入，并制定经费预算表
• 定制旅游产品开发可行性分析	• 能分析定制旅游产品规模化量产的可行性 • 能分析定制旅游产品在市场上的竞争优势 • 能分析定制旅游产品的盈利预期 • 能分析定制旅游产品运营过程中可能产生的风险

必备知识

定制旅游产品策划创意概述

定制旅游产品策划创意是开发定制旅游产品的具有创造性的谋划和设想。虽然并不是所有的设想或创意都能变成产品，寻求尽可能多的创意却能为开发新产品提供更多的机会。定制旅游产品的策划创意阶段，旅行策划人员一定要进行冷静的市场分析。市场分析不仅包括市场状况、市场需求、旅游者心理承受能力等外部因素，也要对定制旅游产品本身的特点、构成、可行性、风险预估与防范等因素进行分析。定制旅游产品更新换代速度极快，新线路、新玩法层出不穷，旅游者的旅游经验越丰富，对定制旅游产品的创新性和独特性要求越高。定制旅游产品的竞争已经演变为产品创意的竞争。

工作任务一　旅游目的地调研

任务引入

以西藏松赞绿谷文化旅游有限公司联合野生动物保育机构——野性中国工作室设计的“藏东野生动物摄影训练营”为例，分析该旅游产品旅游资源的价值和效益，以及旅游目的地社会资源对该旅游产品开发的影响。下面是该旅游产品的行程单。

“藏东野生动物摄影训练营”行程安排内容如下。

一、行程特色

- 到访雅鲁藏布大峡谷和嘎隆拉山等生物多样性地区，在实景课堂中，实现沉浸式自然生态摄影教育，掌握野生动植物的拍摄技巧。
- 全程配备资深专业摄影导师。
- 个性化小包团，全程入住松赞酒店，松赞管家贴心服务。
- 12~16岁青少年的家庭深度游，享受融洽的亲子时光。

二、行程安排

行程安排如表2-1所示。

表2-1　行程安排

<table>
<tr><th>日期</th><th>行程安排</th><th>用餐</th><th>住宿</th></tr>
<tr><td>D1周日
8月1日</td><td>各地—波密</td><td>—，中，晚</td><td>波密</td></tr>
<tr><td colspan="4">上午　营员由各地自行抵达林芝米林机场，松赞管家按航班分批接机，前往色季拉山口（车程约80千米）。天气晴好时，在山口观景台即可远眺被《中国国家地理》杂志评选为“中国十大最美山峰之首”的南迦巴瓦峰。营员汇合后，在色季拉山口举行简短的开营仪式
12：30 乘车前往鲁朗（车程约30千米），在鲁朗饮马泉藏家庄园用午餐，品尝著名的鲁朗石锅鸡。鲁朗石锅鸡采用当地土鸡，辅以当地盛产的手掌参、当归和贝母等中草药，在墨脱石锅中炖煮而成，鲜香味美
14：30 在扎西岗村外拍破冰活动。在鲁朗扎西岗村的亚高山牧场上进行第一次外拍。这里是报春、马先蒿和鼠尾草等野生花卉的海洋。在老师们的指导下，营员们将分组开启自己的发现之旅，通过手中的相机和镜头记录多种花卉和植物。同时，相互陌生的营员也将通过活动培养默契、建立信任
15：00 乘车前往松赞波密山居酒店（车程约120千米）
19：00 酒店餐厅用晚餐
20：00 课程：《用影像保护自然》（时间约90分钟）。来自野性中国工作室的专业摄影导师将结合纪录片播放分享自己多年野生动物拍摄和保护的经历，让营员们认识到“用影像保护自然”的重要意义
用餐安排：早——无早餐　中——饮马泉藏家庄园午餐　晚——酒店内晚餐
住宿安排：松赞波密山居酒店</td></tr>
<tr><td>D2周一
8月2日</td><td>波密</td><td>早，中，晚</td><td>波密</td></tr>
<tr><td colspan="4">9：00 课程：《摄影基础》和《生态摄影道德规范》（时间约3小时）。来自野性中国工作室的专业摄影导师将从相机的基本功能以及光圈、快门、感光度等基本概念讲起，讲解如何通过不同的参数设置使得画面展现出拍摄者设想的艺术效果，为每一位营员打好摄影基础。同时，对于以野生动植物等为拍摄主题的摄影师来说，如何在摄影的过程中保护生物比摄影本身更加重要，因此，明确摄影活动中的道德规范也必不可少
12：00 酒店餐厅用午餐
13：30 乘车前往岗云杉林（车程约10千米）
14：00 岗云杉林外拍。岗云杉林曾被《中国国家地理》杂志评选为中国最美十大原始森林之一。除了云杉和冷杉外，这里还有华山松、糙皮桦、高山栎、蔷薇以及各种藤本植物和苔藓，还可以看到不少昆虫和鸟类。老师们将分别带领营员在森林中进行拍摄实践和教学
17：30 乘车返回酒店（车程约30千米）
19：00 酒店餐厅用晚餐
20：00 课程：《手机摄影》（时间约90分钟）。在自然生态摄影当中，手机同样可以发挥出重要的作用。专业摄影导师将从手机的成像特点和技术功能等角度出发，讲解手机摄影的各种要点
用餐安排：早——酒店自助早餐　中——酒店内午餐　晚——酒店内晚餐
住宿安排：松赞波密山居酒店</td></tr>
</table>

续表

<table>
<tr><th>日期</th><th>行程安排</th><th>用餐</th><th>住宿</th></tr>
<tr><td>D3周二
8月3日</td><td>波密</td><td>早，中，晚</td><td>波密</td></tr>
<tr><td colspan="4">9：00 乘车前往多东寺（车程约30千米）
9：45 多东寺外拍。多东寺是波密的三大寺院之一，其周边的森林当中生活着藏猕猴、橙腹长吻松鼠、点斑林鸽和星鸦等众多野生哺乳动物和鸟类。老师们将带领营员在寺院周边进行拍摄实践和教学
11：45 乘车返回酒店（车程约30千米）
12：30 酒店餐厅用午餐
14：00 课程：《野生动物摄影》（时间约3小时）。由于距离远、对焦难和环境条件复杂等原因，想要拍摄出理想的野生动物照片十分困难。通过拥有丰富实战经验的专业摄影导师的讲解，营员们将初步掌握野生动物拍摄的要点
19：00 酒店餐厅用晚餐
20：00 课程：《星空摄影》（时间约2小时）。松赞波密山居酒店附近光污染较少，天空澄澈，是进行星空摄影的好地方。专业摄影导师将为营员详细讲解星空摄影的构思方法和摄影技巧。在天气条件允许的情况下，将带领学员在酒店内进行实践
用餐安排：早——酒店自助早餐　中——酒店内午餐　晚——酒店内晚餐
住宿安排：松赞波密山居酒店</td></tr>
<tr><td>D4周三
8月4日</td><td>波密</td><td>早，中，晚</td><td>波密</td></tr>
<tr><td colspan="4">9：00 乘车前往嘎瓦龙（车程约50千米）
10：00 嘎瓦龙外拍。嘎瓦龙位于林芝市波密县和墨脱县之间，是印度洋暖湿气流和青藏高原高寒气流交汇的地带。这里丰沛的降水孕育了丰富的生物多样性，生态环境完好。老师们将分别带领营员沿山路进行拍摄实践和教学。中途选择适合的地点用午餐（午餐为盒餐）
16：00 乘车返回酒店（车程约50千米）
19：00 酒店餐厅用晚餐
20：00 课程：《微距摄影》（时间约2小时）。专业摄影导师将通过细致入微的讲解，为营员们打开微距摄影的大门。借助微距镜头的光学功能，摄影师可以拍摄出与实际物体等大或比实际物体稍小的图像，将植物、昆虫甚至是更加微小的生物局部拍摄得极为清晰，获得精美的艺术效果
用餐安排：早——酒店自助早餐　中——盒餐　晚——酒店内晚餐
住宿安排：松赞波密山居酒店</td></tr>
<tr><td>D5周四
8月5日</td><td>波密</td><td>早，中，晚</td><td>波密</td></tr>
<tr><td colspan="4">8：30 乘车前往朱西冰川（车程约45千米）
9：30 朱西冰川外拍。朱西冰川是距离波密县城直线距离最近的冰川。这里除了拥有绝美的冰川景观之外，其脚下的森林也是各种太阳鸟、黄嘴蓝鹊等鸟类和各种昆虫的乐园。在这里，老师们将分别带领营员在林间进行拍摄实践和教学
11：30 乘车返回酒店（车程约45千米）</td></tr>
</table>

续表

<table>
<tr><th>日期</th><th>行程安排</th><th>用餐</th><th>住宿</th></tr>
<tr><td colspan="4">12：30 酒店餐厅用午餐
14：00 课程：《高山野生花卉摄影》（时间约2小时）。以生态摄影师的角度拍摄高山野生花卉，需要通过摄影作品去表现更多的科学信息。专业摄影导师除了会介绍各种植物摄影技巧，更会教授营员通过镜头去展现植物的种类、特征以及生存环境等各种信息
16：30 课程：《图片后期与管理》（时间约2小时）。对于每一位严谨的摄影师而言，图片后期和管理都是摄影流程中必不可少的一部分。专业摄影导师将为营员详细讲解摄影作品的后期制作技术
19：00 酒店餐厅用晚餐
20：00 分享：纪录片《云上的家庭》或《雪豹和她的朋友们》（时间约1小时）。专业摄影导师将通过由野性中国工作室制作的精美纪录片分享摄影体验，营员可以通过这些珍贵的影像和老师的讲解认识大山深处的精灵
用餐安排：早——酒店自助早餐　中——酒店内午餐　晚——酒店内晚餐
住宿安排：松赞波密山居酒店</td></tr>
<tr><td>D6周五
8月6日</td><td>波密—达林</td><td>早，中，晚</td><td>达林</td></tr>
<tr><td colspan="4">9：00 退房，乘车前往鲁朗（车程约120千米）
12：00 在鲁朗的松赞合作餐厅（饮马泉藏家庄园）用午餐，品尝鲁朗地方菜
13：00 乘车前往色季拉山口（车程约30千米）
13：30 色季拉山外拍。除了可以在观景台远眺南迦巴瓦峰外，色季拉山也是观花人心中的圣地。在行程的第六天，营员们已经基本适应高海拔的环境，老师们将带领营员在这里进行以高山花卉为主题的拍摄实践和教学
15：30 乘车前往松赞南迦巴瓦山居（车程约120千米）
19：00 酒店餐厅用晚餐
用餐安排：早——酒店自助早餐　中——饮马泉藏家庄园午餐　晚——酒店内晚餐
住宿安排：松赞南迦巴瓦山居酒店</td></tr>
<tr><td>D7周六
8月7日</td><td>达林</td><td>早，中，晚</td><td>达林</td></tr>
<tr><td colspan="4">9：00 南迦巴瓦后山外拍。雅鲁藏布大峡谷是世界上最深、最长的河流峡谷之一，生物多样性极为丰富。在松赞南迦巴瓦山居酒店附近，可看到大紫胸鹦鹉、藏马鸡、啄木鸟等鸟类，以及松鼠和黄鼬等哺乳动物。老师们将带领营员在松赞南迦巴瓦山居后山的原始森林中进行拍摄实践和教学
11：00 返回酒店，营员整理摄影作品并提交训练营参赛作品
12：00 酒店餐厅用午餐
14：30 课程：《国际自然摄影大赛介绍与赏析》。专业摄影导师将带领营员们欣赏国际各大摄影赛事中涌现出的优秀摄影师和摄影作品，同时也将分享参加摄影比赛的经验与技巧
19：00 酒店餐厅用晚餐
20：00 结营仪式。专业摄影导师进行训练营行程总结，点评营员摄影作品并对优秀作品进行颁奖
用餐安排：早——酒店自助早餐　中——酒店内午餐　晚——酒店内晚餐
住宿安排：松赞南迦巴瓦山居酒店</td></tr>
</table>

续表

日期	行程安排	用餐	住宿
D8周日 8月8日	达林—各地	早，—，—	—
全天：根据营员返程航班时间，松赞管家专车送机到林芝米林机场（车程约91千米） 用餐安排：早——酒店自助早餐　　中——无中餐　　晚——无晚餐			

任务分析

旅游目的地是为旅游者提供旅游体验的载体。定制旅游产品策划创意应高度重视对旅游目的地的调研。要完成以上任务，需要学习旅游目的地调研的相关知识。

知识链接

微课：乡村旅游资源的开发与利用

《旅游业基础术语》（GB/T 16766—2017）对旅游目的地的定义为：旅游目的地是能够吸引一定规模数量的旅游者逗留，具有较大空间范围和较全接待设施的旅游地域综合体。

旅游目的地的构成要素主要包括：自然、历史或人文等旅游资源，对旅游者能够产生旅游吸引力；有足够的市场空间和市场规模支持；能提供系统、完备的旅游设施和旅游服务；目的地居民认同、参与，并提供各种支持保障；具有一定的可控性。

旅游资源是对旅游者具有吸引力，并能给旅游经营者带来效益的自然和社会事物。旅游资源包括自然旅游资源和人文旅游资源。旅游目的地旅游资源是指在目的地区域之内的旅游资源。

自然旅游资源是在亿万年自然地理环境的演变之中形成的，具有旅游功能的事物和因素。自然旅游资源又称自然风景旅游资源，是指凡能使人们产生美感或兴趣的、由各种地理环境或生物构成的自然景观。自然旅游资源的优劣决定着旅游目的地发展的潜力。但是，自然资源对定制旅游产品开发的作用，还取决于它的特点和可进入性，否则只能算潜在的资源，有待开发。对自然旅游资源的开发不应破坏其自然属性。

人文旅游资源又称人文景观旅游资源，是指由各种社会环境、居民生活、历史文物、文化艺术、民族风情和物质生产构成的人文景观，由于各具传统特色，而成为旅游者游览观赏的对象。它可划分为历史文化名城、古迹、宗教建筑、交通、园林、文学艺术等旅游资源。更多的人文资源则是人们的日常生活、风土民情，这些也能吸引旅游者，是对人文旅游资源的深层次开发。

旅游资源是进行定制旅游产品设计的核心和物质基础，是旅游者选择和购买定制旅游产品的决定性因素。定制旅游产品的设计必须最大限度地体现出旅游资源的价值与亮点。旅游资源是一个地区旅游业存在和发展的基础，也是旅游者选择旅游目的地的决定因素。在定制旅游产品设计中，它是影响定制旅游产品竞争力的主导因素。

一、旅游目的地旅游资源的价值

旅游资源的价值取决于其自身的特色和吸引力。特色和吸引力体现了旅游资源的基本属性，旅游者之所以从旅游客源地到旅游目的地去旅游，就是因为旅游目的地有吸引旅游者的资源。所谓旅游资源对旅游者的吸引力，是指对旅游者的群体而言的，而不是以个别人的爱好为标准。旅游资源的吸引力离不开旅游主体的需求。由于定制旅游产品策划创意要以旅游者个性化需求作为导向，同一种旅游资源对不同旅游者的吸引力是不同的，因而单个旅游资源需要多元化的包装和挖掘。旅游资源的吸引力离不开旅游资源本身的价值，即能否满足旅游者审美、休闲、求知等方面的需要。只有那些满足旅游者需要、可以被旅游业利用的才算旅游资源。吸引力决定了旅游资源的效益。吸引力的大小、强弱直接决定了旅游资源效益的高低，吸引功能强大的旅游资源，能够吸引较多的旅游者，从而获得较好的经济、社会、环境效益。

（一）自然旅游资源的特色和吸引力

结合定制旅游产品设计的实际需要，主要分析以下几类自然旅游资源的特色和吸引力。

1. 地文景观旅游资源的特色和吸引力

地球表面起伏不平，地形起伏的外貌就是地貌。地球上地貌类型十分丰富，但从旅游资源的角度考虑，通常将具有观赏价值和一定吸引力功能的地表形态称为地貌旅游资源。具有不同大小和形态、蕴藏着地质作用信息的岩石以及矿床实体称为地质体，具有观赏价值、科学考察价值的地质体（岩石、地层、矿床、构造、化石等）以及自然灾变遗迹（如陨石群）形成的旅游资源称为地质旅游资源。

地貌景观和地质景观两者关系密切，通常将地貌地质景观合称为地文景观。地文景观是观光旅游、科学考察旅游、探险旅游、科普教育旅游、休闲度假旅游的重要吸引物。

地文景观旅游资源的特色和吸引力由其稀有度和悠久度、历史地位、环境因素、人类价值取向等因素决定。

中国地文景观类型齐全，分布广泛，形态独特，千姿百态。地文景观具有形态美和色彩美的特点。地文景观的形态美是旅游目的地最直观、最重要的吸引要素之一，也是构建各类景观的基础。由于地球经历了漫长的地质作用，内外力作用在同一地区不同时期、不同地区同一时期千差万别，地貌过程又复杂多样，地文景观是人们审美的重要对象，给人以雄、奇、险、幽、旷、野等美感。

地文景观蕴藏的信息，是人类了解地球的演化史、生物界的进化史、各种地貌成因等的重要途径。地文景观存在很多未解之谜，这也是自然界永远充满魅力、令人着迷的原因。因此，地文景观旅游资源具有开展科学考察、探险旅游活动的价值。

地文景观具有空间性和空间分区功能，是吸引旅游者开展专项主题旅游活动的空间载体。地文景观旅游资源具有开展康乐性旅游活动、休闲度假的价值。

2. 水域风光旅游资源的特色和吸引力

水域风光是大自然风景的重要组成部分，是旅游资源中构景的基本要素之一。水在地质、地貌、气候、植物及人类活动等因素的配合下，形成不同类型的水域风光。凡能吸引旅游者进行旅游，并产生社会、经济、环境效益的水体及水文现象，均可视为水域风光旅游资源。

水域风光是最能满足旅游者需求的旅游资源。人类具有亲近水、喜爱水的本能，水域风光可以开展丰富多彩的体验性旅游活动，如度假、避暑、休闲、疗养，又可以利用广阔的水面或者湍急的水流开发多种体育康乐旅游活动。

水域风光旅游资源的特色和吸引力主要体现在审美意蕴。风景水体具有雄壮之美、秀丽之美和奇特之美。水的色彩美、动态美和听觉美都能给旅游者留下不同的美感享受。水域风光还具有康乐疗养和保健功能，对于追求健康生活的人们也颇具吸引力。

3. 生物景观旅游资源的特色和吸引力

生物及其生存环境所构成的景观中具有旅游开发价值，能够被旅游业所利用，并由此产生经济、社会与环境效益的部分，称为生物景观旅游资源。

生物景观旅游资源由于生物的生理特征和生命节律性，为旅游者的旅游活动提供了丰富多彩的物质寄托。可以对生物景观观赏、娱乐、探索研究，也有利于旅游者身心放松和情感熏陶。生物景观与其他自然旅游资源相结合，构成了复杂多样的自然旅游资源系统。生物景观越丰富，自然环境越灵动和越富有生机。

生物景观资源的本质是生物及其与环境的综合体。生物资源及其外在表现——景观，具有自身的运动过程和演变规律，其中蕴含着深厚、丰富的自然科学知识和哲理。生物景观资源能够激发旅游者探究自然的行为，从而树立热爱自然、热爱生命、保护生物的思想意识，并采取积极的行动。

生物景观资源是旅游者最喜爱的旅游资源之一，旅游者除了观赏地文景观、水域风光、天象和气候等非生命现象构成的旅游景观，更需要观赏生物景观资源这样富有灵气和活力的生命现象和过程。

4. 天象景观旅游资源的特色和吸引力

天象是宇宙中的天体及其运动所形成的现象在人们眼中的反映。天象是人类认识世界、研究宇宙的直接对象，越来越成为人们重要的观赏、研究对象，成为一种独具特色的旅游资源。天象旅游资源存在着明显的周期性或节律性。

天象为人们开展适宜的旅游活动提供了资源和条件，即引导人们开展与之匹配的旅游活动；另外，天象和气候又在某种程度上限制了人们旅游活动的方式，例如，天象景观对旅游时间有特定的要求，在特定的地点、特殊的角度、沿着特定的线路甚至需要借助特殊的工具才能观测到。

天象景观旅游资源不仅具有自然审美价值，而且同时具有人文和文化审美价值，奇特的天象景观，让人产生瞬间即永恒的惊艳之感。天象景观旅游资源还具有社会学价值。人们可以触景生情，借天象的变化莫测来感悟人生，认识社会，修复心灵深处的创伤。例如，诗句“夕阳无限好，只是近黄昏”，引起人们无穷的哲思。天象景观资源的社会学和哲学价值是巨大的。天象景观旅游资源还具备休闲价值。将大气物理的知识与文学、历史学、社会学等学科相结合，可以提高天象景观旅游资源的休闲价值。天象景观旅游资源是地方宝贵的物质、文化和特色资源，不仅需要开发利用，而且还需要保护。

自主训练与拓展

训练项目 1：“藏东野生动物摄影训练营”定制旅游产品中的野生动物资源有哪些种类？这些资源为游客提供了哪些体验价值？

训练项目 2：星空资源作为富有吸引力的天象景观旅游资源，吸引了越来越多的旅游者。分析“藏东野生动物摄影训练营”定制旅游产品中星空资源的价值和效益。

自检自查：学生完成以上训练项目，请扫描二维码上传作业，上传后即可获取参考答案，对照参考答案，分析自己对知识点和技能点的掌握程度。

训练项目 1

训练项目 2

（二）人文旅游资源的特色和吸引力

结合定制旅游产品设计的实际需要，主要分析以下几类人文旅游资源的特色和吸引力。

1. 遗址遗迹类旅游资源的特色和吸引力

遗址遗迹类旅游资源是指因历史遗址遗迹的历史文化、科学艺术和观赏游憩价值而形成旅游吸引力，进而产生社会效益、经济效益的旅游吸引物。

历史遗址遗迹作为固定的遗留物地和遗存物迹，表现内容和遗存形式十分丰富，一般可分为古代建筑、古代陵墓、古代园林、宗教建筑遗址、古代城市、古代风俗等。其中，古代园林、宗教建筑遗址、古代城市、古代风俗等与现代社会相应的人文特征联系十分密切，价值的延续性表现突出，又构成相对独立的文化体系。

（1）遗址遗迹类旅游资源具有历史文化价值。人类社会经历了漫长而又曲折的发展历程，才发展到如今的现代文明社会。这一发展历程对于生活在现代社会的人们来说，充满了神秘、奇特之感，思古、忆古之情和追寻人类社会发展的历史真谛，成为现代人类的行为动机之一。人类文化具有继承性和异化性，现代文化是由历史文化演变而来的，理解现代文化必须了解历史文化。遗址遗迹类旅游资源真实地记录了历史的文化状况和基本特征，是人类历史文化演变的集中凝聚，是理解历史文化的理想媒介物。

（2）遗址遗迹类旅游资源具有科学艺术价值。古代科学技术与现代科学技术相比，虽有历史的局限性，但代表了人们科技水平的历史进程，是古代人民聪明智慧的结晶，例如，古代工程建设、古代科学思想、古代科技创造等。历史遗迹是古代人类科技水平的高度浓缩，有的在历史上曾赫赫有名，有的在现代仍发挥着作用，有的于当今仍令人感叹其精巧。

（3）遗址遗迹类旅游资源具有观赏游憩价值。在不同时代美学观念的指导下，在建筑、物品、陵墓、园林等方面都凝聚着人类浓厚而独特的美学思想。

（4）遗址遗迹类旅游资源具有纪念价值。遗址遗迹是人类过去社会活动的原初地，对后人具有纪念意义，通过瞻仰、凭吊活动，产生思想感情上的共鸣，成为怀旧游的对象。遗址遗迹可以开发成为以下旅游产品：怀古旅游、寻古旅游、寻根旅游、古堡名人故居、祭祖旅游等。

（5）遗址遗迹类旅游资源具有教育价值。遗址遗迹作为先人文明创造的遗留，不仅仅是一种遗留物，同时渗透着一种思想价值，是教育的素材，例如，依托革命遗址遗迹开发红色旅游，是进行革命传统教育的典型范例。

2. 建筑与设施类旅游资源的特色和吸引力

建筑是利用自然界的物质资源，经过设计施工而建成的供人类生产、生活使用，并具有一定形体的地面或地下物体，它集中反映了某一历史阶段的科技文化水平。建筑成为旅游资源，不在于其实用性，关键在于它的历史文化价值和艺术观赏价值，所以古代建筑以及现代标志性建筑、艺术性建筑都属于建筑旅游资源。设施，本义是为了某一目的而设置的一定物体，属于基础性的建筑（如水利设施、桥梁设施、军事设施等），或建筑群体构成的场所场馆（如游乐设施、体育设施等）。

建筑与设施具有历史文化、艺术审美与科学研究价值，是重要的旅游观光风景。原始建筑、古代建筑文化不仅具有实用性，而且具有历史性、思想性与艺术性，呈现出地域和民族特色。具有艺术性和思想性的现代建筑与后现代建筑同样具有旅游观光功能。充分发掘建筑的历史、思想与艺术内涵，建筑旅游资源可以转化为建筑遗产旅游产品。

3. 人文活动类旅游资源的特色和吸引力

人文活动类旅游资源指人文旅游资源中动态的行为文化资源，属于社会性旅游资源。人文活动类旅游资源与旅游休闲存在密切的关系，是开发文化旅游产品、文化购物商品的原料，也是营造旅游休闲环境以及塑造旅游企业和旅游地品牌形象的文脉基础。人文活动类旅游资源包含文艺旅游资源、民俗风情旅游资源、节庆旅游资源。

文艺旅游资源指那些能够吸引旅游者前往观光游览，进而产生经济、社会与环境效益的文艺作品，包括文学和艺术旅游资源两大类，其中以文学名著、游记、风景诗词、楹联、题刻、神话传说、影视、戏曲、书法、绘画等文艺旅游资源的旅游价值最大。文艺旅游资源具有旅游审美、休闲娱乐、装饰美化的价值，以及提升实体旅游资源的文化品位、树立旅游目的地的品牌形象、提高旅游活动各方的文化素养之功能。

民俗风情旅游资源指那些能够吸引旅游者前往观光体验，并能产生经济、社会与环境效益的民俗风情资源，包括物质民俗、社会民俗、精神民俗和语言民俗旅游资源等。民俗风情旅游资源具有旅游审美价值、休闲娱乐价值、文化体验与科学考察价值、装饰美化和品牌塑造价值以及实用价值。

节庆活动具有很强的旅游吸引力，是现代社会日益重要的人文旅游资源，构成了流动的旅游吸引物，形成了活动的旅游景观产品——节事旅游。节庆的旅游休闲价值表现为观光欣赏、娱乐、氛围体验、休闲购物等，节庆旅游资源可以开发为节庆旅游、会展旅游、购物旅游、娱乐旅游等旅游产品。

二、旅游目的地旅游资源的效益

（一）旅游目的地旅游资源的社会效益

1. 提升旅游目的地的知名度和美誉度

旅游目的地旅游资源转化与开发的过程中，要突出各品类旅游资源的独特性，逐步烘托出旅游目的地共同的个性，这个共同的个性就是集区域文化、社会、自然特色于一体的旅游目的地形象品牌。旅游目的地形象品牌是旅游目的地区域内外公众对旅游目的地总体的、抽象的、概括的认识和评价。个性鲜明、亲切感人以及高质量的旅游目的地品牌，有助于提升旅游目的地的知名度和美誉度。

2. 推动社会进步

旅游以满足人的精神和文化需求为目标，使旅游者在亲近自然、欣赏山水、接触社会、感受人文、体验风情、享受休闲、美食购物的旅游过程与服务过程中体验到身心愉悦。旅游目的地旅游资源开发转化的过程，即是树立以旅游者为中心、以能否满足旅游者的需求为资源开发准则的过程。旅游资源的要素提炼，要注重与潜在旅游者的消费心理的吻合；旅游资源的评价，评价者要注重与旅游者进行角色互换，以旅游者的眼光评价旅游资源及其产品转换能力。以旅游者为本、尊重市场规律的理念的推进，将推动旅游目的地社会的进步。

旅游资源转化与开发的根本目的是促进旅游业发展，通过旅游业的发展，实现旅游资源的永续利用。旅游资源的转化与开发，其过程和结果不仅仅让旅游者在旅游地获得精神享受，旅游者与旅游目的地居民之间，也因经济、文化交流产生相互影响，这些影响也是推动旅游目的地社会发展的积极因素。

旅游业是社会经济发展到一定阶段的产物，旅游业的发展深受社会经济发展的制约。同时，旅游业又是一个综合性很强的经济产业，因而旅游资源转化与开发必须关注系统中各部分相互联系、相互影响的关系。一是旅游资源的转化与开发，与社会经济应协调发展；二是旅游资源内部各要素之间应协调平衡。旅游资源的转化与开发要研究旅游系统中自然的、技术的、社会的、经济的诸因素的相互结合，运用系统分析方法，对旅游系统进行整体性、协调性、系统性的规划，将各部分有序、合理地组织起来，实现旅游目的地社会效益的最优化。

知识卡片

新疆旅游资源的转化与开发对当地社会发展有明显的推动作用

1. 促进社会经济发展

新疆维吾尔自治区文化和旅游厅发布的数据显示，2019年1至10月，新疆共接待旅游者2.02亿人次，同比增长42.62%；实现旅游收入3 417.27亿元，同比增长43.39%。

2. 城乡建设日新月异

城乡面貌焕然一新，居民生活条件越来越好。例如，为了更好地接待旅游者，2010年，喀什老城启动改造工作，至2017年全面完成。改造之后家家户户通了自来水、天然气，设计了卫生间、下水道，房屋改造后不少居民将一楼作为商铺出租或自营，二楼和三楼自住，实现了在家门口就业。又如，和田夜市也在旅游业的带动下得到迅速发展，在活跃地方经济的同时，也成为一个帮助困难群众实现就业、脱贫致富的平台。现在，和田夜市正以品牌化经营为手段，走出和田，为全国其他地区旅游经济的发展做出贡献：天津市宁河区运河美食街正式营业，引入的“和田夜市”有12个摊位，面积占美食街的1/7左右，开业即受到旅游者的热烈欢迎。

资料来源：根据网络资料整理。

（二）旅游目的地旅游资源的环境效益

在现代旅游业中，旅游资源本身的吸引力和周围环境的吸引力已成为不可分割的整体，环境质量下降会直接导致旅游资源的衰落甚至消亡。旅游资源是旅游业赖以生存的基础，是发展旅游业的基本条件。然而，旅游资源的开发，特别是自然旅游资源的开发，却往往意味着对环境的破坏和某些自然景观的丧失。旅游资源不同于一般物质生产的其他资源，旅游资源中，一般自然景观的形成要几万年，人文景观的形成也需要几十年、几百年或几千年。很多资源都是不可再生的，也就尤为珍贵。因此，科学、合理地开发旅游资源，重视旅游资源环境效益，对实现旅游业的可持续发展具有重要的意义。

环境是人类社会发展的基础，环境一般是指人类赖以生存的生态环境系统，即在特定的地理和空间范围内的所有生物所组成的有机、完整的“生物圈”，其中的组成要素之间存在一定的生态平衡关系。旅游资源保护和开发的经验和教训表明，环境与旅游资源的存续是密切相关的。旅游资源的存续必须凭借良好的生态环境；而生态环境的保护离不开经济发展，旅游资源开发带来的经济效益可以为环境保护提供资金和适宜的条件。

遵守可持续发展原则，有利于充分发挥旅游目的地旅游资源的环境效益。作为一种崭新的发展方式，可持续发展注重把握和处理经济发展与社会发展、经济发展与生态平衡、社会发展与环境保护之间的相互依存关系，注重经济、社会和生态的整体协调发展。可持续发展理念的贯彻实施，促使旅游目的地的旅游资源开发与转化具有长时期持续性发展的能力。自然旅游资源的永续利用是保障旅游目的地经济可持续发展的物质基础，生态环境的永久保护是自然旅游资源赖以存续的基础。

用可持续发展理念来进行旅游资源开发，强调旅游目的地文化的完整性和生态的和谐发展过程，强调对自然和文化生态的保护和延续。旅游目的地的环境本身是旅游者追寻的目标，是旅游吸引力的关键要素。旅游资源转化与开发时要强调旅游目的地的环境治理、环境营造、环境美化，更要强调旅游产品配置中的环境因素，进行旅游资源转化与开发时必须对环境进行评价，以不破坏环境为前提。

知识卡片

新疆旅游资源的转化与开发对当地环境保护产生了积极作用

旅游资源转化与开发带来经济效益，为环境保护提供资金支持。例如，新疆库尔勒市设立了旅游发展基金，主要用于天鹅河景区建设，截至2019年年初，库尔勒林地面积达14.27万公顷，森林面积达12.29万公顷，森林覆盖率达18.19%。生态环境更优，库尔勒市旅游发展也上了一个新台阶。

当地生态环境的改善，为旅游业的发展提供了高质量的环境保障，进一步丰富了当地的自然旅游资源。例如，台特玛湖经过生态修复，湖区周边红柳、胡杨、芦苇等植物面积明显增加，野鸭、野兔、水鸟等野生动物数量也呈增多趋势，生态环境得到进一步改善，吸引了许多旅游者前来旅游观光、拍影留念；再如，库尔勒市围绕河道周边，发展休闲旅游产业，餐饮美食、夜间游船、灯光秀等吸引了越来越多的旅游者。旅游业的发展，也进一步提高了环境保护的意义和价值。

资料来源：根据网络资料整理。

三、旅游目的地的无障碍环境建设

微课：《残障人员旅游服务规范》解读

《无障碍环境建设条例》（国务院令622号，自2012年8月1日起施行）中对无障碍环境建设的定义为：无障碍环境建设，是指为便于残疾人等社会成员自主、安全地通行道路，出入相关建筑物，搭乘公共交通工具，交流信息，获得社区服务等所进行的建设活动。无障碍环境的主要受益群体是无障碍需求群体，以下简称特殊群体，即因身体的某些部位残障或机能衰退，或因处于需要照料的生命周期，造成行为能力受限，存在多种障碍和特殊需求的人士，包括残障人士、未成年人、老年人、母婴等群体。第七次全国人口普查数据显示，仅从年龄构成方面，0~14岁人口占17.95%，60岁及以上人口占18.7%，65岁及以上人口占13.5%，老年人和婴儿、未成年人等特殊群体占比为50.15%，而总数超过8 500万的残障人士，更是无障碍环境建设的刚需群体。

无障碍理念随着时代变迁和社会对特殊群体权益认知的不断加深而不断发生变化。2001年，有两件事推动人们不再将无障碍的概念仅仅局限于残障领域，而是在更加广阔的社会关系和生活空间里来定义和使用。一是《国际健康功能与身心障碍分类系统（ICF）》的国际通用版本在世界卫生组织协调下获得批准，这一分类系统把“障碍”界定为：“个人环境中限制功能发挥并形成残疾的各种因素，其中包括有障碍的物质环境、人们对残疾的消极态度、缺乏相关的辅助技术的应用，以及既存在又妨碍所有健康人全部生活领域里的服务、体制和政策等。”也就是说，在物质环境、社会环境（如制度法规、语言环境）和态度环境里，限制发挥功能的各种因素都是障碍。二是国际标准化组织首次界定了“Accessibility”的标准，在包括残疾人在内的各类特定人群同样能够无障碍地进入不同场合、获取信息、接受服务等方面，形成了国际共识。2014年，国际标准化组织修订了《在标准中界定无障碍指南》（第二版），正式将“无障碍”（Accessibility）定义为“指产品、服务、环境和设施能在多大程度上被最大范围的不同特征和能力的人群使用，以在特定使用环境中实现特定目标”，这个定义既强调普通服务，又重视特别支持，与近年来残障领域所倡导的通用设计、合理便利的要求相契合，也印证了从包容的角度理解无障碍通常有益于每个人这一概念。

无障碍环境建设已不仅仅是特殊群体的专利，现已成为全社会所有人共享的普惠，事关社会每位成员的基本权益；无障碍环境建设的内涵逐渐由物质环境建设推进到全方位的社会环境建设，需从硬件（建筑、公共设施、交通）、软件（制度、服务、社会心理、信息交流）全面发力，其中旅游环境无障碍建设是无障碍服务提升的重要内容，关乎特殊群体的旅游权益保障，直接影响旅游地幸福指数与安全指数，是旅游业“亮度”与“温度”的体现。

旅游无障碍环境是旅游服务提供者为确保特殊群体平等参与旅游活动、充分共享旅游服务而创设的辅助支持性环境。

长期以来，旅游业的经济属性被过度凸显，民生功能弱化，旅游无障碍环境建设处于缺位状态，特殊群体旅游权益被漠视，社会融入严重不足，赋能成长受限。2016年的“世界旅游日”，原联合国秘书长潘基文发表了题为“人人旅游——促进全面无障碍旅游”的致辞。潘基文认为“人人有权平等享有休闲和旅游服务，但是全世界10亿残疾人以及儿童、老人和具有其他无障碍要求的人，在获得明确可靠的资讯、高效的运输和公共服务，以及方便游客的实际环境等基本旅游服务方面仍然面临障碍。无障碍旅游既是重要的市场机会，也是负责任和可持续旅游政策及旅游发展战略的关键所在。”成熟的旅游产业应该可以让包含特殊群体在内的所有人都可以平等参与。发展无障碍旅游，也是衡量旅游产业发展程度的重要标志。

澳大利亚学者Simon Darcy于1999年在其著作《*Setting a Research Agenda for Accessible Tourism*》（为无障碍旅游制定研究议程）中认为，无障碍旅游是指

残疾人和老年人能够在旅游活动中独立、平等、有尊严地接受旅游服务和产品的过程。这强调了无障碍应同时包括行动、视力、听力和认知几个方面的可操作性，说明无障碍旅游在国外学者的研究中并不只是针对残疾人，还包括老年人和其他因行动不便有特殊需求的人。本书所指的无障碍旅游，是为具有身心障碍的特殊群体提供的专用设施、专门服务和专项产品，旨在帮助其在旅游活动中顺利完成旅游行程、享受旅游乐趣。

无障碍旅游的利益相关方包括但不限于公共行政部门、住宿服务、餐饮服务、交通运输、旅游经营机构、与旅游目的地管理有关的其他经济部门的服务提供者等。因此旅游无障碍环境建设涉及面非常广泛。《无障碍环境建设条例》第三条规定，无障碍环境建设应当与经济社会发展水平相适应，遵循实用、易行、广泛受益的原则。从尊重实际、适度超前的角度出发，评价一个旅游目的地的无障碍环境建设水平应从以下几个方面考虑。

（一）无障碍旅游设施相对完善

政府机关、公共服务、公共交通、社区等场所均进行了无障碍改造，提供了无障碍设施。旅游经营场所无障碍设施建设、管理与使用常态化。

1. 饭店与餐饮场所

饭店与餐饮场所的无障碍设施较为完善，出入口要有坡道，前厅和饭店内通道都应平坦适合轮椅通行，前厅有无障碍电梯和无障碍厕位，能配备轮椅供肢体残障人士及高龄失能老人使用。星级饭店应该具备基本的无障碍设施，有占一定比例的无障碍客房；客房位置便于到达、疏散和进出；房间内的设置应参照轮椅使用者活动范围给予足够的空间；卫生间内部除设置无障碍设施外，还应安装紧急求助按钮等；地面材质选择要具有防滑功能，避免光滑的地砖和较厚的地毯。餐厅的出入口和公共通道应能让轮椅通过，餐厅内有无障碍厕位。要保证公共场所、停车场、主体建筑之间的通道无障碍，有适当比例的无障碍专用停车位并设有标志，且不得随意侵占。对企业的网站建设而言，除了要保证用户界面无障碍，同时要为特殊群体提供更为详细的无障碍设施的信息，包括所提供的无障碍实体设施和服务情况、设施分布情况并配以相关图片。

2. 景区

景区出入口、景区内道路、建筑都要达到无障碍要求，应设置残障人士停车位和无障碍厕位。能提供手语导游、景点语音解说系统，有盲文指示牌，为特殊群体提供含有无障碍服务信息的景区指南，同时可根据特殊群体的旅游需求特点，专门为其开发游览项目。

3. 城市公共空间

城市公共空间的无障碍设计要做到可及、可游、可憩。可及指不管是哪种类型的使用者都可以方便抵达和进入，如轮椅使用者在遇到高差时可以方便地通过坡道进入，视觉障碍者可以使用盲道入内，公共空间无论是休息设施、娱乐设施还是服务设施，都可以供行动不便者方便地触及、进入并使用，如设置低位垃圾桶、饮水器、售货机等供轮椅使用者使用；可游指城市公共空间内的各种景观都能够供行动不便者进行游览，并且能够感受到景观的艺术性；可憩指公共空间内有足够的休憩空间，且应满足行动不便者的一些特殊需求，促进人们的相互交流，如座椅的不同摆放方式可营造不同的交往空间，座椅旁应留有轮椅停留空间，让行动不便者也能够融入交流氛围中。

4. 无障碍交通

应构建便利特殊群体出行的无障碍交通体系。旅游交通设施的无障碍改造以游船码头、无障碍游船改造及设置为例，无障碍游船码头需配备轮椅通道，设置标识系统；条件允许的情况下，建议设置无障碍卫生间。无障碍游船允许受过训练的导盲犬进入游船，轮椅使用者可以借助无障碍坡道进入船舱，船舱内设置无障碍席位。

知识卡片

杭州推出582路无障碍助行公交专线

为方便特殊群体出游，杭州市公共交通集团有限公司推出582路无障碍助行专线。582路无障碍助行专线为以六公园站为起终点的环湖线，六公园站始发经武林路、庆春路、环城西路、北山街、杨公堤、南山路、开元路、延安路、庆春路、武林路至六公园。

乘客如需乘坐582路无障碍助行专线，需要提前一周拨打电话0571-85191122转2号键预约，预约时间为每周一至周五的8:30~17:00。杭州市公共交通集团有限公司将根据需求安排批次，规划统一上车点和出发时间。团体可通过社区、组织、机构集中预约，杭州市公共交通集团有限公司会根据出行时间到统一地点接送乘客；个人预约时，确定582路无障碍助行专线发车时间后，自行到统一地点集中上车，开展环湖观景游。乘客乘车时间为双休日的9:00~14:00。

杭州市公共交通集团有限公司将首批582路无障碍助行专线公交车车厢中的部分座位拆除，大大扩展了空间，并在两侧安装软棉挡板防止轮椅滑行。为了进一步保障安全，每个轮椅座位区域，均配备专属的安全带，用于固定轮椅和乘客。因肢体残疾人群出行需依靠轮椅，车辆选用的是较为宽敞的10米车型，并配有车载轮椅导板，以便能够方便地推拉轮椅上下车。

资料来源：杭州市公共交通集团有限公司官网。

（二）无障碍旅游服务常态化

无障碍旅游服务是旨在帮助不同特征和能力的特殊群体在特定旅游环境中实现安全、相对独立、便捷舒适的旅游。旅游企业应当积极创造条件，努力组建专业服务人才队伍，为特殊群体提供必要的服务，提升无障碍旅游服务品质，将无障碍旅游服务常态化。下面以旅游景区为例，介绍具体的服务内容。

1. 基本要求

服务人员对特殊群体应重点关注，主动协助，及时响应特殊群体的合理需求。

2. 咨询服务

服务人员应利用多种媒介，为特殊群体提供无障碍旅游信息。

3. 游览服务

（1）提供提前预约无障碍旅游的服务，及时告知游览点开放时间、游览点配套设施、游览点适宜的游览项目等接待信息。

（2）主动对接特殊群体旅游团队，了解有关团队信息，定制旅游接待计划或方案。

（3）协助视障人士做好导盲犬的管理。

4. 售检票服务

（1）服务人员利用多种媒介，向特殊群体介绍所售票务种类和价格，协助特殊群体办理票务费用结算。

（2）服务人员开启特殊群体通道，协助特殊群体安全进入。

5. 安保服务

（1）安保人员对需要帮助的特殊群体主动提供客流疏导、道路指引、寻找走失人员等服务。

（2）安保人员为特殊群体提供保护其人身、财产安全方面的协助，确保残障人士在遭受意外伤害事故后及时得到紧急医疗救助。

（3）安保人员能熟练使用消防和应急安全设备，具有帮助特殊群体安全疏散的技能，并在特殊群体使用、识别或感知救生设施装备、救生通道的指示标识和应急须知等方面提供协助。

（三）信息无障碍相对健全

旅游目的地应注重无障碍旅游信息的收集和发放，为特殊群体的旅游决策和出行提供帮助。旅游目的地可以出版无障碍旅游指南，或通过政府官方网站建立无障碍旅游论坛和博客，为特殊群体提供获得无障碍旅游资讯和交流旅游心得的平台。旅游企业要加强其无障碍设施和无障碍服务信息的发放，相关文字资料的介绍要尽可能详细和准确，信息发布的方式要考虑特殊群体的阅读需求。旅游目的地政府网站应建立无障碍旅游信息专栏，收集并公布当地的无障碍旅游信息（包括交通、餐饮、住宿、景区和旅游活动等）。

知识卡片

信息无障碍设计

1. 听障人士信息无障碍服务

手语翻译系统：通过在线视频与手语翻译中心建立实时音视频通话，利用高清摄像头和低延时通信交互技术，远程提供手语翻译服务。

2. 视障人士信息无障碍服务

（1）盲文地图。专为视障人士设计制作，利用平面图和无障碍地图路网，构建视觉和触觉地图模型，为特定区域定制的物理地图。通过汉字+盲文+标识表示当前位置、设施及描述等，让视障人士能快速、直观地构造空间概念。

（2）语音导游系统。为视力障碍人士提供视觉信息转换为听觉信息的服务系统。可帮助视障人士了解位置信息或内部分布，配合手机应用或者可穿戴式设备形成视障人士无障碍“数智盲道”，提供语音引导服务。在需要讲解的点位，通过蓝牙等方式，自动开启语音讲解。

（3）盲文资料。将信息制作成纸质的盲文资料。

（4）盲文铭牌。在扶手、服务台等关键位置处放置盲文铭牌。

3. 综合信息无障碍服务

（1）无障碍智能服务装置。为视力障碍人士提供视觉信息转换为听觉信息的服务；为视障人士、肢残人士、老年人等行动不便人士提供一键求助、一键呼叫等服务；为肢残人士、听障人士或其他人士提供无障碍地图扫码、地点方向指引服务等。

（2）定位导航服务。通过区域的辅助定位系统，可实现室内的定位导航，为残障人士提供无障碍指引，使其感知周围环境和物体，并在系统导航指引下自主到达目的地。视障人士仅依靠智能手机及配套应用，便可在区域内自主行动。

（四）无障碍旅游氛围良好

旅游目的地应营造具有浓郁人文关怀的社会氛围。通过政府及相关媒体的正面宣传，在社会上宣传仁爱、共享的风气，广泛吸引志愿者参与无障碍旅游服务。

旅游目的地应加强宣传推广，努力推进旅游无障碍环境建设全覆盖。将旅游无障碍品牌宣传推广纳入旅游目的地品牌宣传推广中，提升旅游无障碍环境建设的知名度和影响力。以无障碍旅游线路体验为抓手，大力宣传无障碍环境建设的观念模式、服务对象、内容选择和设计理念。鼓励当地社区开展无障碍服务，积极开展旅游无障碍社会教育，充分盘活旅游公共服务资源和社会公益资源，选择旅游信息咨询点、党建驿站、志愿服务微笑亭，进行旅游无障碍服务环境建设与志愿服务第二课堂的试点，策划各类无障碍文化休闲旅游“体验”“互动”活动，向全社会推广无障碍理念。

四、旅游目的地社会资源对定制旅游产品开发的影响

（一）旅游目的地公共服务

定制旅游产品体验过程即是对旅游目的地深度感受的过程，旅游者更热衷于与旅游目的地居民互动，旅游者到访的空间遍布旅游目的地各个角落。因而定制旅游产品对旅游目的地的公共服务水平要求更高。完善的公共服务体系，完善的商业服务体系，可以营造高质量的旅游目的地环境。定制旅游产品的规模化开发，对旅游目的地的社会资源，即当地经济社会发展和居民生活条件的依赖更大。比如，高度依赖航空、高铁、高速公路及其配套设施，高度依赖社会餐饮、商业住宿和面向常住人口的休闲空间和服务体系。

定制旅游产品对旅游服务的微观层面要求更高，旅游者对于问询、语言、信息、交通、环境、治安、医疗、救援等生活服务都有较高要求。地理空间的可进入性，机场建设与航线开通、高速铁路、高速公路、城市公共交通、休闲绿道等交通配套设施，以及签证便利化、公共资源开放、公共标识、解说系统的建设与完善等都将进一步增加旅游者在目的地生活体验的便利性。包括商业服务体系的多样性，比如高星级酒店、经济性酒店、主题酒店、民居客栈构成的多层次、多类型住宿业态；包括区域、城市与景区集散中心的接驳体系，如出租车、公交车、地铁甚至三轮车等多元化的交通工具；包括旅游者与当地居民生活共享体系的构建，如城市的公交卡、自行车租卡、图书卡等便民服务的开放，都将影响定制旅游产品要素的组合与产品特质的呈现。

（二）旅游目的地旅游产品价值共创环境的建设

旅游者在对旅游目的地进行深度体验的过程，亦是将自身的知识、技能和经验投入定制旅游产品价值创造的过程。旅游目的地政府对旅游者参与产品价值创造越是重视，相应的体制机制构建越是完善，越有利于调动和积累当地社会资源，因而也就越有利于定制旅游产品品质的提升以及规模化、品牌化发展。

旅游目的地政府与旅游者、当地居民产品价值共创环境的营造至关重要。

参与主体的协调、共创过程的管理、共创结果的评估，都将对共创环境的建设构成影响。以杭州社会资源国际访问点为例，作为杭州市政府发起的覆盖全域、整体性公共服务项目，是践行全域旅游发展和主客共建共享的标杆。杭州市政府持续性地鼓励旅行商（旅游企业）、本地居民、外来旅游者深度参与访问点产品的设计、包装、推广，在互动中聆听不同对象的需求与反馈，并进行意见采纳，形成较为成熟且广泛的价值共创模式，而价值共创带来的社会影响持续发酵，形成文化输出、差异竞争，并为下一轮的价值共创活动做铺垫与支撑，吸引社会力量的持续参与，实现良性循环。

（三）旅游目的地文化资源的传承与再造

旅游目的地文化资源构成了定制旅游产品独一无二的特质，文化因素也是驱动居民和旅游者参与定制旅游产品价值共创的关键。旅游目的地居民对本地的依恋情怀与文化自豪感，旅游者对旅游目的地文化资源的热爱和沉浸式解读，都有利于旅游目的地文化资源的传承、传播和再造。当两者之间由于对旅游目的地文化因素产生了共鸣和认同，两者之间的情感联系得以建立，深度的主客交往和“文化契合”开始形成。旅游者由被动消费转型为主动共创，旅游目的地文化资源因此得以创新和再造。例如，一些外来旅游者与阳朔旅游目的地建立深度互动的主客交往关系后，会扮演本地业主的导师，参与旅游服务供给过程，推动当地旅游服务质量的改善，也为当地文化注入了新的内容。

任务实施

分析“藏东野生动物摄影训练营”中旅游资源的价值和效益，以及旅游目的地社会资源对该旅游产品开发的影响。

1. 旅游资源的价值

该旅游产品的旅游目的地为西藏东部的雅鲁藏布大峡谷和嘎隆拉山等生物多样性丰富地区，拥有得天独厚的自然旅游资源。位于喜马拉雅山脉北麓的雅鲁藏布大峡谷和嘎隆拉山等地区既是山岳型旅游地和谷地型旅游地的综合自然旅游地，又属于冰川堆积体和冰川侵蚀遗迹的自然变动遗迹，具有雄浑壮阔的地貌特征和丰富深厚的科学内涵，生动地反映了地球演化史，其稀有度和悠久度为世界所罕见。区域内的高原河湖和现代冰川构成了优美的水域景观。由垂直自然带形成的气候垂直分布，使这一地区成为植被景观和野生动物栖息地异常丰富的生物景观多样性地区。同时，高海拔、无污染的自然环境加上低密度的人口聚集，使这一地区的许多地方成为夜间观察星月的天象景观观赏地。

该旅游产品中的区域涵盖了地文景观、水域风光、生物景观和天象景观等自然旅游资源，成为观光旅游、科考旅游、探险旅游、自然教育和主题摄影等定制旅游产品的旅游目的地。由于该旅游产品定位为野生动物摄影主题，聚焦都市青少年亲子家庭的细分市场，为其提供了与惯常生活环境截然不同的旅行体验。

2. 旅游资源的社会效益

该旅游产品的自然旅游资源优越，观赏游憩使用价值高，珍稀奇特程度、规模、丰度、完整性、知名度和影响力均闻名遐迩。旅游目的地自然旅游资源保存完好，也体现了藏区人民长期以来“天人合一”“美美与共”的价值观念，以及他们对自然环境敬畏和谦卑的心理。

旅游者通过对该旅游产品的体验与感悟，不仅收获了质量上佳的摄影作品，也通过与自然相处、与世界和解的心路历程获得前所未有的精神享受。通过旅游者的作品表达，可以实现旅游资源向旅游产品、旅游形象、旅游营销的转化，通过人际传播产生的客流、物流、资金流和信息流等有助于推动旅游目的地的社会进步。

3. 旅游资源的环境效益

该旅游产品主要利用藏东野生动物资源作为主题摄影的拍摄对象，高原整体环境也是旅游行程不可分割的资源基础。如果没有良好的自然环境和藏区人民善良友好的个性品质，野生动物资源在历史发展进展中将难以保持生态的多样性。有节制、科学地利用这些资源，使旅游资源和环境资源和谐共生，才能实现旅游的可持续发展。

该旅游产品行程中特别设计的《生态摄影道德规范》课程，强调遵守法规、尊重自然、减少干扰等生态摄影伦理，为旅游者在生态友好和环境保护的前提下开展摄影旅游活动进行了规范和约束。

该旅游产品所涉及的环境区域海拔较高、生态敏感性较强，不适宜开发大规模的常规观光旅游产品，而主题摄影旅游产品以生态干扰小、产品附加值高等特点为环境保护赋能。

在旅游目的地自然旅游资源向旅游产品转化的过程中，旅游者通过行程游历和摄影活动获得了高峰旅游体验，当地居民得到了经济实惠，旅游者和当地居民见证了环境保护对开发旅游的重要性，唤醒了主动参与生态环境保护的意识和行动，推动了旅游可持续发展。

4. 旅游目的地社会资源对该产品开发的影响

野性中国工作室是根植于大香格里拉地区的环保公益性组织，作为该旅游产品的社会资源，致力于为旅游者打造野生动物摄影深度体验和促进旅游目的地环保与宣传，为产品提供了设计理念、摄影师资团队和活动策划指导等环节的支持。

同时，本地化的摄影导师、旅行管家、行程司机、酒店餐饮等技术团队和服务团队通过摄影技术指导、野生动物科普和生命价值观念传递，与旅游者一起共同完成了旅游行程，创作了该旅游产品的衍生产品——野生动物摄影作品，更通过人与自然、人与社区的和谐相处，达到文化的理解、认同和自豪，实现了产品价值和资源环境的共创与共享。

任务评价

旅游目的地调研融合了旅游资源规划与开发、中国旅游地理、旅游目的地建设、旅游公共服务等学科知识，需要学习和掌握旅游资源的价值和效益、旅游无障碍环境建设、旅游目的地社会资源积累与创新等知识，再结合定制旅游产品开发商的生产实际进行技能训练。本工作任务以西藏松赞绿谷文化旅游有限公司联合野性中国工作室设计的“藏东野生动物摄影训练营”为例，分析相应知识点和技能点，为了重点训练关键技能点，设置了“自主训练与拓展”环节，学生按照要求完成训练项目，通过扫描二维码上传作业，即可获取参考答案进行对比分析。通过理论知识和实操技能训练一体化的学习模式，实现对知识的迁移和技能的提升。

思考与练习

一、单项选择题

以下关于旅游资源的阐述，错误的是（　　）。

A. 旅游业是综合性很强的经济产业，旅游资源转化与开发必须关注系统中各部分相互联系、相互影响的关系

B. 旅游资源的转化与开发，不用考虑旅游目的地社会经济的发展水平，可以超前发展

C. 旅游资源内部各要素之间应协调平衡发展

D. 旅游资源的转化与开发要运用系统分析方法，将各个要素有序、合理地组织起来，以实现经济效益、社会效益和环境效益的最优化

二、简答题

什么是旅游资源？谈谈旅游资源对于定制旅游产品设计的重要性。

工作任务二　定制旅游产品开发所需资源分析

任务引入

以西藏松赞绿谷文化旅游有限公司联合野性中国工作室设计的“藏东野生动物摄影训练营”为例，分析该旅游产品开发所需的技术团队和服务团队人力资源，并做人力规划方案，分析该旅游产品开发所需的各类旅游供应商资源，并做采购预案。

任务分析

定制旅游产品开发对技术团队和服务团队人力资源的要求较高，旅游目的地各类旅游供应商的服务能力也直接影响到定制旅游产品的品质。要完成以上任务，需学习定制旅游产品开发所需资源分析的相关知识。

知识链接

定制旅游产品生产商开发产品需要如下资源。

一、旅游目的地政府营销资源的支持

旅游业是第三产业的重要组成部分，是世界上发展最快的新兴产业之一，被誉为“朝阳产业”。旅游业除了对国民经济贡献高之外，还在转变经济发展方式、调整产业结构、推进城镇化建设、调整城乡收入差距、推进建设资源节约和环境友好型社会的建设等方面起着重要的作用，各地都十分重视旅游业的发展。为提升旅游目的地的吸引力和竞争力，使得本地区旅游业朝着优化的方向发展，旅游目的地政府都很重视旅游目的地营销。

所谓旅游目的地营销，是指区域性旅游组织将区域性地区作为旅游目的地而开展的营销活动，主要是通过塑造目的地形象来提升旅游目的地的吸引力和竞争力。这一概念包含以下几个要素。

首先，营销主体是区域性或者跨区域性旅游组织。旅游目的地营销的内容是要确定并打造目的地的总体形象，确定目标市场的信任度及抵达该目标市场的最佳途径。以上这一系列工作不是某一个旅游企业能完成的，必须是地区内所有相关机构和人员共同努力才能完成，必须由区域性或跨区域性旅游组织统领。

其次，营销对象是地区内所有的旅游产品和服务。旅游目的地营销是在特定空间、区域、层次上进行的旅游营销方式，区域内所有的旅游企业和旅游产品都将作为统一的营销对象，并以相同的旅游目的地形象参与旅游市场的激烈竞争，营销活动的获益者不是某一个旅游企业，而是整个地区。

再次，营销客体是旅游客源市场。区域性旅游组织要确定本旅游目的地的目标市场，要建立本地产品与这些旅游客源市场间的关联系统，并力争保持或增加旅游客源市场的市场份额。

最后，主要营销手段是塑造旅游目的地形象。旅游目的地营销的重要手段就是规划开发本地区的旅游产品，宣传促销整个地区的产品和服务，提高旅游目的地的价值和形象，以使潜在的旅游者充分认识到该地区与众不同的优势，帮助潜在旅游者作出将本地区作为旅游目的地的决定，提高其在本地区旅游的消费额。

基于以上认知，旅游目的地营销职能为：负责制定地区旅游发展总体规划；根据旅游发展问题的调查研究的结果分析和预测未来的市场需求；确定特定市场和细分市场的促销重点，向旅游客源市场宣传、推广、营销整个目的地，打造统一旅游形象；就旅游业的发展问题同政府有关部门沟通协调，各部门政令统一，促进旅游业的协调发展；协调区域内旅游产品的发展进程，建立旅游发展的协调运营平台，促进食、住、行、游、购、娱等不同旅游产品的协调发展；规定和控制旅游服务的质量标准与基本价格，并实施监督与检查；对符合发展政策的旅游产品提供支持，促进旅游产业的合理布局；开展合作营销活动，促进区域内旅游企业的合作共赢，扶持和帮助中小旅游企业发展。

定制旅游产品生产商在开发旅游产品时，可以结合旅游目的地政府的营销举措，在以下几方面寻求旅游目的地政府的支持。

1. 参加旅游目的地政府组织的实地考察

实地考察是定制旅游产品设计过程中一个重要的工作步骤，实地考察是对旅游目的地的旅游资源、旅游设施、旅游服务进行全方位的考察。定制旅游产品要经得起市场检验，实地考察必不可少。定制旅游产品生产商应多参加由旅游目的地政府部门组织的实地考察，实地了解旅游目的地的旅游资源和旅游供应商的服务水平。

2. 参加旅游目的地政府举办的旅游交易会和推介会

定制旅游产品生产商要高度重视旅游目的地政府组织的活动，特别是旅游目的地政府举办的旅游交易会和旅游推介会，及时参加这些推广活动，会了解到最新的旅游目的地信息以及旅游目的地政府对开发目的地新产品的奖励扶持政策，对开发新产品很有帮助。

3. 用好旅游目的地政府的促销政策

旅游目的地政府在旅游淡季或者旅游经济下行的时期，为重振当地旅游经济活动，刺激消费，往往会推出旅游消费补贴、旅游企业组织接待旅游者的奖励补贴、鼓励目的地旅游供应商让利等促销政策，定制旅游产品生产商如果用好这些促销政策，可以有效地提高旅游产品的性价比。

4. 与旅游目的地政府联合推出新的旅游产品

旅游目的地在建设与发展的过程中，新的旅游资源、新的旅游产品不断涌现，定制旅游产品生产商应积极与旅游目的地政府沟通，通过主题翻新、内容模块式代入、推广方式创新等方法，在旅游目的地政府营销资源的支持下，联合推出新的旅游产品。

二、技术团队和服务团队的建设

（一）定制旅游产品开发所需的技术团队和服务团队人力资源

定制旅游产品开发的关键在于发现市场获利机会，由于旅游市场变动剧烈，市场信息具有不确定性，对市场获利机会的判断以及相应的抉择，既需要偶然触动的灵机，更需要长期经验积累获得的洞察力，以及产品开发过程中试错的能力。定制旅游产品的技术团队和服务团队的核心技能是发现市场获利机会的能力，而且是以团队价值共创的形式发现，不只是突出个人的贡献。要能发现市场的获利机会，还要有实现获利的能力，而影响实现获利的因素很多，因此，从定制旅游产品生产商的角度来分析，市场获利机会的关键因素是团队建设能力，抓住机会和最终实现获利，都相当依赖团队的建设能力。

定制旅游产品生产商在产品开发方面的决策，依靠的是技术团队和服务团队相关人员对专业知识的掌握程度，以及鼓励创新、鼓励提出异议、平等包容的企业文化，以利于定制旅游产品运营相关岗位的人员做出超过市场平均水准的决策。技术团队和服务团队相关人员专业知识是企业的核心竞争力来源，既包括客户、市场、行业、政策相关知识，也包括企业内部运行机制、文化价值观，以及企业内其他人的工作内容和个人能力风格偏好等属性。这些专业知识，可以分为两种，即显性知识和默会知识。显性知识是可以通过语言文字符号表达或传递的知识。默会知识是一种只可意会不可言传的知识，无法通过语言文字符号来表达。技术团队和服务团队相关人员在个人的工作中持续获得和积累的知识，如果通过语言文字转换为显性知识就可以被传播，成为定制旅游产品生产商的共同知识。定制旅游产品生产商把员工个体积累的默会知识不断转换成显性知识并变成企业共同知识的这个过程，是创新的常见过程。

定制旅游产品生产商积累的共同知识越多，企业内组织效率就越高。定制旅游产品生产商关键岗位掌握的专业知识和共同知识超过市场平均水平越多，企业的效率优势就越大，而如果这些关键岗位的人才流失率高，而且专业知识和共同知识含金量较低，甚至低于市场平均水平，对企业而言便意味着核心竞争力的丧失。

定制旅游产品的开发具有一定难度，且产品开发环节较为烦琐，技术团队和服务团队具有共同目标、共同理念、共同知识，遵循一定的运行机制，将会大大提升组织的效率。激励和约束、稀缺资源配置、绩效评估、试错容错机制等组织规则的建立，对团队建设有着至关重要的作用。由于团队负责人在多数情况下属于无授权领导，团队要对定制旅游产品的结果负责，但工作又得依赖其他职能岗位、其他部门完成，产品结果还受到市场环境的影响。因此，一方面需要定制旅游产品生产商企业良好的文化进行支持，另一方面，对团队建设不利的因素应尽量予以克服，如短期利益导向、等级观念、干预严重、决策尽出于上、保守心态、产品开发路径依赖等。

定制旅游产品开发对客户资源和旅游供应商渠道资源均有依赖，因此技术团队和服务团队在产品创新方面的积累、成员之间的磨合度、与平台的匹配度、对客户和产业利益链上的了解和信任，均会增强定制旅游产品生产商的竞争优势。定制旅游产品生产商对绩效 / 体验的取舍，创新 / 保守的取舍，技术团队和服务团队所负责的产品在当前阶段的复杂性和不确定性的高低，团队成员专业能力和推动能力的高低，团队负责人的人际能力和决策能力，均会影响团队建设的成效。

定制旅游产品技术团队和服务团队组建初期应高度重视成员的选择与任用，技术团队以产品设计和制作为主，服务团队以地面接待服务为主，各自的特长可以有所不同，当然如果技术团队兼任服务团队，有助于提升客户对产品的体验感，也有助于对产品的优化和完善，但一岗多能对个人的能力要求偏高，实际操作中还是应各司其职。团队成员的通用能力如下：同理和共情能力，学习能力，自省能力，对信息的判断与处理能力，数据分析能力，清晰、明确的表达能力，文案写作能力，提出替代方案并知道如何考虑使用，组织和展开论证，谈判与说服能力，实证能力。

（二）定制旅游产品的人力资源规划

定制旅游产品生产商一旦拟订产品开发计划，就要着手进行人力资源规划，人力资源规划应秉承需求导向、用人所长和动态优化的原则。定制旅游产品生产商应从产品开发、制作和落地的需求出发，明确技术团队和服务团队所需人员以及需要具有的素养和技能、从业经验等，既要注重专业技术等硬技能，也需注重协作能力、沟通能力以及事业心、责任感等软实力。定制旅游产品生产商应对企业自身的人力资源进行盘点，再与长期合作的技术机构、服务机构沟通，或者通过企业拥有的其他合作渠道，物色产品开发所需的技术团队和服务团队。在科学规划的基础上，组建专职和兼职结合、一体化管理的技术团队和服务团队。团队组建之后，本着相对稳定和动态优化的原则，以绩效最佳为驱动，对团队进行动态优化。

自主训练与拓展

训练项目 1

训练项目 2

训练项目 1：以保障“藏东野生动物摄影训练营行程”产品技术开发为目标，对技术团队的人力资源进行规划。

训练项目 2：以保障“藏东野生动物摄影训练营行程”产品团队接待为目标，对服务团队的人力资源进行规划。

自检自查：学生完成以上训练项目，请扫描二维码上传作业，上传后即可获取参考答案，对照参考答案，分析自己对知识点和技能点的掌握程度。

三、旅游供应商资源的配置

旅游供应商资源非常丰富，定制旅游产品开发需要对旅游供应商进行更为精细的分类。在对旅游供应商资源进行细分的基础上，对旅游供应商品牌、规模、服务品质、供给保障性进行评估，将最合适的旅游供应商资源配置到产品的相关节点。

相对于标准化的旅游线路产品，定制旅游产品通过产品内容和形式的个性化组合，更突出旅游目的地文化属性和审美意蕴的深入挖掘以及活化呈现，因而更能带给旅游者审美愉悦和情感享受。因此，定制旅游产品对旅游景区等供应商资源的配置要求更高。景区应营造体验场景，给旅游者留下难忘的体验。在全域旅游背景下，旅游目的地建设立体、综合、全方位的全域旅游产品供给体系，全域皆景区的态势正逐渐形成。旅行策划人员应着重采购接待设施成熟、产品体系完善、服务品质高、环境质量佳的旅游景区，以提升旅游者的满意度。

旅行策划人员应在对定制旅游产品开发所需的各类旅游供应商资源进行分析的基础上，制订采购预案。以一个接待周期为单位预估团队数量，再乘以单团人数，从而估算旅游者人次，分类估算各个供应商的接待量。旅行策划人员应在与供应商进行意向性沟通的基础上，列出接待质量要求，以及如果该供应商资源不足的备选采购方案。旅行策划人员在制订供应商采购预案时，应将供应商资源分为稀缺资源和常规资源，对稀缺的供应商资源须加强采购保障措施，以防因无法采购造成团队行程取消等损失；对常规的供应商资源则可以考虑预备替代的供应商资源，以保障定制旅游产品的服务项目供应。

自主训练与拓展

训练项目：为保障“藏东野生动物摄影训练营”产品接待需要，制定单团行程采购预案。

自检自查：学生完成以上训练项目，请扫描二维码上传作业，上传后即可获取参考答案，对照参考答案，分析自己对知识点和技能点的掌握程度。

训练项目

四、定制旅游产品开发所需的经费投入

（一）企业是否能投入定制旅游产品的开发费用

定制旅游产品生产商应认真评估定制旅游产品开发费用，并考量企业是否能够投入该项费用。定制旅游产品开发费用包括人员工资费用、器材设施费用、行政办公费用、实地考察费用、专家咨询费用、市场调查费用、专项活动费用、前期试运营费用及试验推广费用、机动费用等。该项经费预算应考虑企业的实力以及定制旅游产品开发的实际需要，并列出详细的开支预算清单，以保证所有的开支项目都是必要的、可以检测的，以便在实施中及时进行核对和绩效考察。

（二）定制旅游产品开发的成本估算

定制旅游产品开发的成本估算，有助于向产品开发团队提供产品选择和制定价格等信息，亦可以估算产品运营、服务和客户关系维护的成本。定制旅游产品生产商需要树立以市场为导向的经营思想，要调查市场、分析竞争对手。定制旅游产品开发的成本估算基于分析同类产品的开发成本或者同业近似产品的定价机制，需要考虑定制旅游产品全周期各个阶段所需的成本。定制旅游产品的全生命周期成本指产品从形成至消亡所经历的企划、研发、生产到客户使用和退出市场这个循环的总成本。定制旅游产品生产商要在市场上保持竞争力，占领市场，就要以市场需求导向来生产，要具有长期的视角，对产品成本和赢利进行更全面的分析。例如，一个匆忙设计出来的产品，其产品开发成本方面的投入极少，但产品生命中后期可能会有非常高的营销和服务成本。在成本估算时要运用价值功能匹配原则，剔除不能满足市场需求、体现产品价值却增加产品成本的功能。

（三）定制旅游产品开发的成本控制

定制旅游产品开发的成本控制，关系到产品的经济效益。产品开发成本是具有决策性的成本。产品开发的成本控制应作为整个产品成本控制的起点，在开发过程中对产品成本进行有效的估算、预测。成本控制是指定制旅游生产商在生产经营过程中，按照既定的成本目标，对构成成本的一切耗费进行计

算、考核和监督，采取有效措施，使成本限制在预定的目标范围之内。成本控制需要财务人员和产品开发团队一起，必要时还需引进第三方公司，根据成本预测信息，考察分析产品的特质和构成要素、市场需求等，找出降低产品开发成本的关键点，并提供降低产品开发成本或提高性价比的改进建议和方法。在定制旅游产品开发阶段成本管理过程中，成本预测、成本分析、成本优化三者处于动态的进程中，成本预测为成本分析提供成本信息，成本分析又为成本优化决策提供改进建议和方法，经过成本优化决策改进后，成本差距都在逐步改善，直到可允许目标成本与可实现目标成本最终达到一致。

定制旅游产品开发的成本控制，可以考虑从以下几方面进行。

1. 产品开发的人力资源成本控制

产品开发的人力资源成本控制是反映产品开发人力资源参与产品开发全过程所发生的各项支出，凡涉及该部分人力资源的取得、开发、使用、保障和离职等投入和发生的一切费用都应列入。在这些费用中，产品开发人力资源的取得成本、开发成本大部分是可控的，而使用成本具有半可控的性质，保障成本则是基本上不可控的。但在市场竞争日益激烈的今天，定制旅游产品生产商需要拥有高素质的人才，不能采用传统的人力资源成本控制体系，一味降低人力成本，精简人事经费，这样会导致高素质人才的流失。在定制旅游产品开发人力资源的控制中，不仅仅要考虑人力资源的成本，而且更应该关注收入和利润，关注企业价值的增加，以增加企业价值为导向，建立人力资源管理的功能观和效益观。

2. 产品开发的技术成本控制

定制旅游产品开发活动中，技术成本控制的方式须遵循法律法规要求，从企业经营实际出发。自主创新型产品是指定制旅游产品生产商主要依靠自身的技术力量进行研究开发，模仿创新型产品是指在同业率先创新的示范影响和利益诱导下，定制旅游产品生产商通过合法手段引进先进技术，并在率先者技术的基础上进行改进的一种创新形式。引进创新型产品则是指完全引进别人率先创新的技术，并相应支付技术或专利使用费。不同类型的创新型产品，其开发成本是不一样的。其中，全新型创新产品的成本最高，但一旦获利会产生较高的收益，而且可以为后期系列产品的开发提供基础，减少了后期产品研发、技术创新的成本。

任务实施

分析“藏东野生动物摄影训练营”旅游产品开发所需的技术团队和服务团队人力资源，分析该旅游产品开发所需的各类旅游供应商资源。

1. 技术团队和服务团队人力资源

“藏东野生动物摄影训练营”旅游产品开发的人力资源由定制旅游产品生产商（西藏松赞绿谷文化旅游有限公司）、合作方（野性中国工作室）和旅游供应商（松赞系列精品酒店、松赞越野车队和定点餐厅等）三支队伍的技术团队和服务团队共同组成。技术团队和服务团队的专业知识、服务意识、创新精神和团队协作等方面的运行机制和组织效率决定了定制旅游产品的开发运作成效和市场竞争力。西藏松赞绿谷文化旅游有限公司“追寻快乐源泉”的企业愿景和野性中国工作室“用影像保护自然”的公益信念在该定制旅游产品的开发上达成了文化和理念方面的统一性和专业技能的互补性，为团队组建和产品开发奠定了基础。

该旅游产品开发的技术团队以产品设计和制作为主要工作内容，主要由熟悉旅游产品设计和制作的西藏松赞绿谷文化旅游有限公司的旅行策划人员、熟悉定制旅游团队接待的旅行管家和野性中国工作室资深摄影课程设计人员、摄影导师构成技术团队。团队成员通过良好的沟通与协商机制，在联合踩线、充分研讨、模拟试错的基础上设计开发了野生动物摄影主题旅游产品。

“藏东野生动物摄影训练营”旅游产品的服务团队以地面服务接待为主要工作内容，人力资源包括来自定制旅游产品生产商的旅行管家、合作方的摄影导师和旅游供应商的旅游客车司机和酒店服务人员等。

该旅游产品的技术团队和服务团队人力资源主要来自藏区本地居民，对高海拔地区生活的适应力和乡土文化的认同感与归属感成为他们得天独厚的从业优势。同时，技术团队也有意识地主动吸收和引进外地人才加盟以提升团队的创新意识和竞争能力。通过企业文化和核心理念引导并激励员工的责任心和使命感，促进了团队成员的磨合、产品设计的创新和待客服务的周全，为旅游产品提供体验价值。

2. 旅游供应商资源

旅游供应商资源一般包括旅游产品的交通服务、餐饮服务、住宿服务、游览服务和地接服务等。“藏东野生动物摄影训练营”为西藏松赞绿谷文化旅游有限公司联合野性中国工作室设计开发的旅游产品，游览服务中的主要旅游活动为藏东野外自然地的野生动物主题摄影体验和酒店内的主题摄影课程，地接服务由定制旅游产品生产商直接提供，故该旅游产品的旅游供应商主要涉及交通服务、餐饮服务和住宿服务等资源。

该旅游产品的交通服务供应商为西藏松赞绿谷文化旅游有限公司旗下的松赞旅游车队。车队配置路虎越野车和奔驰商务车等高端车型，适应高海拔地区不同路况的载客需求，根据不同旅游者和旅游团队的行程设计进行合理搭配。旅游客车司机多来自本地，熟悉路况、经验丰富、谙熟风土人情，善于待客服务。

该旅游产品的餐饮服务供应商包括旅游者下榻的松赞系列酒店餐厅和社会定点餐厅。松赞系列酒店餐厅在用餐环境、餐食品质和服务质量方面可以为旅游者提供品质稳定的餐饮服务，也减少了旅游者的舟车劳顿。在社会餐厅的选择上，旅行策划人员对餐饮设施进行考察和筛选后，选择采购以石锅鸡为风味特色的鲁朗饮马泉藏家庄园作为定点餐厅，并就旅游团队用餐的具体要求、菜单、就餐标准达成协议。

该旅游产品的住宿服务供应商为松赞系列精品酒店。松赞系列精品酒店的选址基于茶马古道滇藏线进行整体环线规划布局，综合考虑交通、地貌、历史和人文等因素，既考量贴近区域内典型的自然人文景观，也强调深入原生态的社区生活，同时关照到旅游产品的旅行节奏，为旅游者提供了便利周到的接待条件。松赞系列精品酒店刻意避开人口集聚的乡镇和景观核心区，选择原生态的村庄周边甚至交通不便的偏僻乡野，令旅游者有更多机会探索自然法则，理解文化本真，并在与自然和社区的和谐共处中实现自身的自由和解放。松赞系列精品酒店除温馨舒适的客房设计和户外景观外，也强调公共空间的功能性与艺术化，不同地域的酒店均配置了全天候的餐厅和多功能会议室，为旅游团队和旅游者提供具有地域特色的餐饮和会议研学保障。同时，松赞系列精品酒店还以本土化、专业化、个性化的服务体系带给旅游者深入藏区的沉浸式旅游体验。根据接待旅游者和旅游团队的不同需求，酒店与定制旅游产品生产商合作对酒店管理人员和服务人员进行产品解说和业务培训，以提高酒店服务的品质与效率。

任务评价

定制旅游产品开发所需的资源分析融合了旅游目的地营销、旅游供应商管理、旅游人力资源管理、项目管理、产品开发与成本控制等学科知识，需要学习和掌握定制旅游产品开发所需的技术团队和服务团队人力资源、旅游供应商资源、经费投入估算等知识，再结合定制旅游产品开发的生产实际进行技能训练。本工作任务以西藏松赞绿谷文化旅游有限公司联合野性中国工作室设计的“藏东野生动物摄影训练营”为例，分析相应的知识点和技能点，为了重点训练关键技能点，设置了“自主训练与拓展”环节，学生按照要求完成训练项目，通过扫描二维码上传作业，即可获取参考答案进行对比分析。通过理论知识和实操技能训练一体化的学习，实现知识的迁移和技能的提升。

思考与练习

请依据知识链接中“定制旅游产品开发所需的经费投入”的内容，设计一张定制旅游产品开发经费预算表。

工作任务三 定制旅游产品开发可行性分析

任务引入

以西藏松赞绿谷文化旅游有限公司联合野性中国工作室设计的“藏东野生动物摄影训练营”为例，分析该旅游产品规模化量产的可行性，以及该旅游产品在市场上的竞争优势。

任务分析

定制旅游产品规模化量产、竞争优势和产品的盈利预期关系到定制旅游产品生产商的获利机会、市场竞争力和经营效益，要完成以上任务，须学习定制旅游产品开发可行性分析的有关知识。

知识链接

一、定制旅游产品规模化量产的可行性

相对于预制型旅游产品而言，定制旅游产品是以旅游者为中心，在目标市场细分基础上，遵循以旅游者体验价值为导向，依托旅游产品链条各环节的专业化运营，为旅游者提供品质服务的专项产品。定制旅游产品出现，是大众旅游从初级阶段向中高级阶段转变的体现，意味着旅游行业由规模扩张转型为高质量发展。定制旅游产品有着深厚的行业发展基础以及大众旅游客源市场，需求导向的定制旅游产品设计会带来更高的旅游者消费满意度。

定制旅游产品的发展轨迹一般为产品开发、试验性投产和规模化量产，在试验性投产阶段经过市场检验的优质产品，如果定制旅游产品生产商具有技术团队、服务团队保障，具有大批量采购的能力，就有可能降低市场价格和准

入门槛，从而实现规模化生产。

艾瑞咨询在《2018年中国在线定制旅游行业研究报告》中提出，由于中国在线定制旅游还处在行业的较早期，其在政策、行业准则、市场规范等各方面，特别是产品形式上都尚不成熟，体现在数据上即呈现为目前的在线定制旅游市场交易规模还比较小，在线化率也比较低。但从整个在线旅游市场来看，其发展是非常显著且迅速的，艾瑞咨询分析，定制旅游这种非标品，未来由于其用户群体的年龄层扩张以及模式的成熟，在线程度将会稳步提高，其市场空间也会越来越广。这些都说明，定制旅游产品规模化生产已经开始实现。

对于定制旅游产品生产商而言，论证具体的定制旅游产品规模化量产的可行性，需要从以下几方面考虑。

（一）挖掘定制旅游产品的核心利益

微课：观光旅游产品核心利益的描述

定制旅游产品生产商以产品为媒介，与旅游者进行价值交换，达到创造商业价值的目的。对于旅游者而言，定制旅游产品的核心利益，是其进行价值交换的前提。定制旅游产品具有的核心利益越是可以满足旅游者在某个场景下的某类需求，其可以覆盖的旅游者数量就越多。旅游者做出消费某个定制旅游产品的决策时，期望产品的核心利益可以实现其个人效用最大化，其消费决策受到旅游者自身所处情境的影响，受到定制旅游产品呈现形式的影响，也受到定制旅游产品构成要素的影响。

定制旅游产品在核心利益的挖掘上，要注重突出该产品相对于同业近似产品所能提供的新体验，同时要注重产品所能提供的核心利益与旅游者需求的对应。旅游者在判断定制旅游产品的价值时，由于旅游者的期待、禀赋、自身、偏好、所处情境的不同，同一个产品对不同旅游者或旅游者身处不同情境会有不同的价值组合，旅游者会有千变万化的权衡取舍，因此旅游者的价值判断是主观的。在定制旅游产品信息的提供方面，既要完备又要具有针对性，信息的完备性会影响旅游者对产品价值的判断，信息的针对性有助于旅游者对产品价值进行深入思考，以及形成对比分析之后的结论，从而强化对产品价值的认知。

基于以上考虑，定制旅游产品核心利益的挖掘要充分考虑细分市场需求，以及细分市场旅游者所处的实际情况，以及产品在投放市场和迭代过程中是否可以结合定制旅游生产商的各种优势，实现较高的投入产出比。

（二）专业化分工

好的定制旅游产品应该有3个属性，即有价值、有利润、可持续。对于旅游者有价值，对于定制旅游产品生产商有利润，可以规模化量产并维持产品品质从而可持续，即通过实践验证可以获得长期利益。阻碍定制旅游产品规模化量产的，主要是产品开发和制作环节的流程标准化。上下工序的有序衔接，需要每一个工序的作业人员都具备相当专业的知识和技能。和定制旅游产品开发、制作相关的专业知识，应成为显性知识技能和企业共同知识，在技术团队和服务团队之中实现共享。

专业化分工是定制旅游产品规模化量产的保障，主要原因为：第一，熟能生巧——投入同等劳动时间能创造更多产出；第二，减少工序切换成本——节约的时间能创造新的产品价值；第三，积累和创造专业知识——专业知识使定制旅游产品生产商更懂旅游者的需求，或有更高的生产效率；第四，专业化工作聚集后就有规模效益，就能激励定制旅游产品的创新。

（三）大批量采购能力

可以规模化量产的定制旅游产品，其供应商资源相对丰富，可以进行批量采购。而定制旅游生产商的大批量采购能力，也将会制约定制旅游产品的生产。航空公司的稳定而具有品质的服务供给，是大交通采购的保障。而餐厅的卫生状况、餐厅消防设施设备的配备、餐饮器具的质量、菜品的品质、餐饮环境的整洁、餐厅的容纳量以及服务人员的素养，都会影响到餐饮采购质量的稳定性。饭店类型、位置、品牌、房型是住宿类产品资源的相关因素。饭店的服务也会增加定制旅游产品的附加值，影响旅游者的满意度。旅游客车主要用于旅游目的地内部的接驳。旅游客车的车型及座位数、旅游车队运营的合法、合规性是采购区域交通资源时要考虑的因素。

定制旅游产品要素的采购价格与产品的成本和利润直接相关。定制旅游产品生产商要核算采购价格是否有竞争力，需要对定制旅游产品的单项要素进行拆分比对，既要查询网络平台该要素的价格，也要对比同业对此项要素的报价。重要的采购项目，需要比对多个渠道的相同要素的价格。对定制旅游产品要素进行单项核价时，应注意该要素的成本单位不能计算错误。在和供应商讨论采购价格时，不应以降低产品的品质为前提来降低采购价格。

定制旅游产品生产商采购的产品要素既有传统旅游业态供应商服务，还包括新业态旅游供应商服务，这些要素的成本所占定制旅游产品成本的比重大、涉及面广、隐藏着一定的安全风险、质量容易出现波动，因此，定制旅游产品生产商须高度重视要素采购的信息调研，信息调研的准确性将对旅游产品的成本和价值、保障性产生重要影响。

定制旅游产品生产商还需重视供应商管理，供应商是在定制旅游产品运营过程中，为旅游者提供各项具体服务的单位。定制旅游产品生产商应选择具备合法资质的接待单位作为供应商，并与供应商签署合作协议，建立供应商档案，每年进行供应商的服务绩效评估工作，并与供应商建立紧密合作关系，争取得到供应商对产品运营的强力支持。

二、定制旅游产品的竞争优势

（一）持续创造定制旅游产品的使用价值

微课：旅行社开发旅游产品的可行性分析

定制旅游产品的使用价值即产品所能提供的利益。在市场经济条件下，定制旅游产品生产商的竞争过程主要通过模仿和创造来进行。当一家定制旅游产品生产商通过多种方法发现了创新产品的市场机会，并创造了新的体验价值，短期来看，因为旅游者没有其他选择，这家企业可以赚取较高利润。但其他定制旅游产品生产商看到这样的情形后，便会开始模仿及跟进类似的创新产品，甚至会在此基础上引入更多的创新，创造出更好的体验价值。因为这样的市场机制及现象存在，所以旅游产品设计领域很少有静态的企业壁垒，大多数定制旅游产品生产商的壁垒其实是“效率”，或者说“时间差”。因此，定制旅游产品生产商高效率的创造价值，通过产品迭代维护及提高体验价值，是提高定制旅游产品的竞争优势的重要举措。

（二）强化定制旅游产品的交换价值

产品的交换价值是一种使用价值同另一种使用价值相交换的量的比例或关系。交换价值是社会属性，定制旅游产品的市场价格反映其交换价值，是市场供需博弈的结果。定制旅游产品生产商生产产品是为了获取交换价值，而交换价值要通过完成产品交易才能实现。定制旅游产品生产商生产有使用价值的产品，用产品跟旅游者交换钱、时间、承诺、口碑等企业需要的价值。

定制旅游产品的交换价值有 3 个属性：满足旅游者需求、被认知、独有或特色，任一属性的变化都会严重影响产品的交换价值。比如，定制旅游产品不能满足旅游者需求，旅游者不愿意购买；定制旅游产品潜在使用价值的被认知度低，交换价值就低；定制旅游产品生产商的竞争对手有成本优势，产品的市场价格（交换价值）已经低于该定制旅游产品生产商的成本了，定制旅游产品生产商生产该产品也将无利可图。

因此，提升定制旅游产品的竞争优势，需强化产品的交换价值。一方面，从旅游者角度看，应降低其交易成本，如搜寻产品的成本、议价成本、体验及习得的成本、安全和保障成本；从定制旅游产品生产商角度看，应提高交易的效率，持续减少交易的成本。值得注意的是，定制旅游产品生产商应着眼于长期收益的价值观来处理企业和旅游者的博弈及交互关系。

定制旅游产品运营流程的标准化，是有望降低交易成本的方法，运营流程的标准化可以使得定制旅游产品某些业务操作上具有“确定性”，是降低各类交易成本的有效手段。同时交易线上化及服务线上化有助于提高效率和帮助决策。区块链技术在旅游产品运营中的运用，更有可能追溯整个交易链条，使得企业、旅游者、旅游供应商核查监督和权利保障的成本大幅下降。同时，定制旅游产品交易线上化和服务线上化还催生了大量旅游者消费数据的产生，为定制旅游产品的开发积累了海量的数据资源。

三、定制旅游产品的盈利预期

定制旅游产品开发的目标是让企业获利，因此要预设定制旅游产品的盈利目标。定制旅游产品操作团队应盘点目前企业正在运营的定制旅游产品的种类和数量，对企业产品销售能力与客源市场进行分析，从而预估该旅游产品的市场定位。根据定制旅游产品的市场定位，预估定制旅游产品的销量，以及在销售周期内要达到的出游人次、毛利。

基于以上设想，所设定的定制旅游产品的盈利目标就被视为产品策划的方向和指南。许多企业会推出看似成功的定制旅游产品，但最后仍难逃终止销售或让企业遭遇到困境的命运，追究其原因，发现该旅游产品虽然有较高的市场占有率及惊人的出团人数，但是结算下来反而亏损严重，严重偏离了企业的盈利目标。

预设定制旅游产品的盈利目标，需要考虑经济学里的“价格弹性”，“价格弹性”有短期弹性和长期弹性之分，短期弹性即一次涨降价后，消费者随后的短期购买意愿会发生怎样的变化。而长期弹性指的是某次价格调整后，随着消费者对价格的逐步对比和感知，其长期购买意愿是怎样的。旅游产品的销售是竞争压力较大、时效性极强的市场行为，因此，旅游产品的价格弹性主要考虑短期弹性。

预设定制旅游产品的盈利目标，还需要考虑边际成本和边际利润。对于企业而言，其生产的时候一开始有规模效应，边际成本是逐步降低的。但到了某一个临界点后，其边际成本反而有可能会变高。因为潜在交易成本越低的消费者的转化越是容易，潜在交易成本越高的消费者转化越难。边际利润是指在一个给定约束条件下，再多做一笔交易，增加的额外利润。固定成本高的产品，边际利润低，固定成本低的产品，边际利润高。

预设定制旅游产品的盈利目标，还需要考虑供需定律，供需定律是描述市场供需和价格变化的基本规律，当需求大于供给时，价格上升，当需求小于供给时，价格下降，在实践中最常用的表述是在其他条件不变时价格下降，需求上升。

定制旅游产品生产商如果推出了一个性价比高的新型体验类产品，市场需求量大幅上升，产品销量大增，盈利预期看好。但随着销售范围的扩大，潜在消费者被各种交易成本阻断了消费行为，此时如果及时降低了某一类交易成本，就有可能再次刺激出新的需求，从而促成边际交易，创造出边际利润。

由于旅游产品在实际运营中存在诸多风险，因此，在预设定制旅游产品的盈利目标时须分析风险发生的概率以及防范和化解风险的成本。

四、定制旅游产品运营过程中可能产生的风险及防范措施

定制旅游产品运营过程中的风险预估应关注服务供应方的资质和服务质量，旅游目的地的可进入性和安全性等方面。防范措施的设定也应围绕这些因素展开。加强对旅游供应商的管理、提高定制旅游产品采购的保障性在本书模块四中展开，下面介绍旅游目的地的可进入性和安全性。

（一）旅游目的地的可进入性

1. 旅游目的地接待设施

旅游设施是完成旅游活动所必备的各种设施、设备和相关的物质条件的总称，是旅游经营者向旅游者提供旅游服务所凭借的各种物质载体，是旅游者实现旅游目的的保证。旅游设施不是旅游者选择和购买定制旅游产品的决定性因素，但能影响旅游活动的开展，以及旅游服务的质量。旅游设施一般包括专门设施和基础设施两大类。

专门设施是指旅游经营者专为旅游者提供服务的凭借物，通常包括餐饮、住宿、娱乐、游览设施等。餐饮设施指为旅游者提供餐饮服务的场所和设备，包括各种餐馆、咖啡屋、饮食店、冷饮店等；住宿设施主要指各种类型的宾馆饭店；娱乐设施指为旅游者提供娱乐活动的场所和设备；游览设施指旅游景区为旅游者提供便于登临、游览、歇息以及保证旅游者安全的各种设施设备。

基础设施是指旅游目的地建筑的公共基础设施。这些设施不单是为了旅游者建设的，旅游目的地居民在日常生活中也可以使用这些设施。主要包括道路、桥梁、供电、供热、供水、排污、消防、通信、照明、路标、停车场等设施，还包括旅游地在环境绿化、美化、卫生等各方面的建设。

2. 旅游目的地社会治安

旅游目的地的社会治安关系到旅游者的生命和财产安全，历来受到高度重视。旅游业发达的旅游目的地均在社会治安方面采取有力措施，如严厉打击影响和破坏旅游业发展的各类违法犯罪行为；同时狠抓安全监管，以景区和宾馆、民宿、酒吧等涉旅场所为重点，开展以防火、防爆、防盗为主要内容的安全大检查，及时消除各类安全隐患，切实解决旅游发展中的不安全、不稳定因素和治安问题。加强社会面维稳防控体系建设，增强旅游者和本地居民的获得感、幸福感、安全感。旅游旺季和大型节庆活动期间，做好安保工作和景区交通、治安秩序维护工作。

3. 旅游目的地服务人员的职业素养

服务人员是旅游业开发与经营的基本要素，服务人员的职业素养在一定程度上也决定着定制旅游产品的品质。旅游目的地服务人员职业素养包括旅

游企业以及当地从业人员本身的能力、素质。另外，旅游目的地居民的生活状况、受教育程度、风俗习惯对定制旅游产品的品质也是重要的影响因素。

4. 旅游目的地的交通和通信条件

旅游者的异地空间转移，依靠的是交通工具。现代交通工具的不断发展，是现代旅游业发展的基础条件之一。可以说没有现代航空业的出现，就不会产生现代的国际旅游业。因此，良好的交通条件是旅游者进入旅游目的地的基本保证。交通条件不仅仅关系到旅游者能否抵达旅游地，更重要的是能否安全、舒适和快速地抵达旅游地。

通信设施也是旅游者能否顺利进入旅游目的地的重要条件。没有便捷的通信条件，难以使旅游者、旅游经营者和旅游目的地之间进行及时、高效的沟通，会给旅游活动的实施带来盲目性和不确定性。因此旅游目的地通信设施的规模、能力及配套状况等，也会对旅游目的地的可进入性产生影响。

（二）旅游目的地的安全性

定制旅游产品运营过程中可能会突然发生造成旅游者和服务人员人身伤亡、财产损失的自然灾害、事故灾难、公共卫生事件和社会安全事件。发生此类事件的原因有可能是定制旅游产品操作团队在作业过程中的疏忽，也有可能是履行辅助人的操作失误，还有可能是各种不可抗力因素导致的。

为减少旅游安全事故的发生，《中华人民共和国旅游法》（以下简称《旅游法》）明确规定了旅游经营者的安全生产要求。《旅游法》第七十九条规定，旅游经营者应当严格执行安全生产管理和消防安全管理的法律、法规和国家标准、行业标准，具备相应的安全生产条件，制定旅游者安全保护制度和应急预案。旅游经营者应当对直接为旅游者提供服务的从业人员开展经常性应急救助技能培训，对提供的产品和服务进行安全检验、监测和评估，采取必要措施防止危害发生。旅游经营者组织、接待老年人、未成年人、残疾人等旅游者，应当采取相应的安全保障措施。《旅游法》第八十条规定，旅游经营者应当就旅游活动中的下列事项，以明示的方式事先向旅游者作出说明或者警示：正确使用相关设施、设备的方法；必要的安全防范和应急措施；未向旅游者开放的经营、服务场所和设施、设备；不适宜参加相关活动的群体；可能危及旅游者人身、财产安全的其他情形。《旅游法》第八十一条规定，突发事件或者旅游安全事故发生后，旅游经营者应当立即采取必要的救助和处置措施，依法履行报告义务，并对旅游者作出妥善安排。《旅游法》第八十二条规定，旅游者在人身、财产安全遇有危险时，有权请求旅游经营者、当地政府和相关机构进行及时救助。

2013 年 12 月 1 日发布的国家旅游行业标准《旅行社安全规范》（LB/T 028—2013），是为加强旅行社防范和应对突发事件能力，提升旅行社安全管理和服务水平而制定的，该标准参考了《旅游法》《中华人民共和国安全生产法》《中华人民共和国突发事件应对法》及《旅行社条例》《生产安全事故报告和调查处理条例》等有关法律、法规，结合了旅行社的实际，其中部分条文对旅游产品运营中的安全工作也提出了要求，有一定的借鉴作用。

根据《旅游法》的相关规定，参考《旅行社安全规范》的要求，经综合分析，旅行社等企业保障定制旅游产品运营的安全措施如下：

1. 旅行社等企业应建立和健全安全规章制度

安全规章制度的内容可参考《旅行社安全规范》（LB/T 028—2013）的4.5.2要求，安全规章制度应涵盖但不限于以下内容：安全生产责任，安全服务管理与操作规程，产品安全评估，旅游者安全保护制度，老年、未成年及残疾旅游者安全保障措施，治安、消防管理，安全检查和隐患排查整改管理，安全事故报告和处理，安全生产教育培训，安全投入保障，旅游保险，安全生产会议，突发事件应急预案及操作手册，安全工作台账管理，安全考核和奖惩，安全事故调查与责任追究制度。

2. 对定制旅游产品运营的安全性进行检验、监测和评估

处理安全纠纷事件时，旅游产品构成的要素或附加服务是否安全，旅行社等企业应能充分举证。定制旅游产品运营安全性的检验、监测和评估，内容可参考《旅行社安全规范》（LB/T 028—2013）的5.1.2、5.2、5.3.1要求，具体如下：

（1）定制旅游产品设计安全要求。设计的定制旅游产品针对行程编排进行安全评估，通过安全评估的方能发布和销售。安全评估应重点关注以下内容：是否违反国家交通相关法规；是否涉及受突发事件影响而列入橙色以上预警的地区或我国外交部建议中国公民暂勿前往的国家或地区；出境旅游线路是否有未经主管部门批准的国家或地区作为旅游目的地；是否有针对突发事件的应急预案或应对措施；是否对特殊人群列明健康要求；对旅游线路履行辅助人的安全资质证明有无备案；是否包含相关法律、法规禁止的其他内容。

涉及规模较大的团队旅游产品的，应了解旅游目的地的相关安全要求或规定，需要申报、备案的应提前向相关行政管理部门申报、备案。设计特种旅游产品时，应制定相应的安全告知、安全防范措施和应急救援预案。

（2）定制旅游产品招徕安全要求。报名和组团时，应对旅游项目风险等安全事宜做出明示。在介绍定制旅游产品特别是特种旅游产品时，对可能危及旅游者人身、财产安全的特殊因素和风险应如实相告。与旅游者签订的旅游合同中，应有专门的条款约定双方的安全责任与义务。应要求旅游者如实提供与旅游活动相关的个人健康信息，并以书面形式予以确认。对特种旅游产品应编制专门的旅游合同，或在现有旅游合同中设置专门的安全条款，制

定专门的保险合同或风险控制条款与注意事项。应建议旅游者购买个人旅游意外保险，以防范旅游过程中的各类风险。招徕无民事行为能力或限制民事行为能力的自然人参加旅游活动的，应与其法定监护人订立含有安全条款的旅游合同。

（3）定制旅游产品组织安全要求。拟选用的履行辅助人应确保：具备合法经营资质、证照齐全，有完善的安全管理制度和安全保障措施、应急处置预案和相关赔付制度及赔付能力；有能满足团队接待需要的履约能力；特种旅游涉及的履行辅助人有针对特种项目的安全措施、专业人员、应急预案、责任保险和相关专业器材；与履行辅助人签订的采购合同 / 协议，应有相关安全条款，约定各方在对旅游者安全保障、突发事件处置、善后赔偿等方面的权利与义务。应对履行辅助人的安全保障能力进行定期考察。

（4）制定定制旅游产品运营的安全应急预案。安全应急预案的内容可参考《旅行社安全规范》（LB/T 028—2013）中 4.6.1 要求。应急预案应涵盖但不限于以下内容：自然灾害、公共卫生事件、事故灾难、社会安全事件等常见事故的处置方法；应急救援组织机构与人员职责分工；应急救援的组织方式、启动程序、处置程序、善后处理、定期保障演练；旅行社等企业内部相关职能部门和政府、安全、消防、救险、医疗等相关单位与部门的信息报告、联系方式、新闻发布。应根据经营范围和管理现状，补充制定针对特种旅游、特定旅游区域或特定类型的突发事件应急预案。

任务实施

以西藏松赞绿谷文化旅游有限公司联合野性中国工作室设计的“藏东野生动物摄影训练营”为例，分析该旅游产品规模化量产的可行性及该旅游产品在市场上的竞争优势。

1. “藏东野生动物摄影训练营”旅游产品规模化量产的可行性

西藏松赞绿谷文化旅游有限公司联合野性中国工作室设计的“藏东野生动物摄影训练营”为 2021 年全新推出的野生动物摄影主题定制产品，处于试验性投产阶段。从已经成团的情况来看，该旅游产品因为资源独特、服务附加值高，受到了市场的欢迎。

该旅游产品实现了都市旅游者因久居城市，渴望深入自然、体验生态多样性，感受原生态少数民族生活，体验野生动物之美，并用镜头记录难忘经历的需求。“藏东野生动物摄影训练营”的旅游资源组合中，无论是旅游目的地的自然旅游资源，还是藏区神秘的人文旅游资源，以及凝聚公益行动的社会资源，都呈现了独有的体验价值。

同时，“藏东野生动物摄影训练营”拥有技术团队、服务团队保障，并且实现了专业化分工，由于定制旅游产品生产商和合作方关系较为密切，对产品开发的理念也较为一致，团队组建和运营较为默契。但在定制旅游产品开发和制作环节的流程标准化方面还有待挖掘，在上下工序衔接、人员和资源匹配方面，作业效率因具体人员能力差异而有所波动的现象依然存在。

值得注意的是，“藏东野生动物摄影训练营”的供应商资源较为稀缺，由于旅游目的地酒店、餐厅等接待设施容量不足，符合产品开发需要以及旅游者需求的可选资源有限，再加上产品的季节性和高原地理环境的特殊性，制约了团队接待的规模。

总体而言，“藏东野生动物摄影训练营”产品具有一定的规模化量产可行性，但旅游目的地的接待能力还需进一步提高。

2.“藏东野生动物摄影训练营”产品的竞争优势

“藏东野生动物摄影训练营”产品的体验价值高，而且由于具有地域特异性、资源优越性和技术开发壁垒，该旅游产品较难被同业跟风仿制。如果定制旅游产品生产商持续创造产品的体验价值，就会保持产品本身的吸引力。

定制旅游产品生产商需要进一步加强对该产品的宣传推广，并将之品牌化，以方便给旅游者留下深刻的印象，以降低旅游者购买产品的交易成本，强化产品的交换价值。同时，定制旅游产品生产商还应加强该产品的质量管理，维持产品的高品质，这也是提高产品竞争优势的有效举措。

任务评价

定制旅游产品开发可行性分析是较为复杂的技能点，融合了经济学、市场营销、旅游企业经营管理、旅游规划、旅游政策法规等知识，需要学习和掌握产品价值与成本、需求与效用、旅游产品策划、旅游目的地建设、旅游供应商管理等知识，再结合定制旅游产品开发的生产实际进行技能训练。本工作任务以西藏松赞绿谷文化旅游有限公司联合野性中国工作室设计的“藏东野生动物摄影训练营”为例，通过理论知识和实操技能训练一体化的学习，实现知识的迁移和技能的提升。

思考与练习

单项选择题

1. 由于旅游产品容易受到季节性以及时间段的影响，以下选项中正确的应对策略是（　　）。

A. 航空公司将夜间航班机票价格调整到与白天航班价格一致

B. 旺季的避暑胜地，酒店应当涨价而且提出最低住宿时间的要求

C. 海滨胜地在淡季关闭了所有的住宿和会议设施

D. 冬季到哈尔滨旅游的包价旅游产品定价比夏季的产品便宜

2. 新的主题旅游产品以低价进入市场，以下选项中分析不正确的是（　　）。

A. 旅游产品利润率低会降低竞争者关注或跟进的热情

B. 旅游产品的旅游目的地是交通不便的新型目的地，但游览内容很有吸引力，因此需要较长的宣传周期

C. 旅游产品研发或运营的资金投入较大，但前期需要低价促销，有能力参与竞争的同业多

D. 旅游产品对应的细分市场为青年大学生，因此可以和大学生社团合作

模块三 定制旅游产品制作

工作任务	职业技能要求
• 定制旅游产品资源采购	• 能根据定制旅游产品主题，采购旅游供应商提供的各项旅游服务 • 能根据客户的需求，对旅游供应商提供的各项旅游服务进行组合，并指导旅游供应商提升旅游服务的文化内涵和体验质量 • 能根据客户的需求，在合理而可能的前提下，推荐并规划特色旅游服务
• 定制旅游产品行程规划	• 能根据定制旅游产品主题对产品节点进行整体规划，节点规划应符合旅游者体验最佳原则 • 能根据定制旅游产品主题设计具备峰值体验的活动，并制订体验活动执行手册 • 能撰写定制旅游产品说明书，产品说明书能够体现定制旅游产品的特质与目标市场需求的对应度，能够合法合规、图文并茂、富有文采地描述定制旅游产品行程安排
• 定制旅游产品定价	• 能评估定制旅游产品目标客户在一定时间内所能承受的价格上限 • 能预判定制旅游产品的战略性价格，并根据市场竞争情况制定定制旅游产品的战术性价格 • 能挖掘定制旅游产品独有的利润来源，并分析其创利稳定性 • 能预判定制旅游产品可能产生的风险成本

必备知识

一、认识定制旅游产品资源采购

（一）定制旅游产品资源采购的定义

定制旅游产品资源采购是指定制旅游产品生产商根据定制旅游产品策划创意并组合定制旅游产品，通过合同或协议的形式，以一定的价格向旅游供应商获取资源的行为，其采购的资源主要包括住宿、餐饮、交通、游览点、娱乐体验以及旅游新业态项目等服务。定制旅游产品资源采购及旅游供应商的选择直接影响定制旅游产品质量和服务水平，以及定制旅游产品的市场认可度和竞争力。

（二）定制旅游产品资源采购的原则

一般来说，定制旅游产品生产商通过建立采购协作网络，以达到保证供应和控制采购成本的目的。采购协作网络是指定制旅游产品生产商为了保证所需旅游服务的供给，通过与多个旅游供应商就合作内容与合作方式达成共识，签订合作协议，明确双方的权利、义务及违约责任，进而建立相对稳定的旅游服务供应系统。建立采购协作网络是定制旅游产品生产商资源采购的基础工作。定制旅游产品生产商在建立采购协作网络过程中，必须坚持以下 4 个原则。

1. 保证供应原则

保证供应原则是定制旅游产品生产商在采购各项旅游产品资源时必须遵循的首要原则。定制旅游产品能否满足旅游者的需求，在很大程度上取决于定制旅游产品生产商能否保证旅游者所需要的各种旅游服务的供应。与旅游新业态项目供应商合作时，由于涉及跨界资源整合，在合作协议签署方面须做好约定，以确保供应的稳定性。

2. 品质至上原则

品质至上原则是指对于所采购的旅游服务资源，旅行策划人员不仅要保证其数量能满足旅游者的需求，还要具有体验感和设计感，能够充分满足旅游者的个性化需求。定制旅游产品生产商要引导旅游供应商建立严选机制，为特定情境下的旅游者提供品质服务。

3. 成本优先原则

成本优先原则是指定制旅游产品生产商通过加强内部成本控制，在定制旅游产品开发、生产、销售、服务和广告等领域里努力降低成本，更多让利于旅游者。定制旅游产品生产商应在保证供应和服务质量的前提下，综合考虑价格、质量、品牌、服务等，选择性价比优的旅游服务产品，并设法控制成本，创造更多收益。

4. 伙伴式合作原则

定制旅游产品生产商的产品质量和价格在很大程度上取决于所采购的旅游服务产品的质量和价格。旅游供应商企业的价值链和定制旅游产品生产商的价值链之间的联系为定制旅游产品生产商增强其竞争优势提供了机会。定制旅游产品生产商应通过对旅游供应商进行质量评估和全面调研，与旅游供应商形成伙伴式合作关系，在相互信任的基础上，双方为了实现共同的目标共担风险、共享利益，使得旅游供应商有意愿和有能力提供定制旅游产品所需要的超过常规要求的衍生服务。

（三）变更采购计划的原则

如果定制旅游产品调整导致旅游计划变更或发生突发事件，旅行策划人员需要对原先的采购计划进行变更。一般来说，在变更采购计划时，应遵循以下原则。

1. 变更最小原则

旅行策划人员应将变更的范围控制在最小限度内，尽可能对原计划不做大的改动，也尽量不引起其他要素的变化。

2. 旅游者至上原则

定制旅游产品生产商与旅游者确定好行程安排后，一般不能随意更改行程，尤其是在旅游活动过程中。若因不可抗力因素必须对行程进行变更，旅行策划人员应充分考虑旅游者的利益，并求得他们的谅解。

3. 同级变通原则

一般来说，变更后的服务内容与最初约定的服务内容在级别、档次上应力求一致，特别是在住宿服务和游览服务方面。

4. 合理便利前提下获取特色旅游服务原则

变更采购可能会意味着之前安排的特色旅游服务缺失，或者该特色旅游服务的内容形式发生变化，旅行策划人员应在与旅游者充分沟通的基础上，视具体情况需要对特色旅游服务作出必要、适当的调整。

二、定制旅游产品行程规划的重要性

（一）定制旅游产品的行程规划受到《旅游法》的规制和约束

定制旅游产品行程规划是定制旅游产品生产商考虑旅游者的需求，对旅游者在旅游目的地区域食、住、行、游、购、娱等活动进行具体的统筹安排，其关键环节为节点规划和体验活动的设计。《旅游法》第五十八条、第五十九条、第七十四条对定制旅游产品行程规划的科学性、合理性、可行性进行了规制和约束，定制旅游产品行程规划直接影响旅游者利益，旅行社须为此承担法律责任，旅行社等企业应高度重视定制旅游产品的行程规划。

（二）定制旅游产品的行程规划关系到旅游目的地的建设

新时代发展目标趋向全面化和多元化，旅游目的地建设更加注重发展质量，更注重创新驱动、旅游惠民、生态建设等方面。旅游住宿、旅游景区、主题公园等旅游要素企业以多种旅游形态为依托，重新构建自己的运行体系。旅游要素企业生产的内容越来越丰富，边界越来越模糊，涵盖的行业和参与经营的主体越来越多，旅游新业态项目开始涌现。但是，很多旅游新业态项目并没有在市场上引起反响，其根本原因是市场化不足和产品力缺失。定制旅游产品作为创新驱动强烈的产品类型，具有统筹旅游新业态项目开发的功能。定制旅游产品的行程编排关联旅游目的地产业结构的优化和产业要素的整合，能够帮助旅游目的地孵化和壮大旅游新业态供应商，为旅游目的地的建设注入活力。

（三）定制旅游产品的行程规划影响旅游者的体验质量

旅游者购买定制旅游产品，是为了收获一段难忘的审美体验。定制旅游产品中单项产品的质量会影响旅游者的体验质量，而单项产品组合的方式，体验式活动的安排，即行程的编排也会影响旅游者的总体体验质量。

三、定制旅游产品行程编排的完整性和顺畅性

（一）定制旅游产品行程编排的完整性

1. 定制旅游产品构成要素的完整性

定制旅游产品行程编排应精密、准确、简练，食、住、行、游等旅游产品构成要素相对完整，能涵盖旅游者旅游过程中的主要需求。定制旅游产品的构成要素之间，存在相互依存、相互制约、彼此关联、互相呼应的关系。例如，航空交通的组合，航班时间和航空公司偏好，航点的选择，会影响饭店和餐饮的安排；饭店的组合，饭店位置、级别、房型、价格，会影响餐厅、景区的安排；景区的组合，景区位置、级别、知名度、景区类型、景区游览时间，会影响饭店和餐饮以及交通的安排，也会影响到旅游目的地的选择，以及旅游天数的安排。

由于旅游产品具有无形性的特点，旅游产品的要素细分要清晰明了，既方便接待团队执行接待任务，又方便旅游者了解旅游活动的具体安排，以及旅游产品带给自己的利益。例如，航空大交通组合，须注明航点、航空公司、航班号、出发抵达时间、飞行时长与距离，有无飞机餐，行李要求（如有儿童，还要留意儿童的机票政策以及机票的退改签政策）；例如，饭店组合，须注明饭店名称、星级、位置、装修开业 / 时间、具体房型、特殊情况（加床、康体建设设施、特色服务等）。

2. 定制旅游产品要素衔接的完整性

定制旅游产品要素衔接主要包括城市节点之间的衔接，旅游目的地游览的次序，主要景区之间的衔接，交通的接驳，餐饮、住宿的安排和衔接等。要素衔接要考虑时间的组合，时间组合是旅游长短、强弱节奏的组合；也要考虑空间的组合，空间组合是景区地域密度上的组合。

（二）定制旅游产品行程编排的顺畅性

定制旅游产品行程编排的顺畅性，主要体现在产品的技术性方面，包括城市间交通的组接、旅游产品景点的衔接等，是定制旅游产品具备可操作性的重要体现。一般来说，行程编排较为顺畅的定制旅游产品，其成本开销节省、能效比高；定制旅游产品行程编排合理，不走回头路；定制旅游产品行程编排中经停的城市重点突出，适合定制旅游产品的主题要求。处理好定制旅游产品的交通是其中最重要的一个环节。定制旅游产品行程编排的顺畅性，其有效施行建立在以下因素的基础上：熟练掌握航空公司航线、票价以及旅游目的地情况、熟悉当地（或各地）旅游服务供应商的接待能力、价格，以及与之相关城市间的交通连接。

四、定制旅游产品行程设计的合理性

（一）符合时效性原则

旅游因与自然景观、客观环境密切相关，时效性原则在定制旅游产品设计中显得至关重要。时效性原则所要考虑的就是要将游览时间与最美的季节和气候环境协调一致，努力将旅游目的地最好的一面呈现给旅游者。旅行策划人员进行定制旅游产品设计时，应告诉旅游者最适宜去旅游目的地景点的时间。

（二）行程时间分配科学、合理

定制旅游产品的时间分为：定制旅游产品开始的时间、结束的时间——时间点；在各类节点停留的时间——如景区游览时间、住宿时间、用餐时间等；在各类节点之间转移的时间——交通时间；定制旅游产品行程持续的时间——时间段。定制旅游产品中，合理的时间分配，可以减少相应的成本，获取更大的收益。

1. 重要节点停留的时间设计

（1）交通时间的估算。旅行策划人员必须熟悉各地景区与交通线路，要清楚地知道当中单个景区如何抵达，单个景区距离出发地的远近、地理位置、道路条件等，要注意交通路线是单向、双向还是环状，尽量避免来回奔波，而且要大致估算出每段交通线路上需要的时间，以方便后续的游览安排。在交通时间上设计的关键点是：要了解总体交通路线；查询公路的里程数来估算时间；查询网络和地图，了解节点与节点之间的距离；注意特殊的道路地形，例如，山区道路行车速度较慢，需要重新核算交通时间。一般而言，旅行策划人员估算出的交通时间会因为假日塞车、交通管制与交通突发状况而产生误差，所以列出的时间表只能作为参考时间，需要把总体的时间安排得较具有弹性，以防突发状况发生的时候仍然能够把时间调整回来。

（2）景区节点停留时间的估算。景区节点停留时间要包含预计的抵达时间与离开时间，旅行策划人员设计产品的时候要注意到每个景区间的距离。在设计景区停留时间前，要充分了解景区的资源特色与参观方式，因为每个景区的面积和规模、参观线路、吸引力及特色都有所不同，都会影响停留时间。定制旅游产品重视深度体验，因此景区游览的时间一般安排得比较充裕。

景区节点停留时间受到以下因素的影响：景区资源的丰富性、景区内的体验活动内容、景区游览线路与方式、旅游者的偏好。例如，当行程中的景区内包含体验活动时，旅行策划人员要对体验活动进行细致的考察，了解参与活动的内容、方式，参与活动的流程，需要花费的时间。需要注意的是，一些看似不重要的细节，可能会影响停留时间。例如，欣赏多媒体影片，如果欣赏影片有固定场次，而安排的景区游览时间又与场次时间不吻合，则需要等待，无形之间便延长了景区游览时间。还有些鼓励旅游者动手制作的项目，也应事先了解需要花费的时间与是否需要增加额外付费用。又如，旅行策划人员要事先了解该景区内部的交通工具与游览线路，以及该景区是否需要使用景区内部游览车、步行或其他方式参观，这些都会影响到旅行策划人员对景区停留时间的估算。

2. 时间段设计

旅游行程持续几天，也就是定制旅游产品的时间段设计，关系到旅游者的时间、体力及经费预算的支出，需要慎重对待。研究表明，旅游者在旅游目的地停留时间与需求方（旅游者）和供应方（旅游目的地及旅行社、旅游服务供应商）有关，其影响因素很复杂。旅游者的假期时间、出行目的、年龄、性别、收入、家庭状况、旅游目的地的旅游设施和形象、定制旅游产品的吸引力、旅游供应商的产品吸引力都会影响到定制旅游产品的时间段设计。

五、定制旅游产品定价及其重要性

从市场营销的视角分析，价格是营销组合的4个核心变量之一。价格代表了愿意购买产品的顾客和希望卖出产品的生产者之间进行自愿交换的交易条件。

定制旅游产品定价是指旅行策划人员制定和变更产品价格的过程。定制旅游产品生产商在对产品进行定价时，存在主动定价与被动定价两种情况。部分定制旅游产品生产商能够灵活地利用定价方法，结合发展现状与目标，主动定价，并动态调整价格，使产品价格不断适应外部环境与内部环境的变化，以获得最佳收益；而部分定制旅游产品生产商则恪守传统的定价方法，仅从成本与获利角度出发，消极定价，甚至不考虑自身条件，被动接受行业价格。

由于旅游者有斟酌决定权，定制旅游产品的价格弹性较高。定制旅游产品定价非常重要，具有如下作用。

（一）提升定制旅游产品的竞争力

定制旅游产品由多种要素构成，因此，供应商价格的波动直接影响着定制旅游产品的定价。对有些供应商企业，如旅游景区，一年中的平均价格是比较稳定的，但对另外一些供应商企业，如经营定期航班的航空公司来说，价格可能随着管理者追求短期收入最大化而大幅度变动。定制旅游产品的价格也应随之调整。定价关系到定制旅游产品的竞争力。定制旅游产品定价直接关系到定制旅游产品生产商的产品定位和销售渠道的建设。定制旅游产品价格符合市场需要，有利于实现利润，降低产品的运营风险。

（二）维护市场良性竞争

制定合理的价格，能够促进市场主体之间的良性竞争。如果定制旅游产品价格过低，虽然能够快速占领市场，但会引发同行的降价行为，进而造成低价竞争，扰乱市场秩序。

工作任务一　定制旅游产品资源采购

任务引入

认真阅读浙江捷程国际旅行社有限公司推出的“枕水西栅，乡艺乌村——浙江嘉兴乌镇文化休闲四日游”行程安排，以第三天行程为例，思考如何根据该旅游产品的主题，采购乌村本地旅游供应商提供的特色旅游服务，以及如何指导乌村本地供应商提升旅游服务的文化内涵和体验质量。

“枕水西栅，乡艺乌村——浙江嘉兴乌镇文化休闲四日游”行程安排内容如下。

一、行程特色

- 深度体验中国历史文化名镇的独特魅力。
- 集观光、休闲、游学为一体的年轻态休闲旅游。
- 西栅核心区精选度假酒店，处处皆景，动静相宜。

- 穿越历史长河，打卡千年风月，来过，就不曾离开。

二、行程安排

具体行程安排如表3-1所示。

表3-1 行程安排

<table>
<tr><th>日期</th><th>行程安排</th><th>用餐</th><th>住宿</th></tr>
<tr><td>D1周四
7月15日</td><td>北京—杭州—乌镇</td><td>—，中，晚</td><td>乌镇</td></tr>
<tr><td colspan="4">上午 北京首都国际机场搭乘国航CA1702航班前往杭州萧山国际机场（10:30～12:45）
中午 抵达后导游接机，乘车前往乌镇（车程约80千米）。由导游带领，参观东栅茅盾故居。茅盾故居始建于19世纪中叶，为清代江南民居，是茅盾祖辈居住的老屋，也是他出生和成长的地方。茅盾自出生至离乡求学，在此生活了13个春秋，以后数十年仍联系不断。随后，入住位于西栅核心区的乌镇枕水度假酒店，自由活动。乌镇景区免费无线网络已实现全覆盖，在酒店进行人脸识别登记，将作为旅游者出入景区门禁的依据
18：00 西栅通安中餐厅用晚餐。餐厅风味是将新派嘉兴菜融合浙菜、粤菜烹饪手法，以嘉兴乍浦特色小海鲜为特色，演绎全新嘉兴风味
用餐安排：早——无早餐　中——飞机上简餐　晚——通安中餐厅
住宿安排：乌镇枕水度假酒店</td></tr>
<tr><td>D2周五
7月16日</td><td>乌镇</td><td>早，中，晚</td><td>乌镇</td></tr>
<tr><td colspan="4">9：00 酒店集合出发，步行游览西栅。在导游的带领下，参观昭明书院、灵水居、草木本色染坊，聆听西栅故事。昭明书院是南朝梁朝明太子幼年在乌镇读书的地方，题有“六朝遗胜”“梁昭明太子同沈尚书读书处”的明代古牌坊是昭明书院的标志建筑。牌坊周围有池塘和古树，可以小憩休息，也可以去附近的陈列厅参观历代古牌匾以及历代茅盾文学奖获奖者和获奖作品展览。灵水居是西栅水乡古镇规模宏大的园林建筑。进入园内，首先映入眼帘的是一堵蜿蜒的围墙，雕刻有中国传统风格的图案，中间为“双龙戏珠”，两旁是“梅竹仙鹤”，穿过透窗可领略到园中石山、秀水、绿树，尽得透景之妙。整个灵水居明媚秀丽、淡雅朴素，曲折而幽深。草木本色染坊地面由青砖铺就，地上竖立着密密麻麻的高杆和阶梯式晒布架，规模庞大。这里有以蓝草为原料制作蓝印花布的工艺，还有独特的彩烤工艺流程，其彩烤色彩丰富。大晒场挂着的一排排印花布随风飘荡，别有意趣
12：00 西栅茶艺街餐厅午餐。餐厅菜肴以乌镇当地土菜为主，主推原味土灶蒸菜，既可观赏厨师现场烹饪操作，亦可远眺运河风光
13：00 西栅自由体验活动。古帖临摹活动是在昭明书院安静的空间抄写古人诗句，凝神静气，放松身心。画板拓印活动可以选择白莲塔、西栅桥里桥、昭明书院、大剧院等地标建筑，“印”出乌镇，“带”入回忆。陶艺制作活动是以手捏法和模塑法生产各类生活陶器和工艺品，从炼泥、修坯，到刻画、烧制，都可以自己动手，体验DIY的乐趣。乌镇是蓝印花布的原产地之一，可以通过纹样设计、刻花稿、涂花版、拷花、染色、退浆、清洗、晒干八道工序体验蓝印花布的制作。在时光倒流的西栅，身着唐装汉服，漫步小巷深处，回眸河畔花间，体验汉服旅拍。在西栅自由活动期间，可选择乘坐游船游览西栅，或前往评书楼听评书，前往水上集市听花鼓戏等，自行返回酒店</td></tr>
</table>

续表

<table>
<tr><th>日期</th><th>行程安排</th><th>用餐</th><th>住宿</th></tr>
<tr><td colspan="4">18：00 西栅枕水芙蓉中餐厅用晚餐
19：00 西栅自由活动，观赏露天老电影、体验巡更活动等
用餐安排：早——酒店自助早餐　中——茶艺街餐厅　晚——枕水芙蓉中餐厅
住宿安排：乌镇枕水度假酒店</td></tr>
<tr><td>D3周六
7月17日</td><td>乌镇</td><td>早，中，晚</td><td>乌镇</td></tr>
<tr><td colspan="4">9：00 乡野农趣——乐在乌村。酒店集合出发，乘景区游览车前往乌村。首先参观互联网国际会展中心。这里既是世界互联网大会召开的主要场馆和永久会址，也是乌镇景区承接会议、会展的主要场所，着重凸显江南水乡传统文化与现代文明的融合共生。水乡特有的白墙黑瓦、临水连廊等古典元素被赋予现代设计风格，建筑内部融入了智能会议、楼宇管理等智慧应用系统，传统与现代、文化与智慧交相辉映。走过绿荫的乡间小道，闻过路边的野草花香，听过田间的鸟叫蛙鸣，就遇见乌村的自然田园风光。进出乌村和进行用餐，刷脸识别，简单便捷。戴上村民手环，你就是这个村落的主人，在村中一价全包地畅吃、畅喝、畅玩、畅乐，乡村生活从此展开。特别安排乌村首席礼宾官（chief cultural officer，CCO，即“热忱的文化创意者”）提供陪伴式服务，负责提供高质量的服务，解说乌村特色，指导体验活动。乌村CCO分为不同任务小组：接待组、文体组、农学组和亲子组等，各个小组都有自己擅长的领域，在工作中分工明确又紧密合作，他们有一个共同目标——竭尽所能为客人带来丰富的度假体验
10：00 乌村乡艺体验自由行。自选体验活动包括射箭、钓鱼、欢乐骑行、手工、烘焙、手磨豆花、采摘、耕作、农事体验……既可以在乐高风格的童玩馆体验室内攀岩、国际纸艺、点心烘焙，也可以在稻田的无边泳池游泳、在村头茶室品茗。推荐3种自由行组合方案。方案1：童趣游。亲子家庭可在文化中心童玩馆体验乐高积木、滑滑梯、海洋球、攀岩、趣味绘图本、电玩游戏等；也可以去小动物乐园喂养兔子、山羊、逗趣小鸭，或在鱼塘欢乐捕鱼、纸艺课堂上制作属于自己的纸艺作品、乘坐橡皮船泛舟水面。方案2：农趣游。年轻朋友们可选择射箭、游泳等动感活动，也可参与耕作、采摘、钓鱼等农事体验，在手工DIY室尝试手工编藤，在红砖窖坊DIY一瓶属于自己的永生花植物，或在磨坊商铺亲自制作手磨豆花。方案3：闲趣游。成年朋友可以在村头茶室享用茶饮、茶点，在知青咖啡吧享受软饮、小食或桌游，在麦田剧场进行乒乓球、桌球运动，在桃园甜品店品尝各式甜品等。所有项目免费开放，客人也可以根据兴趣爱好自由组合搭配，尽情释放自然天性
12：00 乌村知青餐厅用午餐。在主题景观餐厅享用一场中西合璧的味觉盛宴，更有最新鲜的1小时蔬菜，即从采摘、清洗、切配、烹饪到上桌在1小时内完成
13：00 经过上午的体验、CCO的陪伴推荐和午餐时光团友间的心得分享，下午可以再自由选择心仪的项目继续体验。融入乡野农趣，享受慢游时光
17：00 乘坐景区游览车返回酒店
18：00 西栅裕生餐馆用晚餐。餐厅由西栅老街的一幢大宅改建而成，大门口悬挂着“福盛堂”匾额，是乌镇百年老字号餐馆。分上下两层，典型乌镇明清时期骑门楼风格，横跨老街，装修朴实，环境宽敞。推荐美食：乌镇传统煲、乌镇大碗菜、红烧羊肉等
19：00 西栅自由活动。漫步西栅景区，欣赏乌镇最美夜景，观赏露天老电影、在水上集市欣赏花鼓戏，或体验巡更活动等</td></tr>
</table>

续表

<table>
<tr><th>日期</th><th>行程安排</th><th>用餐</th><th>住宿</th></tr>
<tr><td colspan="4">用餐安排：早——酒店自助早餐　　中——知青餐厅　　晚——裕生餐馆
住宿安排：乌镇枕水度假酒店</td></tr>
<tr><td>D4周日
7月18日</td><td>乌镇—杭州—北京</td><td>早，—，—</td><td></td></tr>
<tr><td colspan="4">7：00　西栅早茶客。小镇早晨，西栅水上集市早茶客开场，体验旧时江南市集盛景，一杯早茶，一碟早点，在言笑晏晏间勾勒出小镇烟火气的日常。（酒店早餐券抵用集市早餐，做一回早茶客）
9：00　酒店集合，退房，出发，乘车前往杭州萧山国际机场（车程约80千米）
中午　杭州萧山机场搭乘国航CA1596返回北京首都国际机场（12：00~14：20），结束愉快的假期
用餐安排：早——西栅早茶客早餐　　中——无　　晚——无</td></tr>
<tr><td>费用明细</td><td colspan="3">报价合计：2 695元/人
本行程为16~20人定制小团，费用核算为杭州萧山机场起止的旅游行程费用。
费用包含以下项目：
● 空调旅游大巴：260元/人（往返37座空调旅游大巴，按20人成团核算，如不足人数，需补足车差）
● 酒店住宿：1 250元/人（双人标准间2人1间，共3晚，含早餐；如单人入住，需补齐房差，非周末房价700元/间·晚，周末房价900元/间·晚，节假日房价以酒店实际价格结算）
● 餐费：360元/人（行程中4正餐×餐标90元/人，每餐10菜1汤，每桌8~10人，不含乌村中餐，不含酒水）
● 门票：465元/人（其中，乌镇东栅+西栅两点联票：165元/人，乌村一价全包门票：300元/人，乌村行程包含午餐及所有体验项目，乌村体验活动内容会根据天气及现场状况做调整，具体活动内容以现场为准）
● 西栅体验项目：50元。套餐A（包含：古帖临摹10元/人·次，拓印：3元/张×3张，手工制陶：30元/半小时）或套餐B［包含：蓝印花布全程体验（不含染色）：50元/次·块（约2小时）］二选一
● 导游服务费：210元/人（含杭州机场起止的全程陪同和乌镇导游服务费、导游住宿费等，按20人成团核算）
● 综合服务费：100元/人</td></tr>
<tr><td>其他费用</td><td colspan="3">包价费用不含：
● 西栅增加的体验项目：汉服旅拍体验费用依套餐而定，其他增加项目以实际价格为准
● 西栅游船费用：花灯船包船费用600元/船/单程（9：00~17：00）或800元/船/单程（17：00~21：30）。每船可乘坐5人，行船时间约30分钟，行程为服务中心码头—安渡坊码头—如意桥VIP码头
● 乌村内KTV和棋牌室：100元/小时，2小时起订
● 其他已含项目之外的个人消费项目
● 北京至杭州往返交通费用</td></tr>
</table>

注：表中的交通时刻如有变动，请以相关部门公布的最新时刻表为准；表中的报价仅供参考，如有变动请以实际报价为准。

任务分析

相对于预制型旅游产品，定制旅游产品对旅游供应商的服务要求更高。旅行策划人员应充分了解旅游供应商的服务现状，加强与旅游供应商的沟通，采购与产品主题匹配的特色旅游服务，并指导旅游供应商提升旅游服务的文化内涵和体验质量。要完成以上任务，需学习定制旅游产品资源采购的相关知识。

知识链接

定制旅游产品的制作需要有效利用和整合旅游企业上下游供应链与跨行业资源合作伙伴的整体资源。定制旅游产品高频快速回应市场的需要倒逼旅游供应链从传统的资源模式朝着更快捷、更多元、系统内裂变以及更智能化变革升级。

对于线下定制旅游产品生产商而言，要熟悉和挖掘旅游目的地资源，对于线上定制旅游产品生产商而言，应根据各地面服务商和产品供应商的服务能力标签搭建适合定制旅游企业广泛使用的供应链数据平台。

一、根据定制旅游产品主题，采购旅游服务供应商提供的各项旅游服务

（一）旅游交通服务采购

旅游交通业是由旅游公路、旅游航空、旅游铁路、旅游水运以及特种旅游运输方式共同构成的产业集合体。

知识卡片

旅游交通的3个层次

依据旅游交通涉及的空间尺度和在旅游活动中承担的角色，旅游交通可分为3个层次。

（1）大交通（或称外部交通）。它是指在旅游客源地的中心城市和旅游目的地的中心城市之间往返的交通，一般是跨省（区、市）或跨国的交通。因距离较远，大交通的运输方式主要是铁路、民航和公路运输。

（2）小交通（或称区间交通）。它是指中心城市到景区之间的交通。小交通一般距离较短，交通运输方式主要是公路、铁路和水路运输，有时也包括航

空运输。

（3）内部交通。它是指景区内部的交通。内部交通的运输方式主要是汽车（观光车）和一些特殊交通运输方式，如索道、轿子、竹筏、马车、马、骆驼等。

例如，一位北京旅游者要去四川的九寨沟景区旅游，从北京到成都之间的交通（飞机或火车）是大交通，从成都到九寨沟间的交通（汽车或飞机）是小交通，九寨沟景区内的环保车是内部交通。

资料来源：赵利民．旅行社经营管理［M］．3版．北京：中国人民大学出版社，2017.

采购旅游交通服务时，旅行策划人员应综合考虑所采购交通工具的安全性、舒适性、经济性和便捷性等各方面因素。根据交通工具的不同，交通服务的采购主要分为航空交通服务的采购、铁路交通服务的采购、公路交通服务的采购和水上交通服务的采购。定制旅游产品的交通服务采购要体现设计感，交通服务应与该旅游产品的主题相吻合，从旅游道路的走向、旅游工具的选择和旅游设施的构造上都要与定制旅游产品的主题相呼应，构建一致的旅游体验氛围。

1. 航空交通服务的采购

采购航空交通服务，必须掌握有关航空交通服务的知识，包括航空公司使用的各种设施设备、提供的各种服务项目、各条航线的机票价格、国家关于民航运输的有关法律和规定，以及航空公司的各项相关规定等。

（1）采购方式。航空交通服务的采购方式分为定期航班机票的采购和旅游包机的预订两种。

① 定期航班机票的采购。

a. 机票的预订。在预订机票前，旅行策划人员应了解旅游者的相关信息，主要包括旅游者的姓名、年龄、性别、国籍、家庭住址、联系电话、身份证或护照复印件，以及有无儿童随行、旅游目的地、乘机时间等。相关信息确认后，旅行策划人员应将填好的机票订票单、乘机人名单及有效身份证件发给航空公司，等待出票。

b. 机票的确认。旅行策划人员收到航空公司发来的机票确认单后，需仔细核对乘机人姓名、航班、起飞时间、票价金额、前往目的地等信息是否正确。如有问题，应及时向对方进行确认并做修改。

c. 机票的变更。原则上团体折扣机票若退改签会产生一定的损失。若旅游者因旅游计划变更，需要更改航班、日期、舱位等级，旅行策划人员应在原航班起飞前提出变更申请。

d. 机票的退订。为旅游团预订机票或为散客购买机票时，有时会遇到旅游团人减少，或散客取消旅行计划的情况，旅行策划人员应按照航空公司的规定办理退订手续。

② 旅游包机的预订。旅游包机是定制旅游产品生产商因无法满足旅游者乘坐常规航班抵达目的地的要求或为节省大交通成本而采取的航空交通采购方式。定制旅游产品生产商参与包机旅游的形式大致分为 3 种：第一种是定制旅游产品生产商通过与包机商合作，独家承包某个航空公司的整架航班；第二种是几家旅游产品生产商联合承包某个航空公司的一架航班，以降低运营风险；第三种是定制旅游产品生产商采取“切位”的形式从经销商那里获得部分机位。而这 3 种形式，第一种和第二种风险系数相对较高，投入也最大。定制旅游产品生产商需要对航空公司运力、目的地的客源进行系统调研以确保将风险降到最低。

a. 包机的手续。凡需要包机的，定制旅游产品生产商和旅行策划人员应提前与民航主管部门、航空公司联系，填写包机申请书，说明包机任务的性质、人数、包用机型和架次、使用日期及航空港口事项。包机申请经航空公司同意后，应签订包机合同。

b. 包机变更。包机合同签订后，如果包机的定制旅游产品生产商要求取消包机，需按规定交付退包费。

c. 包机费用。按航空公司的规定，包机费用根据包用机型的每千米费率和计费里程或包用机型的每小时费率和飞行时间计收。

（2）采购流程。定制旅游产品生产商采购航空服务，具体落实在飞机的订位上。旅行策划人员根据旅游接待预报计划，在规定的期限内向航空公司提出订位（填写机票预订单，见表 3–2），如有变更，应及时通知有关方面。航空服务采购流程如下：

① 确定采购对象。旅行策划人员根据定制旅游产品制作的要求，了解航空公司的规定及航空公司的实力，主要包括航空公司的服务质量、机票折扣、机位数量、航班密度、改签 / 退票的手续及费用、付款方式、竞争优势等信息。选出基本符合定制旅游产品生产商要求的航空公司，并与其初步洽谈合作事宜。然后通过实地考察，综合比较各方面的情况，从中筛选出符合定制旅游产品生产商要求的航空公司。

② 实施订购业务。当收到旅游者的咨询信息后，旅行策划人员应根据旅游者的需求选择航空公司，并就具体情况与航空公司的工作人员沟通，提出订票、购票的最佳需求，航空交通部门在约定的时间内出票，旅行策划人员在约定的时间内接票。

③ 报账结算。旅行策划人员将订、购票的明细账及返利情况上报财务部

门，财务部门审核无误后，根据约定付款时间及方式为航空交通部门办理结算事宜，并支付相应的票款。

表3-2　机票预订单

团号		国籍		证件类别		总人数	
乘机日期		航班				始发地和目的地	
旅游者数	成人	2岁以下婴儿	2~12岁儿童	金额合计/元		开票要求	
特殊要求	例如，素食者、轮椅乘客、选座要求、是否可用航空里程						
订票日期		订票单位		经办人签字		航空公司联系人	

2. 铁路交通服务的采购

与其他交通工具相比，铁路出游优势明显。首先，铁路出游受天气等自然因素影响较小，因而准点率较高。其次，从价格上来说，铁路出游价格较为平稳，没有明显的淡旺季之分，是一种更加经济的出游方式。最后，铁路站点覆盖率相对较高，为旅游者的出行带来更多方便。随着高铁带来的“时空压缩”过程，旅游者在时间不变的情况下，空间距离逐渐增大，从而其出游频次增加。为保证旅游者能顺利出行，旅行策划人员可按照旅游者的需求为其订购火车票。

（1）采购方式。

① 固定车次旅客列车车票的采购。旅行策划人员对于火车票的采购业务通常包括火车票的预订与购买、退票、车票改签和变更路线等。

a. 火车票的预订与购买。旅行策划人员应根据旅游者的具体情况和需求向车站售票处提出预订计划，包括火车票的车次、时间、种类、数量、抵达车站的名称等，然后统一购买。

b. 退票。旅游者变更或取消旅游计划时，旅行策划人员应按照铁路运营部门的相关规定办理退票手续，并缴纳退票费用；若旅游者不能按照约定日期、车次乘车，旅行策划人员应按照铁路运营部门的相关规定，为其办理改签（提前或改晚）手续。根据铁路部门的规定，退票应在出发站开车前办理，特殊情况也可在开车后 24 小时内办理，但团体旅客必须在开车以前办理。

c. 车票改签。旅游者不能按票面指定的日期和车次乘车时，在不延长火车票有效期的条件下，可办理一次提前或改晚乘车手续。办理改晚乘车签证手续时，最迟不超过开车后 2 小时，团体旅客必须在开车以前办理。

d. 变更路线。旅游者在中途站或列车内，可要求变更一次路线。但变更申请应在分歧站以前提出，并且在客票有效期内能到达目的站时方可办理。办理时收回原票，换发代用票。原票价低于变更后的路线票价时，应补收新旧路线里程票价差额，核收手续费。原票价高于或等于变更后的路线票价时，持原票乘车有效，差额部分（包括列车等级不符的差额）不予退还。

② 旅游专列的采购。旅游专列是指在开行时间和线路上进行特别安排，以运送旅游团队为专门目的的专线列车（不包括常规运营的旅游列车）。旅游专列之所以能在短期内获得较快发展，是因为旅游专列既符合旅游者的利益，又符合定制旅游产品生产商和铁路部门的利益。对旅游者来说，旅游专列安全、舒适、便捷、价格低廉，且列车内有着共同旅游目的地的众多旅游者可以进行沟通和交流。对定制旅游产品生产商来说，通过旅游专列的形式能实现定制旅游产品生产商的规模经营和联合经营，降低经营成本，提高总体经济效益；同时，旅游专列的社会影响力也能提高定制旅游产品生产商的知名度和美誉度。对铁路部门来说，运行旅游专列可获得稳定的利润。尽管旅游专列有很大的优势，但要组织一趟旅游专列却受到许多因素的制约。定制旅游产品生产商应充分考虑这些因素，在条件成熟时才能组织旅游专列。

（2）采购流程。旅行策划人员采购铁路交通服务的流程主要包括：

① 实施订、购票业务。旅行策划人员根据接待计划中人数、车次、火车类别及特殊旅游者乘车席别、铺位的需求，在规定时间内向铁路交通部门提出订票需求，并支付票款，铁路交通部门在约定的时间内出票，旅行策划人员在约定的时间内接票。

② 财务报销。旅行策划人员将订、购票的明细及手续费上报财务部门，财务部门审核无误后凭票证办理报销。

（3）根据定制旅游产品主题，采购铁路交通服务。随着高铁运力的迅速提高，“旅游高铁”开始出现。旅游高铁指的在高铁的规划、建设、运营思路中，提前考虑旅游的因素，将旅游资源、旅游线路、旅游者消费心理等因素融入高铁建设中，打造为旅游业量身定制的高铁线路，进一步深入挖掘高铁的旅游动能。这些年，出现了不少独具特色的旅游高铁。例如，连接四川省成都市与贵州省贵阳市的“成贵高铁”，被誉为“中国第一条旅游高铁”，跨越云、贵、川 3 个旅游大省，经过多家 5A 级旅游景区和 4A 级旅游景区。连接浙江省杭州市与安徽省黄山市的“杭黄高铁”，沿途经过西湖、西溪湿地、千岛湖、黄山等多个 5A 级旅游景区，可以说是一条专为旅游者打造的高铁线路。

定制旅游产品生产商可根据定制旅游产品主题，采购符合产品资源要求的旅游高铁，在和铁路部门充分协商的基础上，还可以根据旅游者的需求，定制高铁上的餐饮、娱乐、休闲等特色旅游服务。

3. 公路交通服务的采购

公路交通也是最主要的旅游交通方式之一，是最重要的中短途客运方式，主要用于市内游览和近距离旅游目的地之间的旅行。它的优点是方便旅游者可以去已通公路的旅游景区参观游览，灵活、方便、自由，基本上可以做到点对点。缺点是乘车时间过久容易使人疲倦，安全系数相对较低。

（1）采购方式。旅行策划人员采购的公路交通服务包括两种：一种是为旅游者购买固定班次汽车的车票；另一种是旅游包车。旅行策划人员采购公路交通服务更多表现为旅游包车。旅游包车指旅游客运公司出租给定制旅游产品生产商有营运证的车辆，以小时、天等形式租用的服务项目，视车型、车座、旅途长短等形式而收费不等。旅游包车费用中，一般包括：

① 租车费用。租车费用是旅游包车的基本费用，一般以行程距离作为计费基础，乘以车辆的单位千米费用。

② 油费。旅游包车一般采用全包价的形式，不单独支付油费，油费计入成本，按实际车辆排量和行车距离计算。

③ 路桥费。旅游包车行车过程中所需要的路桥费用。

④ 劳务费。旅游包车中需要支付给司机的劳务费。

（2）采购流程。旅行策划人员采购公路交通服务有如下流程。

① 确定采购对象。旅行策划人员在采购公路交通服务时应对提供此项服务的旅游客运公司进行调查，充分了解该公司所拥有的车辆数量、车型、车龄、性能、驾驶员的技术水平、公司的管理状况、租车费用等情况。旅行策划人员将搜集到的有关信息加以整理和分析，确定符合要求的采购对象。

② 签订合作协议。定制旅游产品生产商与旅游客运公司签订合作协议。协议中须明确有关误接、误送（机、车）和行李损坏、丢失、赔款等责任。

③ 整理相关资料。旅行策划人员将签约旅游客运公司名称、日夜值班电话、调度联系人姓名整理列表，附有关规定或说明打印后，分发给各接待部门，将用车协议书副本报审计、财务部门备案。

④ 实施订车业务。旅行策划人员根据接待计划中人数、车型、车况及特殊旅游者乘车需求，在规定时间内向旅游客运公司提出旅游包车需求，表 3–3 为用车预订单。

表 3–3　用车预订单

旅游客运公司		订车单位	
团号		车型车号	
核载人数		用车时间	
出发地		目的地	
用车数量		预订时间	

续表

司机及联系方式		经办人签字	
备注			
费用			

⑤ 报账结算。明确核账程序，由财务部门按期统一向签约单位结账付款。

（3）根据定制旅游产品主题，采购公路交通服务。

随着定制旅游市场规模的扩大，旅游客车用车需求也在分流、转变。一方面，旅游客车用车需求趋向高端化。深度游、精品团、重大接待用车、商务旅游，对旅游客车舒适度要求较高。商务座椅和宽敞空间配置渐渐成为需求的主流。另一方面，旅游客车用车需求趋向小型化。两个家庭组成小型团队的出游方式逐渐增多，轻型客车、9 座车型客车的需求较大。此外，大容量的旅游客车，为旅游包车提供了更高性价比的解决方案，也是旅游客车需求的亮点之一。房车旅行、房车营地和露营旅游的兴起，房车受到家庭游和小团体用户的欢迎。旅行策划人员可根据定制旅游产品设计需要，采购各具特色的公路交通服务。

知识卡片

扫描二维码，了解《开着房车露营旅行，渐成永康市民新时尚》相关内容。

开着房车露营旅行，渐成永康市民新时尚

4. 水上交通服务的采购

水上旅游交通是在固定的水域或固定的航线上，使用船舶运载旅游者，或在船上沿途观光，或在观光地停泊上岸观光游览的交通方式，具有经济、舒适、安全等优点。

（1）采购方式。水上旅游交通分为远洋航运、沿海航运和内河航运三大类。中国的水上旅游交通目前分为沿海航运和内河航运两大类。

① 游轮。游轮是用于搭载乘客从事旅行、参观、游览活动的各类客运机动船只的统称，又称游船、旅游船。游轮一般定期或不定期沿一定的水上旅游线路航行，在一个或数个观光地停泊，以便让旅游者参观游览。普通客轮兼用于旅游或经改装后专用于旅游的也可称游轮。游轮除具备一般客轮的基本功能外，大多提供专门的观景、娱乐设施和服务项目。游轮的种类很多，按照内部设施和装修档次的不同，大体可以分为普通游轮和豪华游轮，按照航行水域的不同又可以分为远洋游轮、近海沿海游轮和内河游轮。

② 邮轮。邮轮的原意是指海洋上的定线、定期航行的大型客运轮船。“邮”字本身具有交通的含义，而且过去跨洋邮件总是由这种大型快速客轮运载，故此得名。随着航空业的出现和发展，原来的跨洋邮轮基本上退出了历史舞台。现在所说的邮轮，实际上是指在海洋中航行的具有旅游娱乐功能的轮船。现代邮轮本身就是旅游目的地，其生活娱乐设施是海上旅游中的一个重要组成部分，靠岸是为了观光或完成海上旅游行程。国际上根据航行的区域，把邮轮分为国际邮轮、地区邮轮和海岸线邮轮。在国内，一般把在海上航行的客轮称为“邮轮”，把江河中航行的客轮称为“游轮”，小型的客轮则称为“游船”。

（2）采购流程。

① 船票购买。旅行策划人员在购买船票时应根据旅行计划逐项核对船票的日期、离港时间、船次、船名、航向、乘客名单、船票数量及船票金额等内容。

② 退票。购票后，如因旅行计划变更造成乘船人数增加、减少等情况，旅行策划人员应及时办理增购或退票手续。

（3）游轮服务的采购。

① 船票预订。如需订票，应书面提出（通过传真、E-mail、网上预订等）。提前 45 天预订，一般游船公司会在收到预订 24 小时内予以确认，如不到 45 天提出订位，一般游船公司也会视情况予以满足。预订时应注明定制旅游产品生产商名称、团队编号、人数、房型（套间、双间、单间）、床位数、国籍、上船日期、航期及特殊需要。

② 团队定金、付款和取消。确认 10 天内或在开船 30 天前，须预付船费的 5%~10% 作为非退还定金。在开航前 30 天内，将全款汇至游船公司开户银行，并将旅客的详细资料及要求通知游船公司。开航前 30 天内预订必须付款及提供旅客详细资料，如游船公司不予确认，可以退还其预付款。在开航前 30 天以内取消预订者，依据取消时间按比例退还或者不予退还船费。

③ 价格。这里的价格指标准间每床位的价格。如需单独使用一个标准间，须付单房差。2 岁以下儿童不占床位（自带童床），收取船票全额的 10%。18 岁以下的儿童必须由成人同房看护。父母需与儿童同住可以考虑用家庭套房。

④ 船票。船票款包含的项目有床位费、船费、餐费、船上导游费、在船活动（说明会、景点介绍、文化娱乐、电影、电视、图书、健身）费、码头费等。船票款不包括的部分有：上岸费，在船期间的酒吧、饮料、洗衣、理发、邮电、卫星电话、传真、互联网等私人消费。

⑤ 登船凭证。旅客上船必须具备：护照及目的地国家签证或中国身份证；游船公司开出的票据等。

⑥ 岸上游览。依岸上游览地的条件和规定安排，因不可抗力因素导致岸上游览取消，其费用不退。

⑦ 责任。由于环境条件、各种事件，包括因天气、航道事故等游船公司无法控制的因素造成船期的延误、取消、人员伤亡、财产损失，游船公司概不负责。如因人力不可抗拒的因素，如天灾、政府规定而影响正常船期时，游船公司将协助安排接转其他游船，并退还其船票差额。

（二）餐饮住宿游览服务采购

1. 餐饮服务的采购

餐饮服务是旅游活动中必不可少的服务，对于旅游者而言，旅游用餐既是一种需要，也是一种享受。用餐环境、饭菜质量、餐饮品种及是否符合旅游者口味，餐饮服务人员的素质等，都会影响旅游者对定制旅游产品的评价。因此，旅行策划人员应重视对餐饮服务的采购，与餐饮部门共同提高餐饮服务质量。

（1）采购方式。旅行策划人员在采购餐饮服务时应根据旅游者的口味、生活习惯、旅游消费档次等因素，安排旅游者到卫生条件好、餐饮产品质量高、服务规范、规范经营、交通便利的餐厅就餐。旅行策划人员在采购餐饮服务时，一般采用定点采购的方式。定点采购是指旅行策划人员对餐饮设施进行考察和筛选后，同被选择的餐厅进行协商，就旅游团队用餐的具体要求、菜单、就餐标准，达成协议，餐厅成为定制旅游产品生产商的定点餐厅。定制旅游产品生产商负责安排旅游者前往该餐厅用餐，餐厅按照约定向旅游者提供餐饮产品和服务。

（2）采购流程。

① 确定采购对象。旅行策划人员根据定制旅游产品生产商的经营计划，利用行业资源调研及网络资源查找、实地考察等方式，充分了解餐饮场所的地理位置、规模、环境、卫生状况、用餐成本、菜品特色、服务水平、诚信经营状况等，选出基本符合定制旅游产品生产商要求的餐厅，并与其初步洽谈合作事宜。然后通过实地考察，综合考虑，从中选出符合定制旅游产品生产商要求的餐厅。

② 签订合作协议。旅行策划人员根据考察结果，与多家符合定制旅游产品设计要求的餐厅进行洽谈，协商具体合作事宜，双方签订合作协议。将签署的合作协议进行编号、存档，并报送相关部门备案。

③ 根据接待计划落实订餐工作。旅行策划人员根据旅游者餐饮要求，即用餐禁忌、用餐风味、行程中路程距离、餐厅位置、接待能力、用餐标准、付款方式等要求制订餐饮采购计划，在已签订合作协议的餐厅中选择用餐场所。如不能满足本次用餐需要，需再次调整餐饮采购计划。最终选择符合本次旅游

行程要求的餐厅，及时与餐厅联系确认用餐安排。

④ 报账结算。旅行策划人员根据财务规定和合作协议的相关规定，及时将用餐费用明细填入餐饮费用结算单（见表 3–4），并呈报财务部门，财务部门根据合作协议的付款方式规定，审核无误后，与餐厅办理结算。

表3–4 餐饮费用结算单

接待单位		日期	
团号		人数或桌数	
餐标（人均或桌均）		类别（早/中餐、晚餐）	
备注			
收款单位公章		合计金额大写	

（3）根据定制旅游产品主题，采购餐饮服务。定制旅游产品的餐饮服务采购既要按照旅游者的需求定制又要有地方特色，考虑餐饮资源的特色应与定制旅游产品主题相呼应。例如，以生态环保为主题的定制旅游产品，在餐饮安排方面，应考虑餐食烹制方法节能低碳，采用绿色食材，进食过程避免浪费，用餐环境也应注重原生态的风貌；以老年养生为主题的定制旅游产品，在餐饮安排方面，应考虑安排营养价值高、含糖少、易消化、易咀嚼、口味清淡、少油腻的食物，忌辛辣生冷，适当安排些新鲜水果。

自主训练与拓展

训练项目

训练项目：仔细阅读浙江捷程国际旅行社有限公司推出的“枕水西栅，乡艺乌村——浙江嘉兴乌镇文化休闲四日游”产品信息，整理出该产品的餐饮采购方案，方案须包含采购餐厅、用餐时间、用餐环境要求、相应菜式、服务要求等。

自检自查：学生完成以上训练项目，请扫描二维码上传作业，上传后即可获取参考答案，对照参考答案，分析自己对知识点和技能点的掌握程度。

2. 住宿服务的采购

住宿服务是定制旅游产品的重要组成部分，在一定程度上成为衡量一个地区旅游接待能力的重要标准。定制旅游产品生产商应重视对住宿服务的采购，与住宿行业建立长久、稳定、互利的合作关系，以提供满足旅游者需求的住宿服务。下面将以饭店为例，阐述住宿服务的采购。

（1）采购方式。旅行策划人员应根据定制旅游产品需求采购饭店。饭店采购方式主要有 5 种，即网络平台采购、直接采购、通过饭店采购中心采购、通过饭店销售代表采购、通过地接服务商采购。

① 网络平台采购。旅行策划人员可通过网络平台进行采购，如 Booking.com、飞猪旅行、携程旅行网。通过网络平台采购饭店的优点是饭店信息较为翔实，价格相对透明，采购较为便捷。

② 直接采购。直接采购是指旅行策划人员通过邮件、信函、传真等方式直接向有关饭店提出采购要求，又称直接预订。这种采购方式的优点是：无中间环节，降低了采购成本；能直接掌握饭店的客房情况，较有把握采购到住房；能够与饭店建立起较为密切的合作关系，有利于采购业务的进一步开展。其缺点是：旅行策划人员必须与要采购的饭店逐一打交道，在联系饭店、寄送采购申请、确认住房人数及名单、付房费等方面花费大量时间和精力；外地饭店可能在交纳租房采购金、付款期限、客房保留截止日期等方面不给予优惠或优惠很少。

③ 通过饭店采购中心采购。这一方式只适用于连锁饭店。如果旅行策划人员选择的住宿服务企业是连锁饭店集团所属的酒店，则可以通过该饭店集团采购中心为其采购所需客房。这样做的优点是：旅行策划人员可获得该饭店可靠的信息，比较方便地得到所需要的客房，且价格也比较优惠。其缺点是：旅行策划人员的选择范围局限于连锁饭店集团内，失去了一些其他选择机会；采购被确认后，旅行策划人员仍要与将要入住的饭店联系，通过该饭店办理相关订房手续。

④ 通过饭店销售代表采购。饭店销售代表熟悉饭店的情况，旅行策划人员通过饭店销售代表采购客房，可以省去很多麻烦。但饭店销售代表可能同时为多家饭店提供服务，难以熟悉每一家饭店的情况，旅行策划人员应多次与饭店销售代表沟通，必要时可亲自对饭店进行考察，确保饭店住宿服务成功采购。

⑤ 通过地接服务商采购。由于地接服务商比较熟悉当地饭店的供应情况，定制旅游产品生产商把当地饭店的采购业务委托给地接服务商办理，通过地接服务商来采购饭店。

（2）采购流程。

① 确定采购对象。旅行策划人员根据定制旅游产品设计要求，收集、调查各地饭店的资料，根据实际情况，与基本符合要求的饭店洽谈合作事宜，并进行实地考察，主要考察环境、设施和服务、饭店星级、饭店的类型等。通过实地考察，了解有关订房的各种规定。具体包括：有无预订要求或提前预订的时间；具体预订要求；明确旺季、平季、淡季的月份划分及其具体价格；清楚客房单、双、三人间，大、中、小套间，豪华、总统套间等不同房型在不同季节的价格；门市价（散客价）、合同协议价（团队价）和特殊优惠价，加床费、

陪同床费等；各式早餐、正餐的价格等。

② 签订合作协议。旅行策划人员与多家符合要求的饭店进行合作洽谈，根据当地行规，协商拟订合作协议，双方签订合作协议。对签署的合作协议进行编号、存档，并报送相关部门备案。

③ 根据接待计划落实订房工作。旅行策划人员根据旅游者的住宿要求，根据行程安排、饭店位置、房间数量、入住时间、是否在饭店用餐、本次旅游活动的住宿价格、饭店等级、付款方式的要求制订住宿采购计划。根据住宿采购计划，在已签订合作协议的饭店中选择符合要求的饭店。如没有符合要求的饭店，需调整住宿采购计划。及时与饭店联系，传真发送《住房预订单》（见表 3–5）；旅行策划人员应及时掌握客房行情，争取更优惠的房价。

表 3–5　住房预订单

<table>
<tr><td>接待单位</td><td></td><td>订房单位</td><td></td></tr>
<tr><td>收件人</td><td></td><td>发件人</td><td></td></tr>
<tr><td>团号</td><td colspan="3"></td></tr>
<tr><td>入住时间</td><td></td><td>入住人数</td><td></td></tr>
<tr><td>房型</td><td></td><td>价格</td><td></td></tr>
<tr><td>用房数量</td><td></td><td>特殊要求</td><td></td></tr>
<tr><td>备注：</td><td colspan="3">1. 除房费外，其他个人费用均由旅游者自理，我单位不予承担。
2. 收到住房预订单后，请速将订房回执传回我单位。</td></tr>
<tr><td>经办人签字</td><td></td><td>发件日期</td><td></td></tr>
</table>

旅行策划人员在收到饭店的确认传真后，进行登记并按发团时间顺序排列存档，旅行策划人员将饭店星级、位置、联系方式、使用该饭店注意事项、入住天数、价格、付款方式等信息转交给接待部门。如有更改还需要重新订房。

④ 报账结算。旅行策划人员根据合作协议的相关规定，根据本次用房协议付款方式规定，及时将住房费用明细报财务部门。财务部门对合作协议审核无误后，与饭店办理结算。

（3）根据定制旅游产品主题，采购住宿服务。定制旅游产品对住宿服务的要求较高。例如，对于婚庆旅游，所住酒店的主题式装饰，喜庆氛围的营造，烛光晚餐，婚房中妆台等细节的打磨，都要符合客户的需求；再如亲子旅游，在住宿服务的采购方面也需要考虑亲子家庭的需求，旅行策划人员须为客户预订酒店的亲子套间，以及儿童健康餐、亲子娱乐设施、修学活动、夫妻二人独处空间等特色服务项目。

3. 游览服务的采购

游览项目是旅游活动的主体，也是旅游者选择定制旅游产品主要的原因和动机之一。以下将以景区为例，阐述游览服务的采购。

（1）采购方式。

旅行策划人员在采购游览服务时，要了解定制旅游产品范围内所有景区的资源品位、特色、淡旺季门票价格、门票减免优惠政策、景区交通接驳车费用、开放时间、景区游览线路、景区安全保障、景区的交通可达性，还要特别关注不同客源地旅游者对这些景区的评价。

旅行策划人员应熟悉旅游目的地的重要景区，对新开辟的景区进行细致调研，根据具体情况提出合作意向。定制旅游产品生产商应与景区建立密切的合作关系，并就门票单价、结账方式、陪同的减免人数等与景区协商，达成一致后签订合作协议。成团后，旅行策划人员应编制游览预订单。游览结束后，编制游览结算单。

（2）采购流程。

① 确定采购对象。旅行策划人员根据定制旅游产品生产商需求，考察、收集景区的相关信息资料。经过初步筛选后，对符合定制旅游产品生产商要求的景区进行实地考察，重点考察旅游资源情况、地理位置、交通可达性、停车场地、结算方式、销售配合、接待能力和服务情况等。通过实地考察，进行综合比较和评价，选出符合定制旅游产品生产商要求的景区。

② 签订合作协议。根据定制旅游产品生产商需求与选定的景区进行洽谈、协商合作事宜，包括旅游团队门票折扣、散客门票折扣（包括推广景区补助，年底返利，广告支持额度，门票、殿堂等的单价折扣价，大、小车进园的单价，结算方式和期限，陪同的减免人数及费用等）。在协商一致的基础上，拟订合作协议，双方签署合作协议。将签署的合作协议进行编号、存档，并报送相关部门备案。

③ 带团游览。团队确定后，旅行策划人员根据旅游者的游览要求，确定景区及游览该景区的时间，景区根据接待计划，安排旅游者游览观光。如遇接待大型旅游团队，旅行策划人员要提早与景区沟通游览事宜和特需服务。

④ 报账结算。旅行策划人员将参观游览结算单统一交给财务部门。财务部门根据合作协议的规定，审核无误后与景区办理结算。

（3）根据定制旅游产品主题，采购游览服务。

定制旅游产品的游览服务更追求体验感，采购游览服务时要注重挖掘景区等游览点的特色风貌和文化内涵。例如，旅拍主题的定制旅游产品，旅行策划人员要和景区等游览点进行深入沟通，要选择最适宜拍摄的时间点进入景区，在场地的选择方面要考虑构图的最佳效果，也要尊重景区的运营管理。文化体验类的定制旅游产品，则需与文博类景区协商，协调专家型讲解服务、专题讲座和研讨活动，内部游览线路设计要考虑沿线节点的次序和韵律。

自主训练与拓展

训练项目

训练项目：仔细阅读浙江捷程国际旅行社有限公司推出的“枕水西栅，乡艺乌村——浙江嘉兴乌镇文化休闲四日游”产品信息，整理行程第二天西栅体验活动的内容，结合本工作任务中任务实施里的体验活动手册制订的要点，以“蓝印花布制作体验”为例，制订一份体验活动供应商服务人员的服务指南。服务指南须包括接待礼仪、物料准备、体验活动内容、具体操作要领、安全提示等内容。

自检自查：学生完成以上训练项目，请扫描二维码上传作业，上传后即可获取参考答案，对照参考答案，分析自己对知识点和技能点的掌握程度。

（三）地接服务采购

地接服务商是旅游目的地负责接待、服务的旅行社或履行辅助人。旅游服务过程中大多环节是由地接服务商来负责落实的。地接服务商最贴近旅游目的地服务资源端，它最大的功能是发现旅游目的地服务资源并去利用资源。地接服务商可以利用贴近资源端这一优势改进现有产品，从而促进市场间的交流，并反向提高旅游目的地旅游服务资源与定制旅游产品的适配度，助力提升定制旅游产品的品质。所以，对于旅游策划人员来说，选择一家优质的地接服务商非常重要。

《旅游法》第六十九条规定：经旅游者同意，旅行社将包价旅游合同中的接待业务委托给其他具有相应资质的地接社履行的，应当与地接社订立书面委托合同，约定双方的权利和义务，向地接社提供与旅游者订立的包价旅游合同的副本，并向地接社支付不低于接待和服务成本的费用。地接社应当按照包价旅游合同和委托合同提供服务。第七十一条规定：由于地接社、履行辅助人的原因导致违约的，由组团社承担责任；组团社承担责任后可以向地接社、履行辅助人追偿。

地接社是指接受组团社委托，在旅游目的地接待旅游者的旅行社。履行辅助人是指与旅行社存在合同关系，协助其履行包价旅游合同义务，实际提供相关服务的法人或者自然人。由此可见，地接社、履行辅助人都属于地接服务商。地接服务采购是指组团旅行社向旅游目的地接待单位采购接待服务的一种业务，在行业内通常称之为选择地接服务商。

1. 地接服务商的选择标准

（1）良好的信誉。

地接服务商应当持有合法的旅行社业务经营许可证和营业执照，其经营范围应当包含向组团社供应的产品或服务。地接服务商近年来未发生重大责任事故，未受到行政管理部门的处罚，未在新闻媒体上有社会影响大的负面报道。近三年获得省级以上（含省级）荣誉的优先，近三年获工商行政部门颁发的“守合同、重信用”认定的地接服务商在同等条件下应优先考虑。通过ISO-9001质量体系认证的地接服务商在同等条件下应优先考虑。

地接服务商必须严格地按照与组团旅行社商定的接待标准向旅游者提供接待服务，不得以任何借口拒绝履行合作协议。地接服务商如果无法落实旅游接待计划活动内容时，必须及时通知组团旅行社，并征得组团旅行社的同意后，方可改变原先的接待计划。

（2）较强的综合竞争力。

地接服务商必须有较强的综合竞争力。评估地接服务商的综合竞争力应从当地旅游要素采购能力、产品策划能力、接待服务能力等方面入手，例如，在当地采购能力强，资源采购有价格优势；与组团社有长期合作关系，合作良好，服务质量有保障；注册资本、经营场所面积、员工总数等方面实力强；在旅游目的地有旅游客运公司、旅游饭店、旅游餐馆、旅游景区等上游资源；专职导游多、导游队伍业务能力强；接待安全意识强、安全举措有力，制订了安全应急预案等。

（3）收费合理。

地接服务商的收费不能过高，不能超过组团旅行社的承受能力。地接服务商不能违反事先达成的协议，擅自提高收费标准或增加收费项目。不能降低接待服务的标准，损害旅游者和组团旅行社的合法权益。

（4）创新的服务。

选择具有创新服务能力的地接服务商，有利于组团旅行社获取更多的旅游产品经营机遇。应引导地接服务商利用贴近旅游目的地旅游服务资源端的优势，与组团旅行社形成产品开发联盟的合作关系，主动提供产品开发资源，改进现有旅游产品，从而提高旅游产品的市场竞争力。组团旅行社和地接服务商联合推出新的旅游产品，一方面，助力旅游目的地新型资源方获取客源，从而做大、做强，另一方面，也可丰富旅游目的地产品组合，提升旅游目的地的品牌形象。

2. 地接服务商的采购流程

（1）确定采购对象。旅行策划人员根据定制旅游产品设计需要，调查、收集地接服务商的相关信息资料。经过初步筛选后，对基本符合要求的地接服务商进行考察，重点考察接待质量和信誉等。通过考察后，进行综合比较和评价，与符合定制旅游产品要求的地接服务商联系，初步协商合作事宜。

（2）签订合作协议。双方根据协商的结果，签订合作协议书。

（3）整理相关资料。将签署好的合作协议进行编号、存档，并报送相关部门备案，将相关资料及规定列表分发给相关部门。

（4）落实游览工作。旅行策划人员根据旅游者游览要求，制订地接服务采购计划，并落实具体的游览工作，将发团的人数、时间等具体要求用传真发给地接服务商，请地接服务商确认并报价，根据地接服务商回传的传真确认情况，按照接待计划中的发团日期顺序排列存档，并将地接服务商联系人姓名、联系方式转告接待部门。

（5）报账结算。根据组团旅行社的财务规定和合作协议的相关规定，旅行策划人员及时将该团费用明细报财务部门，财务部门根据合作协议，审核无误后，与地接服务商办理结算。

二、根据客户的需求，对旅游供应商提供的各项旅游服务进行组合

（一）旅游服务的组合

定制旅游产品是满足旅游者个性化需求的服务产品。定制旅游产品具有无形性、不可存储、不可转移的特点，定制旅游产品的特色、品质、吸引力必须能够适应目标市场的需要。旅游服务是定制旅游产品的核心内容，如果定制旅游产品提供的旅游服务与旅游者的需求不相匹配，旅游者会改变购买决策，对于定制旅游产品生产商而言，容易过季、容易耗损的定制旅游产品一旦销售不出去，会给企业造成亏损。因此，旅行策划人员应对旅游供应商提供的旅游服务进行组合，定制旅游产品旅游服务的组合是否符合旅游者对产品特质的感知，关乎定制旅游产品的成败。

单项旅游服务较难满足综合需求，对于定制旅游产品而言，对单项旅游服务进行组合，有相对统一的要求或者集聚的目标。例如，周末外出度假的夫妻希望在一个自然、放松和优美的环境里度过休闲时光，乡村游产品中周边乡村风景宜人的民宿和别具风味的餐食，可以满足他们的需求。该产品中涉及乡村游览点服务、乡村住宿服务和乡村餐饮服务，各项旅游服务可能由不同的供应商提供，但相对统一的要求是营造出自然、轻松的氛围。

旅行策划人员在组合旅游服务时应特别注意定制旅游产品定位的需要。定制旅游产品建立新产品定位、维持现有产品定位以及改变现有产品的当前定位（重新定位）之间具有差别。当建立新产品定位时，旅行策划人员需要从零开始树立产品形象，因为旅游者对它没有印象。新产品可以依托自己意向中的细分市场选择，改进相关旅游服务组合，以匹配所选细分市场的需求。例

如，如果某个旅游度假区把单身旅游者作为其目标市场，就不需要配备儿童游乐场。对于现有的定制旅游产品，旅行策划人员必须经常评估其产品形象，并决定是维持它还是改变它。定制旅游产品的旅游服务不是存在于真空中，而是与满足类似需求、突出类似形象的竞争产品的旅游服务相联系的。例如，如果某企业决定推出新产品以开拓商务旅游者市场，瞄准同样细分市场的其他企业就需要对自身产品的定位以及旅游服务组合进行重新评估。如果发现其现有定位和旅游服务组合稳固而足以抵挡住新的竞争对手时，企业可以维持现状；反之，企业就需要为其产品和服务策划新的形象和定位，以便有效抵抗因竞争引起的变化。

旅游者如何感知旅游服务的价值将决定他们是否选择该产品。旅行策划人员若将注意力集中于定制旅游产品的服务价值，并树立一个清晰的、引人注目、与众不同的形象，就能够在定制旅游产品的目标市场占据有利的位置，旅行策划人员还应为该产品策划一个有别于竞争者产品的形象，以在旅游者心目中取得优势地位。例如，某定制旅游产品采购到具有独特优质服务的高星级饭店，饭店除提供装饰优美的客房，不同风格的餐厅，美容院、室内游泳池和健身房等常规服务之外，还提供大量的厚毛巾、高端品牌的肥皂和洗发香波、特大枕头和上等毛毯等增值服务，明显地提升了旅游者的满意度。某滑雪场与其他所有滑雪场一样，提供整洁的滑道、各种升降设备、可租用的滑雪工具以及其他所有标准服务，但是它也增加了几项特殊服务以吸引更老练的滑雪者，这样使它与其他滑雪场区别开来，如限制售票（同时适当提高票价）以减少排队等候的时间、提供比其他滑雪场更精美的食物、营造高端滑雪场的形象、请专门的服务人员帮助滑雪者穿卸滑雪设备、提供免费通宵滑雪设备存储服务等。

（二）指导旅游供应商提升旅游服务的文化内涵和体验质量

旅行策划人员应基于旅游者体验最佳原则，指导旅游供应商提升旅游服务的文化内涵和体验质量。旅游者是旅游活动的主体，旅游者体验价值是旅游活动意义的重要体现。旅游者体验价值是旅游者在消费旅游产品、体验旅游服务、参与旅游活动的过程中，对众多交互旅游要素所产生的整体性感觉。定制旅游产品的旅游者不仅仅是消费者，更是旅游体验价值的创造者，旅游者会利用时间、金钱、知识和经验等个人资源通过与旅游服务提供者的互动创造出自己的价值。无论是定制旅游产品生产商还是旅游供应商，都应以旅游服务生态系统构建的理念与旅游者一起共同创造旅游体验价值。

旅游服务生态系统由多个利益主体组成，是在旅游服务交换中通过共享的制度逻辑和价值共创而连接的相对独立、自我调节的系统。综合来看，旅游者价值依赖于定制旅游产品生产商、旅游供应商等多个利益相关者提供的服务，它们的合作共创行为是实现旅游者体验价值的基础。定制旅游产品生产商应致力于通过制度协调和利益赋予，激励和引导旅游供应商为旅游者提供高附加值旅游服务。旅游者也参与旅游服务生态系统的内部互动和服务交换，通过信息共享和意见反馈与定制旅游产品生产商、旅游供应商等企业形成动态、平衡、交互的整体。旅游者的需求成为定制旅游产品创新发展的源泉。

以某历史文化主题景区的旅游服务提升为例，景区的基础设施及相应的服务是旅游者体验的保障，景区服务人员是否愿意给旅游者提供游览方面的便利影响其感知价值的高低。对于以历史文化为主题的景区而言，环境氛围是旅游者感知文化的前提。因此，景区的游憩设施、高水平讲解服务、逼真的仿古场景，会令旅游者有穿越千年的感受。旅行策划人员需要为定制旅游团队做专项游览活动安排，有时会细致到景区里节目表演的内容、出场表演的演员、表演时间的长短、表演场次及小吃餐食的品种和价格，都需要精心的设计，再交由服务团队认真地执行。景区在定制旅游团队游览的特定场景下，成为由定制旅游产品生产商通过共享的制度安排和服务交换的相互价值创造而连接的相对独立、自我调节的系统。值得注意的是，旅游者在参与资源整合中始终处于核心地位。旅游者调动自身的多感官参与体验价值共创，融入自身的知识、文化、情绪，创造出独特的体验价值。旅游者的需求也促使定制旅游产品生产商与景区联动，不断升级产品，增加新的业态，逐渐形成完整的旅游服务产品体系。

三、根据客户需求，推荐并规划特色旅游服务

（一）稀缺类服务资源

部分追求极致体验的旅游者，需要稀缺类服务资源，旅行策划人员应根据客户需求，采购此类项目及服务。以水上旅游项目为例，某豪华小型观光河轮公司，航线为秘鲁境内的亚马孙河以及柬埔寨与越南之间的湄公河，能提供专业、独到的服务。该小型河轮船只皆由建筑师定制建造，有的小河轮只有 16 间套房，有的仅 20 间套房，为了让旅游者体验精致住宿设施，船上服务人员按照旅游者人数 1∶1 配比，为旅游者提供专注的服务。行程当中还能参加专业向导带领的自然探险、品尝美食大餐、通过骑行或皮划艇深入探索目的地、由专业厨师带领参观当地集市并教授烹饪课等，每项活动限定为 8～10 位旅游者，确保每一位旅游者都会获得贴心的照顾。该公司始终坚持融入当地文化，小河轮基本平均每 7～9 小时行驶到一处新的景点，旅游者每日醒来都会看到上下游不同的风景。旅游者每天有两次机会下船，每次约 2.5 小时活动时间。因此，旅游者在旅途中每天可以探索两处不同的区域。船上配备的导游对当地旅游资源的了解非常详尽，对当地文化解读独到。在包船

的情况下，该公司可以根据国籍、偏好，在语言、船上体验等各个方面都做到定制化服务。

市场上已经出现专注某一个细分领域旅游服务的旅行商。例如，某专注海岛游的定制旅游产品生产商，开发了以东南亚海岸和大洋洲海岛为主的深度游产品，包括马尔代夫、塞班、关岛、毛里求斯、斯里兰卡、夏威夷、斐济、大溪地、芽庄、沙巴、巴厘岛、美娜多、新加坡、民丹岛等。其中以海岛自由行为主，同时策划海岛主题旅游活动，如海钓、婚礼、婚拍、潜水等。该企业依托自身在国内的预订、购买、销售体系，结合自营海岛当地游服务，借此输出滑翔、潜水、丛林越野、海钓等一日游服务，最终实现一体化服务。针对目前海岛游玩乐项目比较少、海岛基础设施以及商业设施差的现状，该企业深耕海岛目的地资源，先期取得部分场地独家运营权；培养海岛旅游专业服务团队，如船长、潜水导游，形成技术优势；购入船只、旅游客车，建设和经营餐饮住宿和商业类服务设施，为旅游者提供专属服务。此类定制旅游服务产品生产商的市场操作策略值得旅行策划人员学习。

（二）文旅融合类旅游服务

文旅融合类旅游服务是在传统旅游服务的基础上，融入文化元素而形成的。文旅融合类旅游服务需要以价值创新为前提融入较为丰富的多类型要素，使得旅游者的旅游活动渗透文化元素且具有层次感，活动感受更加丰富。以图书馆的文旅融合类旅游服务为例，定制旅游产品中可以将图书馆作为旅游打卡地点，开发图书馆助力研学旅游，以特色图书馆镶嵌旅游景点来吸引旅游者。例如，宁波天一阁藏书楼、天津滨海新区图书馆均可以作为定制旅游产品中的游览项目。旅行策划人员可以采购旅游景区附近的公共图书馆，安排旅游者观光游览，让旅游者欣赏自然美景的同时更能感受文化内涵。例如，福建省图书馆就与福州植物馆进行完美的融合，形成“清新书苑”，提供了优质的图书馆文化服务。在采购住宿服务的时候，可以考虑设有书吧、分馆等小型体验项目的住宿服务。图书馆还可成为旅游者体验地域特色文化的媒介。定制旅游产品生产商可以和图书馆合作，整理特色文化资源，建立专题数据库、藏品室、导览目录等，策划展览、讲座、手工制作等活动，使图书馆成为旅游者体验地方特色文化的中转站；还可以联合图书馆通过资源挖掘、活动策划、平台打造等，推进系列文旅融合的旅游活动项目。旅行策划人员在采购图书馆文旅融合类旅游服务时，须优先采购外形设计美、服务质量高、文化活动丰富、本地居民参与性强的图书馆。

（三）云旅游服务

云旅游是将旅游架在“云端”的一种方式，利用信息技术、云技术、移动技术、人工智能等技术，通过实景直播、网页全景浏览、智能穿戴体验等形式，使旅游者可以通过一个或多个终端设备进行旅游，旅游者可以在线上实现观光、体验、社交、购物等多重属性的旅游活动。目前云旅游发展模式有以下两种。

1. 以公益为目的、线上平台为基础的数字化展示模式

为满足旅游者日益增长的文化需求，博物馆等一些以公共服务为目的的游览点正积极利用自身优势，以现代科技为基础，积极搭建综合应用的线上游览平台。以安徽省博物院为例，该馆展览形式主要分为基本陈列与临时展览，基本陈列以线下馆内的实物展览为主，临时展览则结合了线上、线下的展览方式，对展品进行群景和三维采集，借助线上平台数字化展现给观众。博物馆以此提升云旅游吸引力。

2. 线上、线下结合的新型体验带动经济发展模式

云旅游与线上直播、VR、AI等技术的深度融合，给旅游者带来沉浸式新体验的同时，也释放了数字文旅消费新需求。许多景区通过线上直播，不仅挖掘潜在的文化资源，提高了地方的知名度，还从不同程度上带动了线下旅游经济的发展。

旅行策划人员不仅可以采购现有的云旅游资源，增加旅游者掌上旅游的互动性和趣味性，还可以参照国外旅游企业的做法，推出云旅游服务项目。云旅游服务项目依托在线软件，“线上 + 线下”融合，将旅游全过程的服务（预约、目的地访问体验和线下导游或目的地居民双向交流）与目的地旅游资源进行整合，为旅游者提供一种新的旅游模式。云旅游不需要护照、签证、预约酒店和机票等繁杂的旅行手续，也把时间、地点、天气等因素的制约降到最低程度。如果看中旅行社开设的某一条云旅游线路产品，只要能抽出1小时左右，就可以参与体验。云旅游有线下旅行难以竞争的魅力，具有随心所欲、便捷实惠的特征。其服务内容多种多样，包括旅行类、购物和打折优待类、技能服务类（讲授语言、歌舞、烹调方法等）、面向个人或家庭的定制旅游、儿童教育和修学类、体验类（渔民捕捞、土著生活、环球风光等）等。云旅游服务内容还包括参加过程中的在线视频介绍和线下的当地人导游，以双向实时交流，确保有身临其境的满足感。

任务实施

认真阅读浙江捷程国际旅行社有限公司推出的“枕水西栅，乡艺乌村——浙江嘉兴乌镇文化休闲四日游”行程安排，以第三天行程为例，思考如何根据该旅游产品的主题，采购乌村本地旅游供应商提供的特色旅游服务，以及如何指导乌村本地供应商提升旅游服务的文化内涵和体验质量。

“枕水西栅，乡艺乌村——浙江嘉兴乌镇文化休闲四日游”产品主打文化休闲主题，突出观光、休闲和游学等年轻态休闲体验活动，聚焦中国魅力名镇——乌镇，为北京年轻态文化休闲度假者定制了四日游的行程活动。行程第三天，从早餐后到晚餐前，旅游活动均集中在乌村进行。

乌村位于乌镇西北角，南接西栅，北依京杭大运河。全村围绕江南农村村落特点，内设酒店、餐饮、娱乐、休闲活动等一系列的配套服务设施，乌村定位为高端乡村旅游度假区，与西栅历史街区联袂互补。

1. 采购特色旅游服务

该产品第三天的行程颇具特色，旅行策划人员采用“一价全包”的方式对乌村休闲旅游目的地供应商的旅游服务进行集成式采购。乌村旅游服务套餐有“住宿一价全包”“休闲游一价全包”和“观光游”3 种类型，为提升旅游者的体验度，旅行策划人员采购了“休闲游一价全包”，即包括乌村游览、一顿美味正餐、多样饮品与美食小吃、丰富多彩的体验活动及互联网国际会展中心参观和游览车接送服务等项目，涉及交通、餐饮、游览服务等项目细节。

（1）旅游交通服务采购。由于该产品住宿安排在乌镇西栅的核心区，第三天行程涉及的交通服务包括去程从乌镇西栅经停互联网国际会展中心（约 1.1 千米）至乌村（约 2.5 千米）合计约 3.6 千米、返程从乌村至西栅（约 3.6 千米）的景区内部交通，由景区游览车提供服务。

（2）旅游餐饮服务采购。乌村餐饮服务有西式自助餐厅、中式餐厅、甜品店、煲仔饭、茶室和咖啡吧等不同风格、不同口味的用餐选择。该产品乌村行程“休闲游一价全包”包含的一正餐，安排在第三天乌村行程中的午餐。乌村知青餐厅以知青主题元素打造，提供极具乡土味的正餐，取用新鲜健康的“1 小时蔬菜”，严格按照“当餐到达，当餐使用”的原则，形成“从采摘到上菜 1 小时”的特色，美味且放心，符合该产品休闲文化的行程主题，也贴近第三天乡野农趣的体验主题。除正餐外的其他时间，旅游者可以使用村民手环在除西式自助餐厅以外的其他餐饮区自由选择享用甜品、咖啡、点心和小食。

（3）游览服务采购。乌村“休闲游一价全包”套餐包含互联网国际会展中心参观、乌村游览和丰富多彩的体验活动及指导。旅行策划人员根据定制旅游产品主题，梳理与挖掘乌村不同体验活动的特色风貌与文化内涵，把乌村体验活动进行分类组合，打包为针对三类不同细分目标人群需求的体验方案，分别是童趣游、农趣游和闲趣游，供旅游者参考选择。当然，旅游者也可以在第三天的自由行行程中自由选择组合他们更中意的体验活动。

2. 指导供应商提升旅游服务的文化内涵和体验质量

旅游者不仅是旅游产品的消费者，更是旅游体验的参与者和生产者，是旅游价值的共同创造者。旅行策划人员应与旅游产品供应商充分研讨行程细节、制定接待方案，指导生产商的导游人员、供应商的服务人员和当地居民共同提供优质的旅游服务，通过旅游活动中的观赏、交往、模仿与消费环节，对旅游者进行引导、激励、示范等服务，共创、共享旅游体验价值。

乌村是一个以精致乡村生活方式吸引旅游者回归田园、享受自然的旅游目的地，拥有江南水乡特有的文化气质。乌镇旅游股份有限公司对乌村进行了深度开发。乌村作为高端乡村旅游度假区的一大亮点便是活动体验，这里不仅有“接地气”的传统农事农活，更有“洋气”的现代化娱乐设施。无论是亲子、情侣抑或独自旅行，都可在乌村找到童趣娱乐、农事参与、活力运动、休闲养生等主题活动。本产品定位为观光、休闲、游学的年轻态休闲体验活动，旅行策划人员把握定制旅游产品的文化休闲特性和旅游服务的品质体验重点，同时旅行策划人员也要充分收集旅游者游后感受和导游反馈，从而调适和修正体验价值，并把这一理念传递给提供陪伴式服务的特色 CCO 和各项体验活动服务人员，使乌村旅游体验活动的品质表达不仅是基于完善的基础设施和服务设施，更是来源于服务团队的主动服务意愿和专业服务技能。

任务评价

定制旅游产品资源采购融合了旅游产品构成要素采购方式、采购流程等知识，还需要学习和掌握沟通技巧、旅游心理学、旅游服务等知识，再结合定制旅游产品生产商的生产实际进行技能训练。本工作任务以浙江捷程国际旅行社有限公司推出的“枕水西栅，乡艺乌村——浙江嘉兴乌镇文化休闲四日游”为例，分析了相应的知识点和技能点，为了重点训练关键技能点，设置了“自主训练与拓展”环节，学生按照要求完成训练项目，通过扫描二维码上传作业，即可获取参考答案进行对比分析。通过理论知识和实操技能训练一体化的学习，实现知识的迁移和技能的提升。

思考与练习

单项选择题

1. 某商务饭店为经常出差的商务客人提供了特殊服务，以下选项中不具吸引力的是（　　）。

   A. 为商务客人安排特定楼层，楼层内设有具有私密性的会晤区

   B. 商务客人的客房内配备办公桌、传真机、宽带网

   C. 提供健身设施和健身教练服务

D. 提供吹风机以帮助商务客人保持良好形象

2. 王女士和她的好朋友是旅游达人，她们喜欢深入了解当地文化。这一次她们计划前往大溪地旅游，委托某旅行社的小张安排旅游活动。小张手中有 4 家大溪地当地旅行社的资源，他应该选择（　　）来接待王女士一行比较合适。

A. 甲旅行社：价格低廉，专做特价团

B. 乙旅行社：拥有优秀摄影师，专做蜜月婚庆旅游

C. 丙旅行社：接待小团体，专做体验性旅游

D. 丁旅行社：为高净值人群服务，专做商务定制旅游

工作任务二　定制旅游产品行程规划

任务引入

认真阅读浙江捷程国际旅行社有限公司推出的“枕水西栅，乡艺乌村——浙江嘉兴乌镇文化休闲四日游”行程安排（详见表 3-1），分析该旅游产品如何根据主题对节点进行规划，并以第二天的行程为例，对其中部分具备峰值体验的活动进行细化，制订这些峰值体验活动的执行手册。

任务分析

定制旅游产品行程规划既要体现行程编排的合理性，又要符合目标市场的个性化旅游需求，定制旅游产品峰值体验活动的设计以及体验活动执行手册的制订，直接影响产品的服务价值。要完成以上任务，需要学习定制旅游产品行程规划的有关知识。

知识链接

旅游产品的节点是旅游过程中一系列满足旅游者旅游需求（食、住、行、游、购、娱）的停留点，主要包括城市节点、景区节点、餐饮住宿节点、交通集散节点、临时节点等类型。节点是不同性质旅游线段的连接之处，是旅游者旅游方式的切换点，是不同的旅游者群体的游线分岔点，节点的要求是分布相对集中、尽可能避开核心区、有交通换乘点和便利的服务设施。旅游产品节点

的规划，决定了旅游产品的空间结构和时间结构。节点规划要本着时间最省、路径最短、性价比最高、游览内容最丰富、体现当地旅游特色的原则，注意旅行顺序和旅行节奏的安排。

一、根据定制旅游产品主题对产品节点进行整体规划

（一）定制旅游产品城市节点的规划

1. 城市节点

城市节点能够反映一次旅游过程的主要内容和特征，使旅游者估测到此次旅行的距离、所需要的时间、花费、主要区域对象等信息，因此，城市节点的规划是旅游者对旅游产品关注的重点。旅游产品城市节点的规划，要充分考虑城市的交通可达性、旅游资源吸引力、社会资源丰富程度、社会治安状况、公共设施及旅游服务设施的完备程度。

在旅游产品中，最先进入的城市是门户城市节点，门户城市节点和旅游者居住的客源地之间交通要便捷，门户城市节点的旅游资源要丰富，以便在旅游产品的起点便能给旅游者留下美好的印象。旅游者结束旅游的最后一个城市称为离境城市节点，离境城市节点与客源地之间的交通可达性要好，旅游资源丰富，能够给旅游者审美体验画上圆满的句号。门户城市节点和离境城市节点之间的城市称为中途城市节点。中途城市节点的停留时间短，只要有有吸引力的旅游景区，且区间交通便捷，旅游服务设施能满足常规需求即可。

2. 城市节点的选择

城市节点的规划不仅要考虑区位优势，更重要的是城市本身的旅游资源及吸引力，以及旅游业的发展程度。城市的旅游可进入性是选择城市节点的重要依据。旅游可进入性是指旅游者进入旅游城市的难易程度和时效性。除交通及通信的便利性之外，城市的社会环境对旅游者进入的难易程度也有影响，社会公众对旅游开发的态度，社会治安状况管理水平、旅游城市的消费水平和物价水平等，都可能成为影响旅游可进入性的重要因素；旅游城市的公共卫生条件，如公共厕所的分布及卫生状况，这些都会影响旅游产品行程的进行，旅游城市的卫生条件，包含饮食卫生、是否为疫区、医疗设施与医疗服务水平等；城市的气候条件也会影响到旅游可进入性，如城市的最佳旅游季节，以及当地的气温、降雨量、干湿度、天灾风险、气候条件，因独特气候而产生观光价值的特殊景观等。

3. 城市节点规划

城市节点是集中提供旅游要素配套服务的场所，是旅游目的地体系中的主要支撑点和主要集散地；城市节点还是旅游观光与休闲体验的重要目的地。城市节点要满足城市居民生产、生活和发展的需要，也要注重旅游配套服务

功能的完善，以主客共享的理念科学合理地配置适宜旅游者的餐饮、住宿、交通、购物、娱乐、咨询等旅游服务设施；还要注重城市形象的打造，充分挖掘城市的文化旅游特色，形成风情浓郁、各具特色、功能配套的城市旅游节点群。城市节点均需具有良好的可达性、完善的服务接待设施、多种多样的旅游吸引物和丰富的娱乐活动。

城市节点的规划，要考虑旅游城市之间区域合作与协同。旅游城市之间应建立旅游目的地体系建设的理念，以旅游产品打造为引导，统筹多个旅游目的地的建设与发展，从而形成各个旅游城市综合协调抓旅游要素建设的工作机制，优化旅游产业布局，推进区域经济社会协调发展。在整合区域旅游业集聚发展的过程中，加强区域间合作、跨区域的发展，搭建合作平台，促进区域内旅游业要素资源整合。城市节点的规划应遵循旅游产业的功能综合性和产业互融性特征，在确立重点城市节点的同时，考虑交通通道走向以及周边旅游城市的资源和要素分布，以促进旅游目的地体系内要素产业均衡协调发展为驱动，丰富完善旅游综合服务供给。

4. 根据定制旅游产品主题，规划城市节点

定制旅游产品的城市节点规划，对旅游目的地的社会资源要求更高。定制旅游产品追求个性化和深度体验，旅游者愿意为更高的品质付费。旅游目的地城市建设和管理水平，公共服务水平以及浓郁的地方文化特色，是否有知名的旅游接待设施，都会影响到该城市是否能够被列入定制旅游产品的行程之中。

城市节点的规划应与定制旅游产品主题匹配，如果是婚恋主题的定制旅游产品，适合安排三亚、阳朔、大连、杭州这样风景优美、商业服务设施完善、气质柔和浪漫的旅游城市，如果是研学主题的定制旅游产品，适合安排在西安、北京、上海这样文化资源丰富、教育发达、接待服务设施完善的旅游城市。定制旅游产品的消费者群体更关注旅游城市资源与产品特质的匹配度，更注重自身感受，也更注重产品细节的品质，因此，旅行策划人员规划城市节点时还需要考虑当地旅游供应商的服务能力。

自主训练与拓展

训练项目：请仔细阅读本书附录，分析“滨海骑行，追风少年——骑遇海南之旅”的城市节点规划，思考该定制旅游产品城市节点规划是否符合产品设计的主题，并做简要分析。

训练项目

自检自查：学生完成以上训练项目，请扫描二维码上传作业，上传后即可获取参考答案，对照参考答案，分析自己对知识点和技能点的掌握程度。

（二）定制旅游产品景区节点的规划

1. 旅游景区

旅游景区是指有统一的经营管理机构和明确的地域范围，能够满足旅游者游览观光、消遣娱乐、康体健身、求知等旅游需求，并具备相应的旅游服务设施和提供旅游服务的独立管理区域。旅游景区范围广泛，包括风景区、文博院馆、寺庙观堂、旅游度假区、自然保护区、主题公园、森林公园、地质公园、游乐园、动物园、植物园等。

2. 景区节点的选择

旅行策划人员选择景区节点时，旅游景区的资源品质高、环境氛围好、游览设施齐全、可进入性好、安全保障强等是必备条件，同时还应充分考虑旅游者的审美趣味和消费心理，需尊重旅游者的身心规律。旅行策划人员需了解景区的特殊性，避免旅游产品中景区的雷同，还需了解景区的各种限制，如有些景区有开放时间的限制、人数的限制、交通的限制、交通工具的限制、季节性的限制、受到自然或人为破坏关闭维修、例行性保养维修、或必须事先预订等限制，都会影响旅游产品行程的安排。

一般来讲，景区节点的选择要遵循以下原则。

（1）数量适中。同类旅游资源中只宜选择最具代表性的某一资源，以减少成本，避免旅游者审美疲劳。

（2）深度适当。景区风格宜雅俗共赏，视觉效果好，内容丰富鲜活，易于体验和感受。景区如果内容过于集中且专业性太强的话，会使大多数旅游者失去游览的兴趣。

（3）选择该景区的最佳观赏时间。各个景区尤其是自然风景区因自身的构景特征不同而各有其最佳观赏时间，旅游者若能在最佳观景时间游览，能大大提升游览价值。

（4）充分考虑交通的顺畅性，避免走回头路。这样既可以节省路途中的时间，又可以使旅游者欣赏到不同的旅途中的风景。

（5）景区游览节奏应动静结合，松弛有度，避免旅游者过度劳累。

旅行策划人员在进行景区节点的选择时，要站在旅游者的角度来思考问题。旅游者期待旅游产品能够把最好的城市、最美的景区都包括进来，而景区节点进入旅游产品存在时间和空间上的限制，旅行策划人员的个人主观判断、对景区资料的掌握以及供应商推荐等，都会影响到选择的结果。

3. 景区节点的规划

旅游产品景区节点规划要考虑景区吸引力、知名度、服务质量、地理位置、游览时间、内部游览线路安排、游览顺序等。景区节点规划的具体步骤如下：

（1）了解旅游者需求，做出专业判断。了解旅游者的需求，确认其对景区节点的认知、城市节点、旅游天数、预算、旅游团队人员组成、最多及最少人数，预定出发的日期，做出景区节点之间的衔接、景区内部游览线路安排、景区游览顺序安排等专业判断。

（2）确认主要餐饮住宿节点和可能停留的临时节点。

（3）利用地图规划景区节点的布局。可以先选用旅游产品涉及最大区域的景区分布图，比如某浙江省内观光旅游产品的景区节点规划布局，可以先选用浙江省景区分布图；再选用主要城市节点的旅游景区分布图，如杭州旅游景区分布图；之后选用主要景区的内部游览图，如杭州西湖风景名胜区游览图。

旅游景区地图最好选择有立体图并有位置注明与景区介绍的，比较实用。

（4）确定景区节点游览的顺序。确定旅游产品行程中每天要前往的景区，按当天住宿节点位置沿线安排各景区的顺序，早上应该先前往哪个景区，中午适合的用餐地点或餐厅，以及下午浏览景区的顺序，在安排顺序时应仔细参考地图确认每个景区的地理位置，要确保行程路线的顺畅。除此之外，景区顺序的安排还要考虑以下因素。

① 景区的营业时间与休假日期。要注意景区开园以及关门的营业时间，以免过早抵达无法入内或是太晚入园造成参观时间匆促。还要注意休假日期，例如，许多景区每周一休假，若要前往则要提前或延后一日入园。

② 景区内重要表演的时间。若要安排观看景区内的重要表演，旅行策划人员应事先上网查询或拨电话询问最新时间表、门票预订政策、当日限流情况等信息，要注意抵达时间必须提早，以免来不及观看而产生遗憾。

③ 自然风光类景区在特殊时段的特色景观。自然风光类景区等都是在某个特殊时段才有的特色景观，需要在适合的时段前往，否则会错失美景。

④ 气温与气候情况。如果是在夏季游览，那么中午前后要安排在室内游览的景区，如果是冬季游览，户外活动的景区要安排在较为温暖的午后。

⑤ 避开景区人流高峰。旅行策划人员应了解景区的人流高峰，尽量错峰安排旅游者入园，以免降低游客游览品质。

“旅游专业人员应当研究其开发项目对环境和自然状况的影响”，这是《全球旅游伦理规范》确定的一项基本原则。景区节点的选择，应充分考虑景区的最大承载量，要错开景区的游览高峰，注重保护环境。同时，还要考虑景区游览的最佳季节，帮助旅游者获取最佳的感受。

4. 根据定制旅游产品主题，规划景区节点

定制旅游产品的特点是需求多样化和资源多样化，在景区节点的规划方面，相对于预制型旅游产品，须注意以下操作要点。

（1）采用模块化代入方式。

景区节点规划在定制旅游产品行程编排中工作量最大、难度相对最高、对旅游者体验质量的影响也最大。定制旅游产品开发在追求个性化体验过程中难以兼顾效率，目前智能行程规划工具功能不足，大量的旅游行程规划工作依然需要人工完成，因此，个性化定制与标准化作业流程的结合是提高定制旅游产品效能的关键。在景区节点规划这个环节，个性化定制与标准化作业流程的结合可以用模块式代入的方式来实现。运用数据库资源和供应链资源，将旅游者需求类别化，将旅游景区特质类别化，适当参照预制型旅游产品中经典景区的搭配与组合模式，同时注入旅游新业态项目元素，分别进行多个模块的搭建、组合与细分，将个性化与标准化适当结合。模块式代入的景区节点规划方式能够以更高的效率去服务旅游者。

（2）突出主题体验元素。

景区节点给旅游者提供的价值有自然景观价值、历史人文价值、主题体验价值。一般而言，自然景观价值更容易被旅游者感知，而历史人文价值的感知受制于旅游者自身的文化修养，主题体验价值是旅游者价值体验中提升空间最大的，也是旅行策划人员在景区节点规划方面功力的体现。一方面，景区节点规划中要考虑景区历史人文价值呈现的内容和形式，是否易于被旅游者感知和传播、分享；另一方面，景区节点规划要考虑与定制旅游产品主题的呼应，以提升旅游者的主题体验价值。如果定制旅游产品的主题是欣赏自然美，便要选择海滩、高原、沙漠、湖泊、林地等自然风光景区，以感悟历史人文内涵为主题的旅游产品，则应考虑人文景观；需要注意的是，在单个景区内部游览线路的设计和游览时间的安排上，要体现景区内容与定制旅游产品主题的相对一致，例如，西安某历史文化景区内有中小学生研学体验项目场馆，常规预制型旅游产品一般不安排参观体验，而研学旅游团队就很适合浸入式体验其中的考古和三维设计项目。

（3）对预制型旅游产品的操作方式进行适当调整。

预制型旅游产品的操作方式，有时候并不一定适用于定制旅游产品的操作。例如，为减少交通成本，预制型旅游产品中景区节点分布的地域集中性较强。但是定制旅游产品的景区节点为追求主题体验价值，景区节点分布的地域跨度可能比较大。又如，预制型旅游产品一般不会安排非热点旅游景区，也不会安排周边配套不完善的旅游景区，或者交通可进入性不强的旅游景区，但是定制旅游产品的景区节点规划会突破这些限制。需要注意的是，如果定制旅游产品的景区节点规划涉及非热点旅游景区，要考虑这些景区与热点旅游景区之间的关联互动，以及这些景区未来的开发潜力。定制旅游产品生产商需要调动多方资源，通过连接热点旅游景区与非热点景区，使其客源共享和资源共享，逐步提升非热点景区的知名度。

自主训练与拓展

训练项目：请仔细阅读本书附录，分析“千年侗寨·梦萦三江——侗族非遗文化游学之旅”行程中景区节点的规划，思考该定制旅游产品景区节点规划是如何体现主题体验元素的。

训练项目

自检自查：学生完成以上训练项目，请扫描二维码上传作业，上传后即可获取参考答案，对照参考答案，分析自己对知识点和技能点的掌握程度。

（三）定制旅游产品餐饮、住宿节点的规划

1. 餐饮、住宿节点

（1）旅游餐饮。旅游餐饮是旅游者重要的需求内容。旅游团队餐分为早餐和正餐，正餐包括中餐和晚餐。早餐一般含在饭店的房费中，星级饭店的早餐一般采用中式圆桌餐或中西式自助餐，涉外饭店会以点套餐的方式供餐。午晚餐为正餐，应荤素搭配，有冷菜有热汤，加水果。风味餐为旅游团队餐的较高级别，用餐标准高于普通团队餐。

除了餐食之外，旅游餐厅的卫生状况、面积大小等硬件设施，以及周边配套比如停车场也很重要。许多餐厅本身就是一个景点，还有一些餐厅兼具表演秀场的功能。旅游餐厅可以分为一般餐厅、景点餐厅、秀场餐厅与饭店餐厅4类。

（2）旅游住宿。旅游住宿包括饭店、度假村（山庄）、招待所、家庭旅馆、青年旅舍、大众旅社、疗养院、出租公寓、温泉酒店、汽车旅馆等。按照饭店的用途、功能和设施的不同，可将其分为5类。

① 商务型饭店。商务型饭店为那些从事商务活动的客人提供住宿、膳食和活动场所及有关设施。饭店的地理位置位于市中心，饭店的服务项目、服务质量和服务水准较高，饭店的设施舒适、方便、安全。

② 度假型饭店。它以接待休假的旅游者为主，多兴建在海滨、温泉、风景区附近。其经营的季节性较强。度假型饭店要求有较完善的娱乐设备。

③ 长住型饭店。为租居者提供较长时间的食宿服务。此类饭店客房多采取家庭式结构，以套房为主，房间大者可供一个家庭使用，小者有仅供一人使用的单人房间。它既提供一般饭店的服务，又提供一般家庭的服务。

④ 会议型饭店。它是以接待会议旅游者为主的饭店，除食、宿、娱乐外，还为会议代表提供接送站、会议资料打印、录像摄像、旅游等服务。要求有较为完善的会议服务设施（大小会议室、同声传译设备、投影仪等）和功能齐全的宴会厅与娱乐设施。

⑤ 观光型饭店。主要为观光旅游者服务，多建造在旅游景点附近，经营

特点不仅要满足旅游者食、住的需要，还要求有公共服务设施，以满足旅游者休息、娱乐、购物的综合需要，使旅游生活丰富多彩并得到精神上和物质上的享受。

按饭店建筑规模，即以客房和床位的数量多少，可将饭店区分为大、中、小型3种，小型饭店，客房在300间以下；中型饭店，客房在300~600间；大型饭店，客房在600间以上。

2. 餐饮、住宿节点的选择

（1）餐饮节点的选择。

安排餐饮的原则是：卫生、新鲜、味美、量足、价廉、营养、荤素搭配适宜。安排餐饮时还应考虑餐饮点的地理位置和开放时间，与当日游览点的距离，以及交通的便利性。还应本着合理而可能的原则，满足旅游者对美食的需求。可以考虑安排当地风味特色餐饮，例如，以民俗风情、土特产、农家菜为特点的餐饮，也可以安排建筑风格独特，以及用餐礼仪和饮食文化具有观赏性的餐厅。在安排团队餐的时候，还应考虑特殊旅游者的特别要求，不可以千篇一律。应充分了解旅游者的饮食禁忌。

在安排餐厅时，应注意以下问题：在安排一般餐厅时应了解该餐厅是否曾经获得过该国家或地区的餐食奖项，优先选择可以欣赏景观的餐厅，关注餐厅装潢与设计，了解餐厅停车是否方便，了解餐厅的容纳量和卫生条件。

在安排景点餐厅时，应考虑景点餐厅的建筑特色、是否适合观景、餐厅与外部交通的连接、餐厅提供餐食的性价比。在安排秀场餐厅时，应注意此类餐厅的价格会偏贵，需要了解其价格构成、表演节目的内容、用餐方式、主食菜色与副餐或饮料等。

一般而言，大多数的早餐会安排在旅游者所住饭店的餐厅，所以必须了解餐厅的硬件设施与景观、开放时间、团队处理模式与容纳量。餐厅的硬件设施与摆设会影响用餐感受；而餐厅的开放时间如果无法配合行程的安排，就要为旅游者准备餐盒；国外的部分饭店会将散客和团队客人分开服务，需要提前和餐厅预订客人用餐的时间和桌位；餐厅如果容纳量有限，还需要说服旅游者分批用餐；对于早餐餐食的内容也需了解，以便对旅游者进行说明。

（2）住宿节点的选择。

安排旅游住宿的原则通常是安全、卫生整洁、经济实惠、服务周到、美观舒适、位置便利。应尽量避免在住宿条件差的地区停留过夜。

饭店的地理位置会影响饭店价格、旅游时间、行程顺畅度与旅游产品的价值等，因此非常重要，旅行策划人员必须深入了解。同等级的饭店，在主要观光城市市中心的饭店会比在郊区的饭店贵，但是可以节省进出城市的车程时间，提升旅游顺畅度。所选用的饭店地理位置必须配合旅游产品的行进路线与景区的相关位置，决定饭店地点后再选用餐厅，避免为了用餐而增加太多不必要的车程时间。

须事先了解饭店的设施，以便运用在不同住宿需要的旅游产品之中。如房间设施、饭店康乐设施以及周边配套设施，饭店的特殊设施需要重点了解，如是否有大型宴会厅、是否配套高尔夫球场、健身房、游泳池、保险箱等。饭店的房型和床型若有特异之处，也需向旅游者做事先说明。对饭店在特殊季节是否会关闭，或者部分设施在特殊季节是否会关闭，也需要事先向旅游者说明。旅行策划人员还应注意，不应采用地下室房间或半地下室房间。尽量不采用阁楼房和无窗房。不要采用周边有噪音或刚刚装修好还有气味的房间。在同一饭店，若有主副楼之分，应根据团队住宿标准来分配主副楼客房。采用的饭店及周边环境，应便于用餐、购物、娱乐及旅游行程安排。

（3）餐饮住宿节点的规划。

在安排餐饮住宿节点时，为考虑行程的顺畅，应尽量临近旅游景区节点或者顺路。旅行策划人员必须收集景区节点附近的餐厅与饭店的资讯，确认餐食的品质、价格与用餐环境是否能满足旅游者的要求，饭店方面要考虑设施、价格、特色与等级，同时必须确认接待人数的容纳量，不宜安排规模小的简陋饭店。餐饮住宿节点的规划要结合旅游产品行程安排的需要，住宿节点需要尽早确认其所处的区域，以便确定行程的编排顺序。

（4）根据定制旅游产品主题，规划餐饮住宿节点。

餐饮住宿节点的规划，应考虑定制旅游产品的主题，要配合主题安排有相应特色的节点，还应充分尊重旅游者的喜好。例如，对于愿意享受品质设施的旅游者，可以安排高星级饭店，对于喜欢在冬季享受温泉浴的旅游者，可以安排温泉饭店。位于市中心的经济型或者精品特色饭店，适合喜欢都市风情的旅游者居住。位于郊区的度假村，空气清新、设施齐全的话，适合慢节奏的旅游者入住。喜欢乡村生活的旅游者，如果在保证定制旅游产品行程顺畅的前提下，可以安排住民宿。

餐饮住宿不仅仅是旅游产品的构成要素，如今，餐饮住宿等要素企业逐步扩充自身经营业务范围，更加注重旅游体验价值的提升，渐渐成为混业经营的旅游综合体，在旅游产品节点中占据着更加重要的位置。定制旅游产品在规划餐饮住宿节点时，应考虑其赋予旅游者的主题体验价值和审美意蕴。例如，南京市网红美食点主要集中在鼓楼区、建邺区、秦淮区、江宁区，包括新街口—大行宫片区、鼓楼广场—玄武湖片区、龙江片区、山西路—湖南路片、河西奥体中心片区。1912 酒吧街区作为网红美食的重要集聚点、明瓦廊作为网红小吃店的重要集聚街区受到人们的广泛欢迎。南京大牌档、十八拍音乐餐厅、水岸花季餐厅、碉堡烤鱼和科巷网红小吃市场等名闻遐迩。这些片区还分布着南京的标志性旅游景区，如夫子庙、中山陵、老门东、总统府、玄武湖、明孝陵。旅行策划人员可以将坐落在知名景区附近的网红美食店作为餐饮节点，结合旅游者对南京市的认知意象和景区偏好，将网红美食店纳入定制旅游产品中。

近年来，非物质文化遗产项目转化为旅游产品资源速度加快。旅行策划人员在规划餐饮住宿节点时，应更注重当地文化体验。所选择的餐饮节点应更具有地方特色，要让旅游者在品尝美食的同时，了其起源、发展等文化内涵。在餐饮场所的选择上，对于不同类型的非物质文化遗产美食应采取不同的体验方式，对于走进了各大酒店、餐馆的非物质文化遗产美食而言，可以增加菜品的现场制作环节与烹饪表演，展示当地特有的菜品制作过程；对于部分保留传统制作工艺的非物质文化遗产美食来说，可以选择具有代表性的场所，使旅游者能够亲自前往参观体验，更好地了解其文化内涵。旅行策划人员规划住宿节点时，可以选择文化主题酒店或者当地特色民宿。作为旅游者体验当地生活的重要场所，住宿场所的外部建筑风格、室内陈设应体现当地原汁原味的文化特色。旅游者入住之后，可以安排当地的非物质文化遗产体验活动，使旅游者能够更加了解当地的文化。

（四）定制旅游产品交通集散节点的规划

1. 交通集散节点

旅游交通既包括城际之间交通（外部），又包括在观光区域内的漫游活动（内部），旅游交通是旅游目的地可进入性的基本保障，发达的对外交通对于外地旅游者起到一定的吸引作用，便捷的内部交通则可以使旅游更通畅、更省时。旅游交通是一个系统，包含旅游交通工具、旅游交通路线、旅游交通设施、旅游交通服务。旅游交通系统的建设要围绕旅游目的地体系中的各类旅游吸引物，建设主干道、次干道，形成区域内交通齐全、方便、快捷、安全的旅游综合交通网络体系。旅游交通系统建设还要解决旅游功能配置问题，重点建立和完善主要交通路线上旅游标牌标志、休息服务、汽车营地、医疗救护点、通信网络、旅游购物、旅游厕所等配套服务设施，满足团队和散客旅游的需求。

旅游交通集散节点主要是指旅游交通系统中方便旅游者集散的网络节点，包括大型机场、火车站、客运码头等，也包含旅游交通路线中的各个停留点。交通集散节点的规划应确保旅游者“进出方便，来去自由，集散随意”。

2. 交通集散节点的选择

（1）旅游交通系统中方便旅游者集散的网络节点的选择。

以航空交通的组合为例，要了解航点是直飞或转机、是一家航空公司或多家航空公司、是单一航空或多家竞争。一般而言，直飞的线路操作风险较小，转机线路的不稳定性较直飞大，而且转机点越多，其不稳定性就越大。在成本、机位取得或目的地特殊等种种因素的考量下，在必须使用转机的方式的情况下，最好使用同一家航空公司或是可以代码共享的航空公司转机，这样行李可以直挂。尽可能用同一机场转机，若为不同机场，转机时间要充足。全世界的机场都有转机时间的相关限制规定。旅游产品大交通的航线，需要确定有哪些航空公司在飞，是只有单一航空公司还是多家航空公司参与竞争。单一航空公司在飞时，竞争者少，取得机位的困难度较大；多家竞争时，可以降低成本，机位供应量较大，选择余地较大。航班时间应选择最适宜出行时段，如下飞机后还有游览的时间，这就可以提高体验度。航班的连续飞行时间如过长，尤其是中南美洲、欧洲多国或非洲多国的游程，因为飞行时间都比较长，要选择较大的枢纽港口转机，可选择余地才大。

（2）旅游交通路线中各个停留点的选择。

以陆路交通路线停留点的选择为例，要考虑交通工具和道路条件，要充分了解道路条件，不能仅以标有里程数的地图当作参考，不可忽略当地的路况与海拔高度差异。除此之外，还必须注意当地的相关限制规定，如最高车速限制、司机工时限制、停车限制、旅游客车大小限制、旅游客车可以上高速的时间等。最高车速限制是必须要了解的基本的信息，由各种道路的最高时速限制可以大致推算出该路程所需的行车时间。在安全的考量下，行车时间不可以超过当地司机的限制工时。许多景区都有停车限制，要考虑因此花费的时间或成本。陆路交通路线停留点的选择要能够实现“游长旅短”“游旅结合”“舒适便捷”的目的。

（3）交通集散节点的规划。

交通集散节点在旅游产品行程编制中非常重要，因为草率规划交通路线将容易造成旅行时间的浪费，而且增加成本，增加旅游者的劳累感。

交通集散节点的规划，主要决定因素是交通工具的选择和交通路线的安排。

一般而言，交通工具的选择要考虑两地之间的直线距离。一般情况下，直线距离在 250 千米以内的短途旅游，汽车是主要的交通手段，火车为辅助；直线距离在 1 000 千米以上的远距离旅游，飞机是主要的交通方式，火车为辅助；对于 250~500 千米的中等距离出游，火车为主要交通方式，汽车为辅助；对于 500~1 000 千米的中长距离出游，火车为主要交通方式，飞机为辅助；一些沿海、沿江的旅游目的地还开辟有轮船交通。但是，交通工具的选择又并不一定取决于两地之间直线距离的长短，还受制于地理环境、安全保障、旅游者的时间和费用的预算、出游乐趣、出行效率等因素。

从安全的角度考虑，飞机优于火车，火车优于旅游客车。旅游者的出行时间如果充裕的话，可选择火车、汽车、轮船等交通工具，而不必选择飞机。这不仅从经济上考虑，这种选择还可以丰富旅行生活，增加沿途的观赏内容。由于不同交通工具之间的价格差异较大，所以旅行策划人员在选择交通工具时要考虑旅游者旅游费用的预算，一般而言，飞机、汽车较贵，火车与轮船较便宜，如果是长途旅行，也可以互相搭配、交替使用不同的交通工具；出游的乐趣包括享受旅游目的地富有特色的交通工具，沿着特定的交通路线一路赏景。出游效率方面，一般人认为飞机比火车要快捷，但是如果旅游者出发的城市交通拥堵，从市区去机场的时间较长，加之旅游旺季航班延误，坐飞机也许还不如坐高铁快捷。因此，旅行策划人员在选择交通工具的时候，应该综合考虑各种因素。

选择了交通工具后，交通路线的安排至关重要。第一，旅行策划人员要善于利用旅游地图规划交通路线。好的旅游交通地图的标志要明细，说明要清楚，要标明城市之间的实际里程数；标明景区的名称、位置；标明黄色或绿色线的高速公路网络线；区分省份界线、口岸边境；标明铁路、河流等明显标志；安插主要城市的旅游简图；标明待建公路、收费站、机场、主要建筑物；标明省会、市、县、镇名称，以及国道、省道、县道标志。第二，旅行策划人员要考虑总体旅游产品行程规划的时间。如果时间较紧，要考虑最短距离的路线安排。第三，景区节点的区位分布也是要考虑的因素，如果要参观的景区节点的区位集中在同一路线上则为单线式，如果景区节点间因为地形阻挠而需改变路线则为环绕式或放射式。旅游者若出于欣赏风景的需要，特别要求经过景观优美的交通路线，旅行策划人员应在经费和时间允许的前提下尽量满足其要求。

（4）根据定制旅游产品主题，规划交通集散节点。

交通集散节点的规划要处处与定制旅游产品的主题相吻合，从旅游道路的走向、旅游工具的选择和旅游设施的构造上都要与定制旅游产品的主题相呼应，营造一致的旅游体验氛围。

二、根据定制旅游产品主题设计具备峰值体验的活动

（一）峰值旅游体验

微课：专项旅游产品的体验活动设计

旅游体验主要指旅游者的体验，而非旅游相关者的体验。从过程的层面来看，旅游体验是复杂的情感过程，旅游体验过程既包括旅游者在旅游活动中的“直接观察或参与”“观赏、交往、模仿和消费”“寻找”等实际的身体力行的实践过程，也包括旅游者并未付诸具体行动的想象与憧憬行为。从结果的层面来看，旅游者投入大量的财力和时间参与旅游活动是为了换取一次圆满的旅游经历和深刻的内心感受，以实现精神世界的满足与升华。旅游体验结果既包括对某次具体旅游过程的实际“感受”“结果”和“改变”，也包括旅游体验过

程所期盼的归属感、认同感以及在此基础上的精神升华。因此，旅游体验实际上就是旅游者在旅游活动中由感动到心动的身心感受和体悟的过程，既包括对旅游活动的参与过程，也包括这一参与过程的结果。当然，由于旅游者个人的经历、经验、身份、地位、兴趣、爱好以及教育程度等的不同，旅游体验的层次、强弱等均会有所差异，从而使得旅游体验呈现出多样性和丰富性。

旅游体验具有主观性、情感性、参与性、延续性等特点。旅游体验是一种主观判断，与旅游者个体特质紧密相关；旅游者的情感调动有利于提升体验质量；对旅游者而言，只有积极参与旅游体验活动，悉心解读与品味旅游对象所展示和传递的文化底蕴，才能获得与自然、文化相融合的审美感受和情感体验；旅游体验的自我感知以及与旅游目的地文化的交流融合，都具有延续性，既对旅游者个人未来的生活与学习产生一定的影响，也为下次的旅游决策、感受和评价奠定了基础。

心理学上的峰终定律阐释了人对体验的记忆由高峰和结束时的感受决定。根据峰终定律，用户体验的关键点就是“高峰点”和“终点”，因为用户对这两个关键点体验的记忆最为深刻。在定制旅游产品设计中，旅行策划人员须确定体验活动的高峰和终点体验值。体验高峰点，即峰值旅游体验，是旅游者记忆最深刻的体验之一；而终点体验值通常是旅游者，使用结束时的感受。

（二）设计具备峰值体验的活动

1. 旅游体验活动主题化

旅游体验活动的设计必须以旅游者的异质需求为出发点，遵循定制旅游产品的主题性原则和差异性原则，强化自身特色，塑造独特的旅游吸引力，营造独有的体验环境与体验氛围。旅行策划人员需要熟悉定制旅游产品的旅游目的地，挖掘地域文脉，在定制旅游产品中凸显区域文化的独特脉搏，并组合和搭配知名度高的人文景点、自然景观小众景点，最大限度地展现自然之美、发挥历史人文元素和主题体验元素带来的特殊价值。

2. 旅游体验活动的可参与性设计

互动是旅游者推进体验演进的灵魂。旅游体验活动开发的重心在于体验、主题、真实的场景与旅游者的相关性。一方面，只有赋予体验活动真实的场景，才能激活旅游者的主动性，引发其内心的热烈反响，从而使其积极参与到体验活动中；另一方面，只有相关性大的产品才会使旅游者得到强烈的情感体验。以文旅融合类体验式活动设计为例，旅游者对文旅融合类活动的参与方式主要有文化解读式参与和文化体验式参与两种。文化解读式参与即旅游者通过对旅游体验对象外在形式及其文化蕴涵的认知、体会和领悟，进而将自然与社会、历史与现实、主体与客体相互融合，使自身在获得美感享受的同时，拓展认知、陶冶情操、净化心灵和升华境界，例如，旅游者游览名山大川，畅想古今未来。文化体验式参与即旅游者通过亲身参与旅游地的民族与民俗文化活动、融入当地居民的日常生活等方式体验和领悟旅游地民族文化的精髓。例如，成都杜甫草堂的诗圣文化节通过举行“草堂唱和”诗歌朗诵会、诗圣生活体验、蹴鞠体验、古代投壶体验、灯谜竞猜等民俗活动，将成都民俗文化形象全方位、动态化地展现给国内外旅游者，深受旅游者的欢迎。

3. 旅游体验活动对五感的调动

旅游者在进行旅游体验时，调动的嗅觉、听觉、触觉、味觉、视觉这五感越是丰富，越是容易获得峰值体验。五感的调动源于体验的差异性和审美愉悦，旅行策划人员应营造出与旅游者日常生活经验迥异的体验场景，并设置若干个触发点。为提升旅游者的峰值体验，旅行策划人员在选择活动场所时，应关注体验式活动场所的设施、氛围、景观设计以及文化展示的视觉元素。同时，旅行策划人员可以考虑拓展单一旅游产品构成要素的内容，活化其要素呈现的形式，调动旅游者的感官。例如非物质文化遗产体验，非物质文化遗产指各国各族人民世代相承的、与群众生活密切相关的各种传统文化表现形式（如民俗活动、表演艺术、传统知识和技能以及与之相关的器具、实物、手工制品等）和文化空间，旅行策划人员可以将非遗体验巧妙融入旅游行程中，成为体验式旅游活动。去藏区体验做藏香、木碗、弩弓、纺毛线、织布，去丽江学习东巴文字等，都是令人印象深刻的体验项目。

4. 强化旅游体验活动的延续性功能

旅行策划人员应关注旅游者的感觉，提高服务品质，转换传统思路，在服务中融入更多体验成分，提倡品质服务与人性化的服务。服务品质的提高与拓展不仅能够加大旅游者对旅游体验活动过程的感知，而且能够延续产品使用后的回味。

三、撰写定制旅游产品说明书

定制旅游产品说明书是旅游者了解旅游产品的重要媒介。旅游产品是无形的产品，且产品生产和消费的过程是同步的。定制旅游产品说明书须说明产品所能赋予旅游者的核心利益和体验价值，以利于保障旅游者的权益、增强旅游者的购买信心。

（一）定制旅游产品说明书制订的原则

结合《旅游法》、中华人民共和国旅游行业标准《包价旅游产品说明书编制规范》（LB/T 072—2019），定制旅游产品说明书的制定需遵守以下原则。

1. 诚信和规范原则

旅游行程单是旅游者旅行的指南，也是定制旅游产品说明书的重要内容，旅游行程单的制作要遵守相关的法律法规。《旅游法》第五十九条规定，旅行社应当在旅游行程开始前向旅游者提供旅游行程单。旅游行程单是包价旅游合同的组成部分。因此，旅游行程单的制订务必符合法律、法规的要求，须说明旅游行程的出发地、途经地和目的地；旅游行程中交通、住宿、餐饮服务安排及其标准；统一安排的游览项目的具体内容及时间；旅游者自由活动的时间和次数。

2. 客观、真实原则

定制旅游产品说明书对旅游产品形象的表达要恰如其分，应客观、全面地说明旅游产品内容。定制旅游产品说明书应真实表述旅游行程中涉及的交通、住宿、餐饮、游览、娱乐、购物等具体标准和安排；用语应严谨规范，避免歧义和误导，不做虚假、夸大或模糊表述；推荐介绍具有特色的旅游项目，应考虑可能无法实现的情况。

3. 有形化原则

旅游产品是属于亲身体验的产品，旅游者尚未体验就要支付费用。因此，定制旅游产品说明书制作时，必须将旅游产品有形化。其重点在于对所有包含内容要有具体的描述。值得注意的是，行程衔接信息也要作说明，主要包括主要景点之间的衔接信息、景点游览时间。

4. 吸引力原则

定制旅游产品说明书是面向旅游者推介旅游体验的载体，要善于为旅游者制造美好的梦境，激发其出游的兴致。因此，对旅游产品价值与特色的描述要加强。在文案写作方面，图文并茂，语言优美，尤其是对旅游目的地和旅游景区的描述，要呈现出鲜明的形象和独特的吸引力。

（二）定制旅游产品说明书的内容及制订要点

结合《旅游法》、中华人民共和国旅游行业标准《包价旅游产品说明书编制规范》（LB/T 072—2019），定制旅游产品说明书的内容及制订要点如下：

1. 产品名称

定制旅游产品的名称应与旅游合同中注明的旅游产品名称保持一致。定制旅游产品的名称，可以考虑包含以下内容：“旅游目的地国家或地区名称 + 行程天数 + 必要的产品特色描述”进行表述。

定制旅游产品名称中包含的旅游目的地国家或地区的名称应当规范、准确，宜使用国家或地区的全称，使用简称时应避免引起误解和歧义。旅游行程天数应按自然日计算，包括旅游者搭乘交通工具的时间，不足 24 小时的以一日计。标明交通工具的文字，包括首道交通工具或者往返交通工具的文字，如“双飞”“双卧”等。定制旅游产品名称中不得使用他人已经取得注册商标的名称用语。

定制旅游产品名称中产品特色描述可以采用以下方法来提炼：根据旅游资

源类型来描述，如“非遗之旅”“古建筑园林之旅”等；还可以根据目的地特色来描述，如“老绍兴、最江南”；还可以根据特色活动主题来命名，如“旅拍”“摄影”“寻古访幽”等。

定制旅游产品名称可以运用主标题与副标题，主标题说明旅游目的地和旅游吸引物以及行程天数，关键信息一目了然，副标题则以营造旅游场景氛围的抒情文字为主，如中青旅 / 遨游网上的一个旅游产品的副标题“重返侏罗纪，夜宿博物馆，与恐龙做邻居”，画面跃然纸上，场景栩栩如生。

2. 行程特色

定制旅游产品说明书应该真实、客观、简洁地介绍该产品的行程特色，同时，对旅游行程的特色描述在产品实施时应该可以实现。

定制旅游产品的行程特色可以从以下几方面展开。

（1）旅游目的地的形象定位和特色资源。旅行策划人员要根据旅游者的需求，对旅游目的地形象定位进行主题化呈现，对特色旅游资源进行筛选和组合。还可根据目标市场和产品主题采用不同的叙事风格，或端庄，或淡雅，或厚重，或文艺，或幽默。

（2）旅游景区的特色和内涵。可突出旅游景区的历史文化、视觉效果、核心景观介绍、特色服务设施、体验活动项目；用语言简意赅、形象生动；要体现景区特质与旅游者需求的对应，如对于年轻旅游者，可以体现景区新潮时尚的元素，对中年知识分子，可以体现景区古雅大气、内涵深厚的特点。

（3）旅游餐饮和住宿、交通、娱乐的特色。适合用罗列方式，逐项描述其吸引力和亮点。

（4）旅游产品设计方面的特色。体现要素组合与衔接的特点、行程安排的特点、旅游服务设计方面的特点。例如，某加拿大旅游产品的旅游服务特色是这样表述的：“全程于酒店内享用丰盛早餐，轻松从容出游，有更多的观光时间。安排专人将旅游者行李送至房间，旅游者自己不用提行李挤电梯。酒店都位于主要游览城镇或景区附近，减少很多不必要的舟车往返。选派经验丰富的领队随团服务。航空组合便捷通达，节省大交通时间，航班舒适。”

3. 旅游行程单

（1）基本要求。旅游行程单必须包含以下内容。

① 旅游行程的出发地、途经地和目的地。② 旅游行程中交通、住宿、餐饮服务安排及其标准。③ 旅行社等企业统一安排的游览、娱乐项目的具体内容及时间。④ 旅游者自由活动的时间和次数。

旅游行程单中禁止使用不确定性用语，如“准 × 星级”“相当于”“× 星未挂牌”“豪华”“优秀导游（领队）服务”“参考值 × 星级”“当地 × 星”“预备 × 星”和对照非星级酒店的“与 × × 同级”的用语等；标明五星却并非全程挂牌五星酒店的；服务内容上禁止使用不确定性用语，如“以××为准”“仅供参考”“全包价”“半包价”“送保险”“含（赠送）旅游意外险”“含（赠送）旅行社责任险”以及将“机场建设费”和“燃油附加费”简称为“税”等；不得使用他人已经取得注册商标的名称用语。

旅游行程单中应当标明“注意事项”，就证件、住房、退费、门票优惠、保险及安全告知等事项作出简要说明提示。以上“注意事项”，连同旅游行程单中对旅游者发放的安全告知，应当从文字上完整地履行旅行社等企业为保证旅行安全顺利而应尽的告知义务。

（2）集合时间和地点。

① 集合时间。应写明集合日期及具体时间，并充分考虑行李托运、安全检查、海关检查、边防检查、检验检疫等因素对乘机、车、船时间的影响。如航班、车、船出发时间为凌晨而集合时间为前一天夜晚的，应以适当方式特别提示。集合时间应以 24 小时制表示，并注明凌晨、上午、下午、晚上等。

② 集合地点。应以方便旅游者识别的方式写明，如写明机场、火车站等某处有明显标志性建筑物的地点。不宜以临时性的建筑物、构筑物作为集合地点。在机场、车站、港口集合的，应写明具体的航站楼或具体入口；同一城市有两个以上机场、车站、港口的，应特别说明和提醒。

③ 结束时间和地点。应写明结束日期及时间，结束时间应以旅游者离开旅行社等企业安排的最后一个交通工具计算。应写明结束地点，结束地点应选择方便疏散、便于旅游者接驳其自行安排的交通工具的场所，如机场大厅、火车站广场等。

（3）交通安排。

① 交通安排应具体明确，应包括乘坐交通工具的起止时间地点、交通工具的类型、舱位等级、交通工具上的服务项目等具体信息。乘坐的交通工具有中转、经停等情况的，应予说明。

② 交通工具为飞机的，应标注航空公司规范中文简称和规范英文代码；对航班机型等不确定因素应谨慎承诺。

③ 交通工具起止时间，应以 24 小时制标注，涉及时差的，出发时间应为出发地当地时间，到达时间应为到达地当地时间；如涉及日期增减的，应在相应时间后标注，如“14：00＋1 天”（表示目的地时间为下午两点，但比出发地时间早一天）。

④ 宜将交通工具上是否提供餐饮的情况进行说明和提醒。应对经济型航班不提供餐饮等服务的特殊事宜进行说明。宜将交通工具运行时间在旅游行程单中进行说明和提示。

⑤ 旅游目的地国家或地区法律对司机工作时间有限制的，或出于环保考

虑，旅游车辆停驶期间需要关闭空调的，相应情况均应在旅游行程单中对旅游者进行提示。

（4）住宿安排。

① 宜将住宿场所的地址、特色等，在旅游行程单中进行规范描述和介绍。应写明住宿场所名称或官方评定等级。以官方评定等级表述的，应有有效证据证明；住宿场所等级为非官方评定的，应对评定机构进行特别说明，如 ×× 协会 /×× 同业公会 /×× 网站等评定，并有有效证据证明。

② 宜将住宿场所的具体位置、距市中心以及车站、机场、港口或行程中主要观光游览地点的距离注明。宜通过图片、网页链接等形式，将住宿场所的具体信息向旅游者进行直观展示。应将住宿场所是否提供免费早餐以及入住、退房时间等重要信息在旅游行程单中说明。

（5）用餐安排。用餐安排的描述宜包括餐饮服务单位的规范名称、等级标准、用餐标准、用餐特色等。餐饮服务单位的规范名称宜使用规范全称，可使用通用字号。宜注明就餐场所的具体地址。就餐标准应全面、具体；宜体现人均餐费标准。桌餐应注明每桌就餐人数及餐饮数量或品类。

（6）游览安排。应将每日游览内容进行具体、详细的表述，包括但不限于：游览景区（点）的名称、游览日期、游览时间。宜对景区（点）的特点进行介绍。对行程中各景区（点）的表述应确保可实现，不应将日出日落、海水潮汐、极光星象、动物迁徙等不可控因素作为旅游景点的确定性表述。应注明游览景区（点）的规范名称，并应详细说明游览的区域、范围。以车览、外观、远眺方式进行景区（点）游览，不入内参观的，应予以说明。景区（点）游览的时间应以“不少于 × 小时（分钟）”的方式加以说明。应将游览过程中自由活动期间进行说明和告知，宜注明自由活动的时长、集合时间和地点。宜对自由活动期间旅游者可自行选择游览或参加的旅游项目进行适当提示和说明，但不宜在自由活动期间向旅游者推荐高风险项目。

（7）娱乐活动。

① 旅游行程中列示的娱乐活动应健康、文明，符合中国和旅游目的地法律规范和公序良俗。

② 应将娱乐项目的名称、内容、时间、活动场所等内容进行规范说明。应对需要旅游者参与其中的娱乐活动进行说明，并进行必要的提醒。娱乐活动应选择风险可控的项目。安排高风险项目的，应对参加高风险项目的注意事项、安全提示、风险后果、相关保险产品等进行详细说明和告知。

（8）旅游费用。

① 应对旅游费用进行说明。

② 费用说明一般应包括“旅游费用包含内容”与“旅游费用不包含内容”

两部分。安排有导游提供服务的，应说明导游服务费用的金额或标准；可采取每名旅游者每天费用标准，或每名旅游者全程导游服务费的标准进行标注。

③ 应将以下所包含的旅游费用项目进行说明。

a. 导游、司机服务。

b. 餐饮安排。

c. 交通安排。

d. 景区（点）门票。

e. 住宿安排。

f. 娱乐项目。

g. 签证、签注服务等。

④ 宜将以下所不包含的旅游费用项目进行说明。

a. 人身意外伤害等保险费用，并应书面建议旅游者购买。

b. 需要自行办理旅游证件的费用，如护照、通行证等。

c. 单间差及加床费用。

d. 合同约定的另行付费旅游项目费用。

e. 自行安排活动期间产生的费用。

f. 旅游过程中发生的旅游者个人费用。

g. 合同及旅游行程单未约定由旅行社等企业支付的其他费用。

（9）旅游注意事项。

① 行前准备的说明。

a. 旅游行程单中应对行前应注意和准备的事项进行说明。应提醒旅游者在出发前准备好相关旅游证件、票证，并在旅游过程中随身携带。应将旅游目的地天气、治安、货币兑换、时差、通信费用标准等信息向旅游者进行告知和说明。应提醒非出发地城市居民的旅游者提前到达出发城市。

b. 出境旅游的，应在旅游行程单中对安检、边检、海关、检验检疫等出入境手续向旅游者进行说明。对外籍或港澳台旅游者参加出境旅游团队的，应在说明书中提示自查证件有效期，并确保其证件可再次进出境。出境旅游回程后，如部分国家或地区的签证或签注须销签的，应在旅游行程单中告知此信息，并提醒旅游者合理安排回程后的旅行证件使用。

c. 应根据具体旅游产品特色，提醒旅游者购买相应的保险。根据产品具体情况需要提示的其他信息，如旅游活动中对着装有要求的，应在旅游行程单中提醒旅游者提前准备。

② 旅游安全提示。

a. 应以独立章节，提醒旅游者在旅游过程中注意人身财产安全。

b. 应提示旅游者遵守当地法律法规，宜将旅游目的地与旅游活动相关法律规定做具体说明。

c. 应提示旅游者确保个人健康状况、年龄状况适宜参加旅游行程的各项活动；慎重选择水上、水下、高空、高速等高风险活动。

d. 应提示旅游者妥善保管旅行证件及贵重物品。

e. 旅游行程单中应注明常用的报警、急救等联系电话，以及旅行社等企业的紧急联系人和联系方式。

f. 应提示旅游者在旅游过程中保持联系电话畅通，并随身携带旅行社等企业紧急联系人的联系方式。

g. 出境旅游的，应提示旅游者完整填写并随身携带旅游者安全信息卡。出境旅游行程单中，应注明中国驻旅游目的地的使领馆或联络机构的联系方式。

③ 文明旅游提示。应写明中国公民文明旅游提示内容。应将旅游目的地与本次旅游相关的风俗习惯、礼仪禁忌等向旅游者进行告知和说明。可增加与旅游者文明旅游相关的法律、法规条文。

任务实施

认真阅读浙江捷程国际旅行社有限公司推出的“枕水西栅，乡艺乌村——浙江嘉兴乌镇文化休闲四日游”行程安排（详见表 3–1），分析该旅游产品如何根据主题对节点进行规划，并以第二天的行程为例，对其中部分具备峰值体验的活动进行细化，制订这些峰值体验活动的执行手册。

1. 该定制旅游产品的节点规划

“枕水西栅，乡艺乌村——浙江嘉兴乌镇文化休闲 4 日游”产品节点主要包括城市节点，景区节点，餐饮、住宿节点等。

（1）城市节点规划。由于该旅游产品针对北京年轻态文化休闲度假者定制，这些旅游者出游经验丰富、行程时间紧凑、出行目标明确，旅行策划人员设计行程从北京出发抵达杭州机场后直接通过旅游大巴转运到浙江省桐乡市乌镇，度假结束后由乌镇经杭州机场返回北京，放弃了杭州或其他城市旅游节点，为旅游者营造了乌镇一地的个性化和沉浸式旅游体验，切合了定制旅游者的休闲需求。

（2）旅游景区节点规划。5A 级旅游景区乌镇作为中国首批十大历史文化名镇和中国十大魅力名镇、全国环境优美乡镇，素有“中国最后的枕水人家”之誉。乌镇分为东栅、西栅和乌村 3 个相对独立的景区单元，由乌镇旅游股份有限公司统筹管理，均为具备食、住、行、游、购、娱全功能的旅游度假区。东栅景区以原汁原味的水乡风貌和深厚的文化底蕴，成为中国著名的古镇观光型旅游胜地，是大众旅游产品的常规选择。西栅以更具历史感的精美建筑和小桥流水体现了人和环境、自然、建筑的融洽和谐，融合了观光与度假功能，成为“观光加休闲体验型”的安谧绿洲。乌村则打破了中国乡村游的传统模式，采用一价全包旅游套餐，提供深入乡野的畅玩体验。旅行策划人员根据乌镇3个单元的各自特点，在景区节点重点选择以历史文化价值较高、休闲体验内容较丰富的水乡古镇西栅景区作为主要景区节点，辅以交通便利、乡土特色的江南村落乌村作为互补性景区节点，点缀东栅景区中最具文物价值的茅盾故居进行穿插，实现点面结合、突出主题、张弛有度的策划原则。

（3）住宿节点规划。根据产品主题和旅游者特征，该旅游产品选择西栅核心区的度假型酒店作为行程的唯一下榻酒店。酒店除拥有自身完备的度假娱乐设施外，整体空间完全融入了西栅的人文氛围中，处处皆景、出行便捷，真正实现了“枕水西栅”的产品创意。

（4）餐饮节点规划。该旅游产品行程涉及三早餐、四正餐的餐饮节点。正餐方面，除了第三天乌村一价全包的“一小时蔬菜”特色餐外，其余四餐均安排在西栅各具建筑风格和风味特色的主题餐厅。早餐方面，除了两次安排在度假酒店的标准中西自助餐外，特别设计了一次乌镇早茶客的体验餐，为最后一天返程的行程增加了一抹亮色，留下美好的回忆。

2. 设计峰值体验活动

本产品为年轻态文化休闲度假者定制，峰值体验的价值不在于惊心动魄，而在于深入人心。旅行策划人员基于定制旅游产品主题和旅游者需求特征、行程周期的约束和旅游目的地的资源禀赋，策划了不同时间节点和不同空间位置的峰值旅游体验活动。

旅游者在第一天的行程中经历了从北京的家到乌镇的“家”的舟车劳顿，不宜设计过多旅游活动。旅行策划人员设计游览乌镇最负盛名的东栅茅盾纪念馆，既让旅游者概览游人如织的东栅全貌，又聚焦重要历史文物，行程轻松，亮点突出，也为后续行程内容做了铺垫。

第二天的行程全部安排在安逸悠闲的西栅。上午，旅游者在导游带领下用脚步感受小镇古韵的同时，聆听西栅故事，认识西栅文化，了解体验项目。下午，旅游者可以在“古帖临摹＋拓印＋手工制陶”和“蓝印花布全程体验”的不同文化体验套餐中进行选择，也可以自行组合或参与汉服旅拍、泛舟西市河、听书看戏的自由行。温婉西栅的午后邂逅都市繁忙的旅人，与君初相识，犹如故人归。

第三天行程在乌村的体验项目更加丰富多彩，童趣、农趣、闲趣，超过20个项目的选项，乌村首席礼宾官提供陪伴式服务，解说乌村特色，指导体验活动。都市旅游者在这一天，回归田园，放飞自我，做一回自给自足的现代乡下人。

第四天是返程日，在即将结束文化休闲假期前，旅行策划人员利用短暂的早餐时光，让旅游者再次融入小镇生活，感受烟火气，做回早茶客。带着“来过，就不曾离开”的惜别之情，踏上回家的路。

旅行策划人员充分利用了4天行程的时空转换，设计各具特色的体验活动，让定制旅游产品的旅游体验呈递进式提升，不断强化峰值体验，与终点体验值一起为旅游者留下美好深刻的记忆。

以下以第二天的“蓝印花布制作体验”为例，制订活动执行手册，如表3−6所示。

表3−6　活动执行手册

<table>
<tr><td>活动主题</td><td colspan="3">蓝印花布制作体验</td></tr>
<tr><td>活动目标</td><td colspan="3">通过对西栅草木本色染坊的走访和下午蓝印花布的制作体验，了解蓝印花布历史价值、制作工艺和审美意境，初步掌握蓝印花布的制作程序，完成DIY自制作品，带给旅游者亲身参与传统工艺作品创作的高峰体验，激发旅游者保护和传承非物质文化遗产的意识和热情</td></tr>
<tr><td>活动要点</td><td colspan="3">活动重点：蓝印花布制作体验
活动难点：蓝印花布成品品质
安全隐患：染料污染皮肤或服饰
适宜季节：全年
活动时长：约120分钟
参与对象：对蓝印花布有体验兴趣的旅游者
活动地点：乌镇西栅草木本色染坊</td></tr>
<tr><td>活动环节</td><td>时间安排</td><td>具体内容</td><td>备注</td></tr>
<tr><td>走访体验点染坊</td><td>上午观光行程</td><td>通过对昭明书院、灵水居、草木本色染坊等相关体验点的走访和探索，介绍各体验活动的历史背景、制作工艺和审美价值，观察和了解旅游者对不同体验活动的态度和兴趣</td><td>导游引导、导游介绍、工坊配合</td></tr>
<tr><td>征集参与者</td><td>午餐前</td><td>针对上午参观走访的印象，征询旅游者体验套餐选择并进行记录</td><td>导游与旅游者沟通确认</td></tr>
<tr><td>确认活动</td><td>午餐中</td><td>与相关工坊进行体验活动的人数、时间等细节确认</td><td>导游与工坊沟通确认</td></tr>
<tr><td>引导前往</td><td>午餐后</td><td>带领旅游者前往各个体验点，与工坊交接，交代注意事项</td><td>导游引导</td></tr>
<tr><td>印染体验</td><td>下午体验时间</td><td>通过纹样设计、刻花稿、涂花版、拷花、染色、退浆、清洗、晒干八道工序体验蓝印花布的制作</td><td>工坊主导、旅游者参与</td></tr>
<tr><td>活动总结</td><td>体验结束后</td><td>引导旅游者分享蓝印花布制作体验的经历和感受，总结、评价与鼓励</td><td>导游与旅游者互动</td></tr>
</table>

任务评价

定制旅游产品行程规划是较为复杂的技能点，需要学习和掌握节点规划、游时设计、行程编排的顺畅性和完整性等知识，还需要学习和掌握产品要素主题化提炼及组合、体验活动策划、旅游产品说明书写作等知识，再结合定制旅游产品生产商的生产实际进行技能训练。本工作任务以浙江捷程国际旅行社有限公司推出的“枕水西栅，乡艺乌村——浙江嘉兴乌镇文化休闲四日游”为例，分析了相应的知识点和技能点，为了重点训练关键技能点，设置了“自主训练与拓展”环节，学生按照要求完成训练项目，通过扫描二维码上传作业，即可获取参考答案进行对比分析。通过理论知识和实操技能训练一体化的学习，实现知识的迁移和技能的提升。

思考与练习

如何根据定制旅游产品主题设计具备峰值体验的活动？请以手工艺制作体验类活动设计为例做具体说明。

工作任务三　定制旅游产品定价

任务引入

认真阅读浙江捷程国际旅行社有限公司推出的“枕水西栅，乡艺乌村——浙江嘉兴乌镇文化休闲四日游”信息（详见表3-1），思考如何预判该旅游产品的战略性价格，并根据市场竞争情况制定该旅游产品的战术性价格；挖掘该旅游产品独有的利润来源，并分析其创利稳定性。

任务分析

产品价格的制定是交易双方博弈的过程。定制旅游产品战略性价格的预判，以及战术性价格制定的过程中，定制旅游产品生产商努力要达到目标销售量、获取目标销售收入和市场占有率，而旅游者则试图使自己对利益的感知和货币价值最大化。而对于定制旅游产品生产商而言，挖掘定制旅游产品独有的利润来源，并分析其创利稳定性，是价格制定的重要依据。要完成以上任务，需要学习相关知识。

知识链接

定制旅游产品的价格是连接产品供求关系的纽带，定制旅游产品价格不仅涉及定制旅游产品生产商的盈利与可持续发展，还对资源配置的效率有着重要影响，是定制旅游市场运行的指示器和调节器，具有综合性、复杂性、波动性等特点。

一、评估定制旅游产品目标客户在一定时间内所能承受的价格上限

定制旅游产品目标客户对产品价格的认知，一方面决定于其对定制旅游产品价值的评判，另一方面，也受到市场上可与之比较的同类产品价格的影响，还受到定制旅游产品供求关系以及产品成本波动的影响。旅行策划人员在评估定制旅游产品目标客户在一定时间内所能承受的价格上限时，可以从以下几个方面去考虑。

（一）定制旅游产品目标客户对产品价值的评判

目标客户感受到的每单位货币获得的旅游产品利益越多，其对定制旅游产品的价值评价越大。目标客户会从质量和数量对定制旅游产品进行价值评判。

质量和数量是目标客户衡量定制旅游产品行程安排的物理尺度。数量因子的计算相对简单。例如，距离：旅游者的旅行距离是多少？时间：旅程将花多少时间？活动：旅游中有些什么活动？进行活动的频率是多少？质量则是由定制旅游产品旅行和住宿设施的等级决定的。例如，选择头等舱的目标客户比选择经济舱的目标客户期望得到更高品质的产品；住五星级饭店的目标客户比住三星级饭店的目标客户期望得到更好的房间和服务。

只有在产品满足目标客户的某些根本潜在需求时，它们对其才有价值。只有在旅游产品所具有的那些特征能满足这些潜在需求时，目标客户才能感知到定制旅游产品的利益。

（二）定制旅游产品目标客户对市场上可与之比较的同类产品价格的评判

旅游产品的价格具有波动性和复杂性特点，以航空服务为例，多种价格结构、服务条件和折扣使价格体系变得很复杂。不同的航空公司有时为相同的两个城市之间的相同服务制定不同的票价，目标客户也习惯了货比三家。定制旅游产品生产商只有深入分析了旅游服务供应商价格的最新资料，才有可能为

目标客户提供最优价格。

定制旅游产品是组合式旅游产品。目标客户对价格的评判，不只是评判单项产品的价格。目标客户更关心定制旅游产品的总价。旅游旺季的时候，即使某单项要素旅游产品打折，其他要素旅游产品会涨价。因此，把包含各类旅游服务供应商的价格加总后得到总费用，才是确定最佳费用和价值的方式。

定制旅游产品的旅游服务供应商会在特定时间和特定场景下提供价格折扣。但是这些折扣通常具有一定的条件或限制，如提前预订或购买、及时支付、产品未被使用也不退款、特定日期才能享受折扣、消费的最长时间或最短时间。目标客户会综合考虑这些价格折扣的价值，例如，某海岛的冬季旅游比夏季便宜一半，但是喜欢避寒的客户不会选择，而只是想去一个新鲜地方逛逛的客户可能会选择。因此定制旅游产品生产商切忌只是以折扣低价来吸引目标客户。

值得注意的是，大多数客户并不了解定制旅游产品的隐性成本或者由于特别因素造成的价格提高，如旅游服务供应商的衍生服务、特需服务，天气变化或者意外事件造成的额外服务成本的增加等。

定制旅游产品生产商对产品价格的解析和说明会直接影响目标客户的评判。因此须慎重决定价格解析的内容和形式。向目标客户做同类产品比对时，可以借鉴以下知识卡片中的做法（见表 3-7～表 3-9）。

知识卡片

表3-7　包价旅游与散客旅游（旅游说明：两人去欧洲度假一周）

项目	散客旅游	包价旅游
两人打折机票	1 500美元	包括
7天宾馆	700美元	包括
转机	36美元	包括
城市交通	58美元	包括
有导游带队的旅游	38美元	包括
景点门票	25美元	包括
打折餐券	不能得到	包括
旅游指南和磁带	10美元	包括

续表

<table>
<tr><th>项目</th><th>散客旅游</th><th>包价旅游</th></tr>
<tr><td>总费用</td><td>2 367美元</td><td>1 800美元</td></tr>
<tr><td rowspan="6">优势</td><td>计划有弹性</td><td>预付——提前知道费用</td></tr>
<tr><td>旅行时有弹性</td><td>安排有保证</td></tr>
<tr><td rowspan="4">住宿选择范围大</td><td>税和小费包括在内</td></tr>
<tr><td>总额折扣</td></tr>
<tr><td>买景点门票不用排队</td></tr>
<tr><td>较低价格</td></tr>
<tr><td rowspan="2">劣势</td><td>较高价格</td><td rowspan="2">缺乏弹性</td></tr>
<tr><td>不能预先知道总费用</td></tr>
</table>

资料来源：詹姆斯·伯克，巴里·雷斯尼克．旅游产品的营销与推销［M］．北京：电子工业出版社，2004.

注：本知识卡片表中的价格仅供参考，若有变动，请以实际价格为准。

表3-8　直达和中转航班（旅游说明：从费城飞往芝加哥）

<table>
<tr><th>项目</th><th>直达航班</th><th>中转航班（经过克利夫兰）</th></tr>
<tr><td rowspan="3">价格</td><td>250美元</td><td>200美元</td></tr>
<tr><td>上午7：30出发</td><td>上午7：30出发</td></tr>
<tr><td>上午8：45出发</td><td>上午9：45出发</td></tr>
<tr><td rowspan="2">优点</td><td>旅行时间较短</td><td rowspan="2">较便宜</td></tr>
<tr><td>在克利夫兰不停留</td></tr>
<tr><td rowspan="2">缺点</td><td rowspan="2">价格较高</td><td>在克利夫兰可能停留</td></tr>
<tr><td>较长的时间</td></tr>
<tr><td rowspan="2">最适于</td><td>商务旅游者</td><td>想要便宜机票的旅游者</td></tr>
<tr><td>时间关键的情况</td><td>不受中转停留影响的人</td></tr>
</table>

资料来源：詹姆斯·伯克，巴里·雷斯尼克．旅游产品的营销与推销［M］．北京：电子工业出版社，2004.

表3-9　乘飞机和乘汽车旅游（旅游说明：从纽约至佛罗里达州坦帕市的单程游）

项目		乘飞机旅游	乘汽车旅游
每人费用		250美元	240美元（1 000英里（1英里≈1.609千米），单价24美分/英里）
			汽车旅馆（一晚）45美元
餐费		包括	餐费每人54美元
总费用	一人	250美元	339美元
	两人	500美元	393美元
优势		旅游时间较短	旅游行程和计划有弹性
		舒适	停留地点可适当增加
劣势		缺乏弹性	较长的旅行时间
			到达时司机可能疲劳
最适于的人群		商务旅游者	希望游览其他目的地的旅游者
		希望旅行时间最短的旅游者	有空闲时间的旅游者

资料来源：詹姆斯·伯克，巴里·雷斯尼克．旅游产品的营销与推销［M］．北京：电子工业出版社，2004.

（三）定制旅游产品目标客户对产品成本波动的认知

定制旅游产品成本受到内部因素和外部因素的影响。定制旅游产品目标客户对产品成本波动的认知，很多时候取决于目标客户获取资讯的完整性和真实性、准确性。

影响定制旅游产品成本的因素可以分为内部因素和外部因素。内部因素主要是指定制旅游产品组合的形式，趋于微观层面；外部因素主要是指自然条件、政治形势、经济现状、技术水平等因素，趋于宏观层面，定制旅游产品生产商无法左右，只能积极适应。

1. 影响定制旅游产品成本的内部因素

（1）定制旅游产品构成要素的类型和数量。同一旅游目的地，停留时间、消费水平不同，定制旅游产品构成要素的类型和数量不同，产品的成本不同。

（2）定制旅游产品构成要素的级别。定制旅游产品构成要素的级别影响产品的成本。同一地域范围内，旅游资源方面，5A级旅游景区门票价格高于4A级旅游景区。

（3）定制旅游产品的地域跨度。定制旅游产品的地域跨度不同，交通成本也随之变动。一般而言，距离越远，交通成本越高；反之，则交通成本越低。此外，地域跨度也会影响沟通协调和风险控制成本。一般而言，地域跨度越大，定制旅游产品生产商与目的地旅游服务供应商之间的沟通难度就越大，成本就越高，且对目的地的风险控制能力减弱。以出境游为例，定制旅游产品供应商就可能需要克服语言与时差障碍，需要熟知当地的法律、法规与风土民情，增加了沟通成本；出境旅游手续较国内旅游复杂，各项成本费用相对较高，一旦遇到不可抗力因素导致旅游行程取消，旅行社等企业面临的损失相对较大，因而风险成本较高。

2. 影响定制旅游产品成本的外部因素

（1）季节。淡旺季是影响定制旅游产品成本的最主要的因素之一。在旅游旺季，机票和酒店以及旅游客车的价格都比旅游淡季要高。

（2）汇率。汇率变化对出境旅游产品和入境旅游产品的成本影响较大。以出境旅游为例，人民币对外币汇率上升，意味着在购买同样住宿、餐饮、交通、导游服务产品时，需要支付的人民币减少，从而使旅游产品的成本降低。人民币升值意味着同样的旅游产品，入境旅游者需要支付的价格比以往要高，会降低中国入境旅游市场的竞争力。

（3）税率。定制旅游产品生产商作为营利性机构，在运营过程中需要向国家缴纳税金。定制旅游产品生产商会将所需缴纳的各种税额均摊在不同的产品中，无形之中增加了定制旅游产品的成本。因此，中国税率政策的调整，都会在一定程度上影响定制旅游产品的成本。

（4）不可抗力。由于不可抗力，导致定制旅游产品供应不稳定或者质量下降。例如，近几年一些定制旅游产品中增加旅拍摄影的体验项目，但是，拍摄地点的条件可能因不可抗力而发生变化，例如，突降暴雨拍摄无法进行，该项活动取消，需要另行安排活动补偿旅游者，产生新的成本。因此，定制旅游产品存在因不可抗力产生的风险成本。

定制旅游产品的价格决策必须根据目标客户对产品价格的预期和感知、支付能力和愿望制定。旅行策划人员通过对目标客户的调研，既往产品价格制定和推行的经验，以及针对目标客户的有策略的价格解析和说明，并引导目标客户考虑淡旺季等影响成本的因素，旅行策划人员可以了解目标客户在一定时间内所能承受的价格上限。这样做的意义在于，尽可能增加定制旅游产品的收益和尽可能减少收入漏损，收入漏损是由于为有能力且愿意支付更高价格的目标客户提供了低价而导致的。

二、预判定制旅游产品的战略性价格，并根据市场竞争情况制定定制旅游产品的战术性价格

旅游市场的价格环境高度复杂，定制旅游产品生产商应从战略性和战术

性两个层面上制定价格。

（一）预判定制旅游产品的战略性价格

战略性价格是定制旅游产品生产商在生产产品之前数月就在各种传播渠道上面公布的价格，也就是常规或公开价格，相当于饭店的门市价，或者是航空公司公开的票价结构。定制旅游产品的战略性价格涉及产品定位、货币价值以及定制旅游产品生产商的经营目标。战略性价格反映了定制旅游产品生产商的企业战略，如增长最大化或利润最大化；战略性价格在目标细分市场中传达定制旅游产品的定位和产品形象；战略性价格向目标客户传达对定制旅游产品质量、社会地位和价值的预期；战略性价格决定长期收入和投资回报。

战略性价格的预判取决于定制旅游产品生产商在目标市场选择方面的战略决策。进入高端市场的战略性价格和进入经济型市场的战略性价格迥然不同。在预判战略性价格时，如果只是成本导向推算而忽视了目标客户的真实消费意愿，会影响价格制定的科学性。战略性价格的预判适用于以目标客户为中心的需求导向定价法，定制旅游生产商需要做好企业经营目标预期、目标客户需求预判、目标客户所能承受的价格上限调研、超额预订或者预订不足预案等工作。

（二）根据市场竞争情况制定定制旅游产品的战术性价格

战术性价格是定制旅游产品生产商准备以周、日或小时为单位开展业务的价格，也就是折扣或者促销价格。这个价格随着定制旅游产品生产日期的临近，根据当时的预订情况和预测而有所变动。战术性价格可以通过广告和公开发布而广为人知，也可能是个严加保守的商业机密。定制旅游产品生产商作为产品资源整合主体，连接着旅游者与旅游服务供应商，是定制旅游产业链的核心。定制旅游产品战术性定价牵涉面也因此更加广泛和复杂，不但涉及定制旅游行业的竞争、定制旅游产品生产商的劳务成本，同时也涉及定制旅游产品生产商与旅游服务供应方的讨价还价能力以及旅游行业相关政策等。定制旅游产品作为服务产品不可能存储，而旅游市场的需求很容易因不可预见的经济和公共卫生事件发生变动，当供给大于需求时，定制旅游产品生产商的固定经营成本使得其不得不对易折损的旅游产品实行短期降价。

战术性价格的作用是用尽可能快捷的途径与竞争对手较量；战术性价格有利于推动初次购买者试用；战术性价格为危机管理提供一个短期工具；战术性价格决定短期现金流动。定制旅游产品的战术性价格更有现实的影响力。定制旅游产品需求会随着季节或其他因素变动，因此，战术性价格决策非常重要。定制旅游产品生产商要高度关注同业的近似产品的价格，而且要做出相应的反应。

值得注意的是，定制旅游产品如果有相似的替代品，且市场上类似的生产组织供给容量过剩时，定制旅游产品的价格战就比较容易打响。如果定制旅游产品的品牌化程度高，而且具有独有特色和市场感召力，即使供给容量大，也能在目标客户心目中占据独一无二的位置。

定制旅游产品战术性定价的方法如下：

1. 成本导向定价法

以成本为导向的定价方法是指在定制旅游产品成本的基础上加上一定比例的利润来确定该旅游产品价格的方法。这种定价方法不考虑市场需求方面的因素，不考虑大环境的条件、销售数量或供需面的变化。该定价方法主要包括成本加成定价法。这种方法以定制旅游产品的单位成本为基础，再加上一定百分比的预期利润来定价。成本加成定价法的关键是确定一个合理的成本利润率，而成本利润率的确定，必须考虑市场环境、行业性质等多种因素。大多数定制旅游产品生产商采用的都是行业平均的利润率。

2. 需求导向定价法

需求导向定价法是以需求面的情况来考虑定价的方法，当需求高时，价格就高；而需求低时，价格则低。

需求导向的定价方法是以旅游者对于该旅游产品的价值认知为依据，所以又称为认知价值定价法。如果定制旅游产品生产商能深度挖掘并掌控旅游目的地的供给资源，设计制作出具有价值的定制旅游产品，提升在旅游者心中的价值认知，就可以使用需求导向定价法。

3. 竞争导向定价法

竞争导向定价法是以竞争对手的价格为依据，而不考虑成本与市场需求，也不运用定价公式核算价格，包括通用价格定价法和投标定价法。旅行策划人员根据竞争对手价格，制定出高于、低于或相同的价格。

（1）通用价格定价法。该方法是最常用的竞争导向定价法。这种定价方法是旅行策划人员根据竞争对手的价格，制定一个相同或相近的销售价格。

（2）投标定价法。投标定价法是由采购方公开招标，供应商竞争投标的定价方法。招投标过程规范，当众开标，选择最佳报价供应商成交。当定制旅游产品生产商参与某单位客户投标竞争的生意时，价格不可能依照旅行策划人员原本预期的利润目标来定价，而必须考虑竞标对手的价格。在投标过程中，定制旅游产品生产商不会低于自己的成本报价，但是由于担心竞标失败，也不会制定过高的价格。因此，通常在成本之上加合理的期望利润报价。一般而言，竞标的生意很难有丰厚的利润，因此，旅行策划人员必须衡量参与的必要性。

三、挖掘定制旅游产品独有的利润来源，并分析其创利稳定性

定制旅游产品的利润获取和成本控制是相辅相成的。定制旅游产品的成本分两类，一类是产品构成要素的成本，如交通成本（含大交通和区域交通）、住宿成本、餐饮成本、景区门票成本、导游服务成本、必要杂费（含旅游活动必需物资以及赠品、旅游手册等支出费用）；另一类是体验活动和特色服务成本。如体验活动所需场地的成本、专家型或者其他类型服务人员劳务成本、物料成本以及其他机构提供相应服务的成本，又如旅游服务供应商提供的衍生服务和特需服务等特色服务成本。

定制旅游产品的利润来源也相应分为两类。一类是产品构成要素的差价以及规模化量产之后产生的经济效益。例如，景区为招徕团队旅游者，往往会用较优惠的价格与定制旅游产品生产商结算，也会采用较为灵活的宣传费用补贴、赠票等方式补贴定制旅游产品生产商；饭店会以优惠价格与定制旅游产品生产商结算，还会根据定制旅游产品生产商的出团量给一些免费房间使用，饭店也会酌情给定制旅游产品生产商一些宣传费用补贴；餐厅会以优惠的价格与定制旅游产品生产商结算，遇到重要团队时会增加水果赠送，帮助定制旅游产品增值；旅游客运公司给定制旅游产品生产商的车价，往往低于定制旅游产品生产商向旅游者报的车价。另一类是定制旅游产品体验活动和特色服务利润。这一类利润是定制旅游产品相对于预制型旅游产品独有的利润。定制旅游产品生产商对旅游目的地资源的深度挖掘和把控，将决定其产品独有利润的多少以及获利的稳定性。例如，为去欧洲旅游的旅游者定制旅游产品，如果能够采购到米其林餐厅、城堡酒店、特色民俗活动等稀缺资源，就可以产生独有利润，且采购渠道越是稳定、可靠，其获利越是稳定。如果可以通过欧洲当地的行业协会，为旅游者定制文化艺术交流、科技主题研讨活动，也是定制旅游产品的独有利润，而且与掌握这些活动资源的当地行业协会合作关系越稳定，其获利越是稳定。目前市场上已经有定制旅游产品生产商在旅游目的地开设服务机构，聘请当地人为旅游者提供专属服务。

定制旅游产品的蓬勃发展，标志着旅行行业从中介、代理转变为专业服务商，而且是具备创意产业属性的专业服务商。定制旅游产品的独有利润也将是提供高附加值服务而产生的利润。

四、预判定制旅游产品可能产生的风险

定制旅游产品可能产生的风险主要分为以下几类。

（一）定制旅游产品生产商工作人员操作失误造成的风险

例如，出境签证操作失误、机票火车票大交通预订失误、导游服务失误，

定制旅游产品包含违规项目以致被政府部门行政处罚等。

（二）旅游服务供应商服务质量低下造成的风险

旅游服务供应商服务质量低下不仅影响旅游者体验，还会造成旅游者人身和财产方面的安全隐患。具体内容参见本书模块四。

（三）公共卫生事件、自然灾害等不可抗力造成的风险

不可抗力会导致定制旅游产品合同无法履行或者只能部分履行，会造成定制旅游产品生产商的损失。

预判定制旅游产品的风险成本，有利于在定制旅游产品定价时留下应对风险的费用空间，该项成本预判需要综合考虑各类风险因素爆发的概率，并结合对目前市场上旅游保险产品的深入了解来进行。有些风险可以用购买旅游保险的方式来防范，还需要评估旅游者购买此项保险产品的意向，再来综合考量。而有些风险现有的旅游保险无法覆盖，只能由定制旅游产品生产商自身或者依靠行业力量来协调处理，需预判此类风险可能造成的损害类型、损害覆盖面以及可能造成的单个旅游团队的总体损失金额。定制旅游产品生产商经营的一大痛点即是全行业尚未形成有效的风险共同防御机制，单个企业在风险应对方面存在力不从心的问题。

任务实施

认真阅读浙江捷程国际旅行社有限公司推出的"枕水西栅，乡艺乌村——浙江嘉兴乌镇文化休闲四日游"行程安排（见表3-1），思考如何预判该旅游产品的战略性价格，并根据市场竞争情况制定该旅游产品的战术性价格；挖掘该旅游产品独有的利润来源，并分析其创利稳定性。

1. 该旅游产品价格的制定

（1）预判该旅游产品的战略性价格。

浙江捷程国际旅行社有限公司主营以职工疗休养服务和体验式拓展活动为主的旅游业务，着力开发高品质定制旅游产品和度假旅游产品，聚焦中高端休闲度假旅游市场，提升产品价值，打造企业品牌。"枕水西栅，乡艺乌村——浙江嘉兴乌镇文化休闲四日游"旅游产品以轻奢、小众、深度的中高端产品定位并进行个性化策划定制，产品结构和内容与市场同业近似产品形成较大差异，为需求导向定价提供了基础。

该旅游产品的目标市场是北京年轻态文化度假型旅游者，这批旅游者注重高品质的旅程安排，消费心理成熟、理性，重视产品价值甚于计算价格。浙江捷程国际旅行社有限公司在慎重分析同业近似产品、对目标市场调研的基础上，制定了2 695元的战略性价格。同时，如果产品超额预订或者预订不足，

将采取增加班次或限时促销等预案。

（2）根据市场销售情况制定定制旅游产品的战术性价格。

为保障销售周期内的团队数量，浙江捷程国际旅行社有限公司在确保该定制旅游产品品质的前提下，提高技术团队的作业效率，控制产品运营的劳务成本，同时通过和供应商的密切沟通，以一定规模的销售量得到了价格上的优惠。浙江捷程国际旅行社有限公司根据市场反馈采取提前预订付款或旅游者多人相约报团享受折扣，以及买赠优惠等折扣或促销方式进行战术性价格调整，让利于旅游者。

2. 挖掘该旅游产品独有的利润来源，并分析其创利稳定性

浙江捷程国际旅行社有限公司“枕水西栅，乡艺乌村——浙江嘉兴乌镇文化休闲四日游”旅游产品利润来源分为两类不同渠道。一类为交通、酒店、餐饮、景点门票等产品构成要素的旅游供应商差价或补贴利润，交通和景点门票等要素的价格弹性较小，旅行策划人员采购度假型酒店和社会餐厅，拓展了利润空间。另一类利润来源主要是定制旅游产品的体验活动和特色服务，该旅游产品采购乌村一价全包体验项目，通过谈判获取了旅游供应商较为优惠的结算价格、赠送了套餐外的额外体验项目，在提高旅游者体验价值的同时，部分让利也可作为产品独有利润来源。

值得注意的是，由于定制旅游产品生产商对西栅专属旅游体验项目的深度创意开发尚有欠缺，该旅游产品采购的西栅书法、拓印、制陶、蓝印花布和汉服旅拍等项目均属于常规性体验旅游活动，采购价格与结算价格相同，缺少利润空间。定制旅游产品生产商在后续定制旅游产品深度开发的时候需要特别关注专属旅游体验活动的开发，通过活动的独特策划和细节实施产生高附加值的综合差价，为企业赢得更加稳定和多元的利润来源。总体而言，该旅游产品的创利稳定性既来自与体验活动供应商长期稳定的业务合作关系，也依靠旅行策划人员对产品体验活动和特色服务的挖掘升级，提高定制化和专属化。随着定制旅游产品的规模化量产，以及在目标市场对产品创意接受和认可的前提下，定制旅游产品生产商可以考虑以直接收取定制服务费的方式获取利润。

任务评价

定制旅游产品定价是重要而复杂的技能点，需要学习和掌握产品成本的影响因素、构成等知识，以及利润来源、产品定价方法等知识，也需要学习和掌握战术性价格制定和战略性价格制定的影响因素、定制旅游产品服务的市场价值等知识，再结合定制旅游产品生产商的生产实际进行技能训练。本工作任务以浙江捷程国际旅行社有限公司推出的“枕水西栅，乡艺乌村——浙江嘉兴

乌镇文化休闲四日游”为例，通过理论知识和实操技能训练一体化的学习，实现知识的迁移和技能的提升。

思考与练习

单项选择题

1. 以下关于旅游产品价格的说法中，选项（　　）是正确的。

   A. 对不同的旅游产品进行价格比较时，必须考虑多种因素，低价的旅游产品通常具有限制或者劣势

   B. 购买廉价旅游产品的旅游者，都会接受相应的不方便、不舒适的后果

   C. 旅游产品的定价只是企业的事情，一般不需要考虑旅游者的预算

   D. 大多数情况下，旅游产品的价格，对旅游产品的价值没有直接影响

2. 以下选项中属于旅游产品价格竞争的是（　　）。

   A. 加密航班次数，削弱竞争者参与的机会

   B. 调整销售渠道中的促销政策和促销力度

   C. 增加服务内容，强化消费者对产品价值的认知

   D. 参照竞争对手同类产品的价格，采用比竞争对手产品更低的价格

模块四 定制旅游产品供应商管理

工作任务	职业技能要求
• 供应商档案的建立	• 能确定供应商档案的归档范围 • 能按照归档范围，收集整理供应商原始资料 • 能按照供应商资质证照、有效合作协议、业务合作明细、往来函件、投诉纠纷等类别，建立供应商档案
• 供应商服务绩效评价	• 熟悉供应商绩效评价指标及权重，熟练填写供应商绩效评价的各种表单 • 定期收集利益相关方对供应商绩效的评价并进行核实 • 能对供应商的服务绩效进行完整的过程性监督与评价
• 供应商的激励与退出	• 熟悉供应商激励与退出的规定，及时做好供应商沟通工作 • 能综合评判供应商的硬件设施、运营能力、配合程度，慎重选择激励与退出的供应商 • 能灵活采用价格激励、订单激励、商誉激励等供应商激励模式，并进行适时调整 • 能妥善办理拟退出供应商的结算收尾工作

必备知识

一、旅游供应商

旅游供应商是在旅游服务过程中各项产品或服务的提供者。旅游供应商提供的产品或服务是定制旅游产品的重要组成部分。定制旅游产品生产商应高度重视旅游供应商的管理，与旅游供应商建立长期可靠的供应合作伙伴关系，从而提升自身核心竞争力。

选择合格的旅游供应商是定制旅游产品生产商的法定义务。以旅行社企业为例，按照《中华人民共和国旅游法》的规定，旅行社企业对其选择的地接社、履行辅助人（指与旅行社存在合同关系，协助其履行包价旅游合同义务，实际提供相关服务的法人或者自然人）的行为承担责任。组团旅行社应对地接社或履行辅助人进行安全评估，考察其是否具有完善的安全管理制度和安全保障措施、应急处置预案和相关赔付制度及赔付能力、有无满足团队接待需要的履行服务能力和地接资源掌控能力，以最大限度地减少风险。

二、旅游供应商档案

（一）旅游供应商档案

档案是指人们在各项社会活动中直接形成的各种形式的具有保存价值的原始记录。原始记录性是档案的本质属性。旅游供应商的档案归档应该建立在对供应商调查的基础上。旅游供应商的档案归档应包含供应商资质证照、有效合作协议、业务合作明细、往来函件、投诉纠纷等主要内容，还可包含供应商的经营情况、在同行业中的信誉及地位等内容。

（二）定制旅游产品供应商档案的建立

企业的文档、档案、电子文件伴随着生产经营活动产生，有其一定的形成规律和特点。遵循档案形成规律，对文件材料进行归档整理，能够最大限度地减少个人对文件材料的人工干预，提升文件材料的整理质量。档案在产生和处理过程中，在来源、时间、内容等方面形成内在关联性，从而既记录了文件之间及文件组件之间的关系，也为档案记录的完整性和有序性提供了保障。

旅行策划人员应收集旅游供应商相并材料，并检查文件材料的种类是否齐全、内容是否准确。旅行策划人员应对旅游供应商的档案材料进行甄别核实，并将甄别之后的材料分类和排序，以便查找。对于不符合存档要求的材料，要提取有效关键信息进行标注并在编写目录时注明。

三、旅游供应商绩效评价

旅游供应商绩效评价是定制旅游产品生产商对已经签订合作协议并持续提供服务的旅游供应商在一定时期内供应的产品和质量进行评价，旅游供应商绩效评价可以促进供应商持续提升服务的能力。定制旅游产品生产商对不同行业的旅游供应商的要求不同，对不同类型、不同规模的旅游供应商的绩效评价体系也不同。

工作任务一　供应商档案的建立

任务引入

旅行策划人员小王，准备建立一个新采购的地接旅行社供应商的档案。小王要根据业务需要，设计一份地接旅行社供应商档案信息表。

任务分析

旅游供应商产品或服务质量高低、价格变化等都会影响定制旅游产品品质，进而影响定制旅游产品生产商的经营效益，因此，旅行策划人员必须深入了解旅游供应商的情况，并建立旅游供应商档案以便管理。要完成以上任务，需要学习旅游供应商档案归档的相关知识。

知识链接

一、确定旅游供应商档案的归档范围

旅游供应商的基本信息包括以下几个方面。

1. 旅游供应商基本资料卡的制作

旅游供应商基本资料卡包括旅游供应商的基本资料，如公司名称、地址、电话、负责人、营业执照等（见表 4-1），旅游供应商基本资料卡用计算机做存档并进行管理，以便随时查阅。

微课：供应商档案建立

表 4-1 旅游供应商基本资料卡

<table>
<tr><td colspan="4"></td><td>编号</td><td></td></tr>
<tr><td>供应商全称</td><td colspan="3"></td><td>注册资金</td><td></td></tr>
<tr><td>供应商地址</td><td colspan="3"></td><td>法人代表</td><td></td></tr>
<tr><td>企业创建日期</td><td colspan="3"></td><td>业务代表</td><td></td></tr>
<tr><td>开户银行</td><td colspan="3"></td><td>电话</td><td></td></tr>
<tr><td>对公银行账号</td><td colspan="3"></td><td>传真</td><td></td></tr>
<tr><td>公司网址</td><td colspan="2"></td><td>E-mail</td><td colspan="2"></td></tr>
<tr><td>公司性质</td><td colspan="5"></td></tr>
<tr><td rowspan="2">员工人数
（缴纳社保人数）</td><td>专科学历</td><td>本科学历</td><td>研究生学历</td><td>其他</td><td>员工总数</td></tr>
<tr><td></td><td></td><td></td><td></td><td></td></tr>
<tr><td>业务范围</td><td colspan="5"></td></tr>
<tr><td>产品或服务品牌</td><td colspan="5"></td></tr>
<tr><td>主营产品/服务</td><td colspan="5"></td></tr>
<tr><td>主营产品/服务的价格体系</td><td colspan="5"></td></tr>
<tr><td>可开具哪类发票</td><td colspan="5">□增值税普通发票 □增值税专用发票 □其他，请说明</td></tr>
<tr><td>可接受付款周期</td><td colspan="5">□90天 □60天 □月结30天 □COD（货到付款）</td></tr>
<tr><td>公司通过认证的情况</td><td colspan="5">□ISO 9001 □ISO 14001 □ISO/TC 228 □其他：</td></tr>
<tr><td>公司执照</td><td colspan="5">□工商执照 □________ □________ □________</td></tr>
<tr><td>公司简介（不超过300字）</td><td colspan="5"></td></tr>
<tr><td colspan="6">当出现产品/服务质量问题时，供方最快可在多长时间内解决？（不可抗力因素造成的损坏除外）
□1小时 □2小时 □6小时 □12小时 □1天</td></tr>
<tr><td>联系人</td><td colspan="2"></td><td>联系方式</td><td colspan="2"></td></tr>
<tr><td colspan="6">供应商确认</td></tr>
<tr><td>确认人</td><td colspan="2"></td><td>填写日期</td><td colspan="2"></td></tr>
</table>

注：① 本表可以适用于各类旅游供应商。

② ISO 9001（国际质量管理体系标准）

③ ISO 14001（环境管理体系认证）

④ ISO/TC 228（旅游及相关服务标准化认证）

通常，大中型定制旅游产品生产商一般通过公司内部管理系统进行旅游供应商档案归档，小微定制旅游产品生产商一般通过电子表格进行旅游供应商档案归档。

旅游供应商基本资料卡是供应商档案的重要组成部分，包括但不限于：

（1）企业的经营环境。主要包括企业所在国家或地区的政治、经济和法律环境的稳定性、货币的可兑换性、旅游产业的发展情况、社会治理水平等内容。

（2）企业的人力资源现状。主要包括员工的受教育程度、性别比例、流失率、工作年限、平均工资水平、员工总数、荣誉获得、社保缴纳等内容。

（3）企业的财务状况。主要包括企业的年度财务审计报告等内容。企业财务状况能够清楚地揭示出供应商是否有能力履行义务。为保证供应的连续性和产品质量的可靠性，供应商财务状况的稳定是非常关键的。

（4）企业在同行中的信誉及地位。主要包括同行对企业产品和服务的质量、产品或服务供应的可靠性、财务周期及结算要求、成本控制能力等各个方面的评价。

（5）企业近几年的销售情况。主要包括销售量及市场占有率。

（6）企业现有的合作网络。主要包括该企业的客户关系网络和同行合作伙伴。

（7）企业的地理位置。主要包括企业所处地理位置的交通是否便利及可到达程度。

2. 业务往来材料

业务往来材料主要包括旅游供应商与定制旅游产品生产商业务往来有关的合同或合作协议、预订单、结算单、业务往来资金流水、投诉处理记录等材料。

3. 重大事件专项材料

重大事件专项材料主要包括旅游供应商近年来发生重大投诉原因和处理情况、重大责任事故及处理过程、受到行政管理部门的处罚情况、在新闻媒体上有社会影响极大的负面报道，以及法律诉讼事件等内容。

二、按照归档范围，收集整理供应商原始资料

按照旅游供应商提供的产品或服务分类，一般可以将旅游供应商划分为餐饮供应商、住宿供应商、旅游交通供应商、旅游景区（点）供应商、地接旅行社供应商、其他供应商等。

（一）餐饮供应商的归档范围

应重点收集餐饮供应商的营业执照、餐饮服务许可证、从业人员健康证

三类证照，有些地方的餐饮供应商还有消防审批、通过环境测评的排污许可证等证照。此外，还应收集餐饮供应商与定制旅游产品生产商有关的合同或合作协议、业务合作明细、往来函件、投诉处理记录等材料。

（二）住宿供应商的归档范围

应重点收集住宿供应商的特种行业许可证、消防安全检查证、营业执照及卫生许可证等证照。其中涉及餐饮的住宿供应商还应当有餐饮服务许可证。此外，还应收集住宿供应商与定制旅游产品生产商签订的合同或合作协议、业务合作明细、往来函件、投诉处理记录等材料。

定制旅游产品生产商与某酒店合作协议主要内容

知识卡片

扫描二维码，了解定制旅游产品生产商与某酒店合作协议主要内容。

（三）旅游交通供应商的归档范围

按照交通工具的类型，旅游交通供应商一般有各航空公司、中国国家铁路集团有限公司、邮轮公司、旅游客运公司等。但是在管理上，民航、铁路、公路、水运都属于公共交通运输，运营模式成熟，服务标准规范。因此，定制旅游产品供应商在旅游交通供应商管理上应当重点关注旅游客运公司供应商。

旅游客运公司将旅游交通车辆出租给个人、单位或群体，在旅游过程中，以小时、天为租赁时长，收费额度依据车型、车座、旅途长短核算。应当重点收集旅游客运公司供应商的营业执照、道路运输经营许可证、机动车驾驶证、车辆行驶证以及车辆损失险和座位险等保险的保险单，以及其他有关资质证明等复印件或者扫描件。此外，还应收集旅游客运公司供应商与定制旅游产品生产商签订的合同或合作协议、业务合作明细、往来函件、投诉处理记录等材料，建立供应商档案。

某旅游客运公司下属车辆资质一览表

知识卡片

扫描二维码，了解某旅游客运公司下属车辆资质一览表的相关内容。

某旅游客运公司相关信息一览表

知识卡片

扫描二维码，了解某旅游客运公司相关信息一览表的内容。

（四）旅游景区（点）供应商的归档范围

应重点收集旅游景区（点）供应商的营业执照旅游景区（点）业务经营许可证等证照。不同类型的旅游景区（点）还应当有特定主管部门的许可，如利用风景名胜区开发旅游的，应有建设部门许可；利用自然保护区、森林公园开发旅游的，应有林业行政管理部门许可；利用水域（水体）或水利工程为依托开发旅游的，应有水利部门许可。

（五）地接旅行社供应商的归档范围

地接旅行社主要负责旅游者在旅游目的地的旅游活动接待。应重点收集地接旅行社的旅行社业务经营许可证、营业执照、旅行社责任险投保证明等证照。此外，还应收集与定制旅游产品生产商有关的合同或合作协议、业务合作明细、往来函件、投诉处理记录、安全责任书等材料。

知识卡片

境内旅游组团社与地接社合同 GF-2014-2411（示范文本节选）

组团社将其组织的旅游者交由地接社接待，地接社按照双方确认的标准和要求，为组团社组织的旅游者提供接待服务。组团社与地接社双方经平等协商，达成如下协议。

第一条　合同构成

下列内容作为本合同的有效组成部分，与本合同具有同等法律效力。

1.《接待计划书》。

2. 双方业务往来确认。

3. 双方就未尽事宜达成的补充协议。

4. 财务确认及结算单据。

5. 其他约定：________________。

第二条　合同当事人

组团社和地接社是依照中华人民共和国法律、法规设立的旅行社或者分社，依法取得旅行社业务资质，且在合同有效期内双方资质有效存续。

双方均应于签订合同前向对方提供营业执照、业务经营许可证（分社备案登记证明）、旅行社责任保险单、安全管理制度、突发事件处理预案等文书复印件并加盖印章。如上述信息发生变更，变更一方应于变更之日起________日内书面通知对方并提供更新后的材料。

第三条《接待计划书》订立

组团社可以通过电话、传真、电子邮件等通信方式与地接社洽谈接待相关事宜，在此过程中双方最终达成一致的事项，应形成《接待计划书》，并由双方签字盖章确认。

《接待计划书》应明确以下内容：

1. 旅游者人数及名单。

2. 接待费用；其中地接导游费用为____________。

3. 抵离时间、航班、车次。

4. 交通、住宿、餐饮服务安排及标准。

5. 游览行程安排、游览内容及时间。

6. 自由活动次数及时间。

7. 对导游的要求。

8. 其他：________________。

第四条 《接待计划书》变更

《接待计划书》一经确认，单方不得擅自变更。

出团前如遇不可抗力或者其他原因确需变更的，经协商一致，就变更后的内容由双方签字盖章确认。紧急情况下，双方可通过电话、传真、电子邮件等通信方式进行协商，但应在紧急情况消失之日起________日内由双方签字盖章确认。

除法律、法规规定外，出团后《接待计划书》不得变更。

第五条 接待服务要求

地接社接待服务应符合：

1.《旅游法》《旅行社条例》《导游人员管理条例》等法律、法规。

2. 双方约定的接待服务标准。

3. 相关的国家标准和行业标准。

第六条 接待费用结算

结算方式及期限：____。

地接社应配合组团社关于接待费用结算的要求及时填写结算单，并加盖地接社财务专用章，送达组团社财务部门。组团社应在收到地接社结算单据后________日内核对，并按约定按时足额支付接待费用。

第七条 合同义务

（一）组团社义务

1. 组团社应按约定的时限、数额支付接待费用。

2. 组团社应真实、明确说明接待要求和标准，将与旅游者达成的合同、单团《旅游行程单》的副本提供给地接社。

3. 组团社应对地接社完成接待服务予以必要的协助。

（二）地接社义务

1. 地接社应严格按照双方约定安排旅游行程、旅游景点、服务项目等，不得因与组团社团款等纠纷擅自中止旅游服务。

2. 未经组团社书面同意，地接社不得以任何方式将组团社组织的旅游者与其他旅游者合并接待，或者转交任何第三方接待。

3. 地接社应选择合格且具有相应接待能力的供应商。

4. 地接社应积极配合组团社做好接待服务质量测评工作，按约定通报团队动态和反馈接待服务质量信息，服务质量测评方式及达标标准双方约定为:____。

5. 要求导游引导旅游者健康、文明旅游，劝阻旅游者违法和违反社会公德的行为。

（三）双方共同义务

1. 双方约定的接待费用不应低于接待和服务成本。

2. 双方的约定应遵守《旅游法》《消费者权益保护法》等法律、法规，不应损害旅游者的合法权益。

3. 一方违约后，对方应采取适当措施防止损失的扩大。

4. 双方均应保守经营活动中获取的商业秘密。

5. 旅游行程中旅游者主张解除合同的，旅行社应当协助旅游者返回出发地或者旅游者指定的合理地点。

第八条　风险防范

1. 组团社和地接社均应按法律、法规规定足额投保旅行社责任保险。

2. 组团社应提示其组织的旅游者购买人身意外伤害保险。

3. 地接社为组团社组织的旅游者安排的车辆及司机必须具备合法有效资质，地接社选择的客运经营者应已购买承运人责任保险，且保险金额不低于________万元。

4. 组团社和地接社均应保证旅游者的安全，对于可能危及旅游者人身及财产安全的事项，应做出真实的说明和明确的警示，并采取必要措施防止危害发生和扩大。

5. 地接社接待过程中，旅游者受到人身、财产损害的，地接社应采取救助措施并先行垫付必要费用，及时向组团社反馈信息，收集和保存相关证据，组团社和地接社在责任划分明确后________日内根据各自承担的责任进行结算，属于第三方责任的，地接社应协助旅游者索赔。

第九条　旅游纠纷处理

1. 旅游者在地接社接待过程中提出投诉的，地接社应尽力在当地及时解决，并将处理情况书面通知组团社，未能在当地解决的，应及时书面通知组团社。地接社应积极配合组团社处理旅游者投诉、仲裁、诉讼等服务质量纠纷，及时提供所需证据材料。

2. 组团社和地接社应根据调查情况，划分各自应承担的赔偿责任，并于责任划分明确后________日内进行结算。因组团社原因导致行程延误、更改、取消等所造成的经济损失由组团社承担，因地接社接待服务质量问题造成的经济损失由地接社承担。

3. 因地接社接待服务质量问题所产生的经济赔偿，组团社依照或者参照如下标准做出赔偿后，地接社应在组团社提出追索请求并提供相关证明后________日内对组团社予以全额赔偿：

（1）依照组团社和旅游者约定的赔偿标准。

（2）参照《旅行社服务质量赔偿标准》。

（3）依照法院、仲裁机构裁决所确定的数额标准。

第十条　不可抗力

1. 因不可抗力等不可归责于合同任何一方的事由致使一方不能履行合同的，应根据影响程度，部分或者全部免除责任，但迟延履行后发生不可抗力等不可归责于合同任何一方的事由的，不能免除责任。

2. 一方因不可抗力等不可归责于合同任何一方的事由不能履行合同的，应当及时通知另一方，并在合理期限内提供证明。双方应采取合理适当措施防止损失扩大，因一方未履行相关义务造成对方损失的，应承担赔偿责任。

3. 因不可抗力等不可归责于合同任何一方的事由导致行程延滞，组团社和地接社应及时与旅游者协商、调整行程，所增加的费用，同意旅游者不承担的部分由组团社和地接社协商承担。

4. 因不可抗力等不可归责于合同任何一方的事由危及旅游者人身、财产安全，组团社和地接社应采取相应的安全救助措施，所支出的费用，同意旅游者不承担的部分由组团社和地接社协商承担。

第十一条　违约责任

1. 组团社未按合同约定按时足额支付接待费用，应以未支付团款为基数，按日________%向地接社支付违约金，违约金不足以弥补实际损失的，按实际损失赔偿。

2. 组团社因如下情形造成地接社经济损失的，应按实际损失向地接社承担违约责任：

（1）接待要求、标准等信息说明不明确或者错误。

（2）未对地接社完成接待服务予以必要的协助。

3. 地接社未经组团社书面同意，将组团社组织的旅游者与其他旅游者合并接待，或者转交任何第三方接待，地接社应向组团社支付当团接待费用________%的违约金，违约金不足以弥补实际损失的，按实际损失赔偿。

4. 地接社未按合同约定选择合格且具有相应接待能力的供应商，地接社应向组团社支付当团接待费用________%的违约金，违约金不足以弥补实际损失的，按实际损失赔偿。

5. 因地接社违法违规行为导致组团社受到行政处罚的，地接社应向组团社支付当团接待费用________%的违约金，违约金不足以弥补实际损失的，按实际损失赔偿。

6. 地接社未能在当地解决旅游者提出的投诉，又未及时书面通知组团社的，地接社应就造成的损失承担赔偿责任。

7. 组团社和地接社双方或者任何一方未积极采取补救措施防止损失扩大，在各自责任范围内就扩大的损失承担赔偿责任。

8. 组团社和地接社任何一方泄露在经营活动中获取的商业秘密，违约一方应向另一方支付当团接待费用________%的违约金，违约金不足以弥补实际损失的，按实际损失赔偿。

第十二条　合同解除

1. 组团社超出约定付款期限________日以上未支付接待费用的，地接社有权解除合同，并要求组团社承担相应的赔偿责任。

2. 地接社接待服务质量未达到本合同第七条第（二）款第4项约定的达标标准________次（含本数）以上的，组团社有权解除合同，并要求地接社承担相应的赔偿责任。

3. 因地接社原因引发旅游者有责投诉、仲裁或者民事诉讼________次（含本数）以上，组团社有权解除合同，并要求地接社承担相应的赔偿责任。

4. 因地接社违约给组团社或者旅游者造成经济损失，地接社拒不改正或者拒绝赔偿________次（含本数）以上，组团社有权解除合同，并要求地接社承担相应的赔偿责任。

5. 双方约定合同解除的其他情形：________________。

第十三条　争议解决

组团社和地接社因单团接待业务引发的争议，可协商解决，协商不成的，按下列第________种方式解决（选择一种）：

1. 提交仲裁，双方约定仲裁委员会为________________（标明仲裁委员会所属地区和名称）。

2. 提起民事诉讼，双方约定诉讼管辖地为________________（限于被告住所地、合同履行地、合同签订地、原告住所地、标的物所在地）。

资料来源：作者自行整理

三、旅游供应商档案的建立

（一）旅游供应商档案管理要求

（1）确定旅游供应商档案的内容。

（2）对旅游供应商进行分类与编号，分类的方法一般可按类别来划分，常用的编码一般为四位数，前一位为类别码，后三位为旅游供应商序号码。

（3）建立分门别类的旅游供应商基本资料档案。

① 基本情况。包括但不限于：表 4-1 旅游供应商基本资料卡的信息。

② 资料类。包括但不限于：营业执照、营业执照到期日期、生产许可证、生产许可证到期日期、质量体系证书、质量体系证书到期日期、其他质量认证证书及证书到期日期、供应商服务内容及一定时期内的产品价格目录、注意事项等。

③ 合同类。包括但不限于：采购合同及合同编号、合作协议、技术合作协议、供应商质量保证协议、补充协议等。

④ 产品和服务类。包括但不限于：产品和服务的编码、名称、类型、档次、价格、销售渠道及标准。

⑤ 流程类。包括但不限于：业务合作明细、往来函件、投诉纠纷以及其他往来传真、函件等。

（二）旅游供应商档案建立的注意事项

（1）应记录旅游供应商详细的联系地址，E-mail，网址，旅游供应商的电话除包含其公司的联系电话外，还须有其业务联系人的常用电话和商用传真等；联系电话应尽可能收录该旅游供应商业务主管级以上人员的联系方式，以便能及时处理重大问题；业务联系人须用全名并注明职位；若旅游供应商的联系方式、地址发生变更，应该及时将相关资料更新保存。

（2）应记录旅游供应商的完整名称，要求记录旅游供应商注册或是登记所使用的名称，不能使用简称。

（3）旅游供应商合作各项要求都符合定制旅游产品生产商要求的，且通过审核的旅游供应商，应备注“资料已审核”字样；对符合定制旅游产品生产商要求的已审核旅游供应商，应该及时录入合格供应商资料表；对于已开发的旅游供应商和待开发的旅游供应商分类建立档案。

（4）档案建立采用实时更新、动态调整、定期清理的原则。

（5）重要事件应建立专项档案，注意收集关键的过程性材料。

（6）档案应重点记录旅游供应商财务状况、与定制旅游产品生产商业务往来明细和重大投诉记录。

（7）做好相关资料的保密工作，不能将旅游供应商相关信息随意透露给同业竞争者，也不能将相关信息透露给其他旅游供应商或定制旅游产品生产商客户。旅游供应商档案资料的调阅需要经过企业相关领导审批。

任务实施

地接旅行社供应商档案信息如表 4-2 所示。

表 4-2　地接旅行社供应商档案信息表

<table>
<tr><td colspan="8">公司基本信息</td></tr>
<tr><td>公司名称</td><td colspan="2"></td><td>法定代表人</td><td></td><td>注册时间</td><td colspan="2"></td></tr>
<tr><td>注册资本金</td><td colspan="2"></td><td>正式员工人数</td><td></td><td>控股方</td><td colspan="2"></td></tr>
<tr><td>注册地址</td><td colspan="7"></td></tr>
<tr><td>办公地址</td><td colspan="7"></td></tr>
<tr><td>投资背景</td><td colspan="7">□境内自然人投资　□境内企业投资　□境内国有投资　□外资　□合资</td></tr>
<tr><td>主营业务范围</td><td colspan="7"></td></tr>
<tr><td>可提供地接服务的区域</td><td colspan="7"></td></tr>
<tr><td>“信用中国”调查报告</td><td colspan="7">□无　□有，调查报告输出日期：</td></tr>
<tr><td>行业组织成员资格</td><td colspan="7">□ICCA　□PATA　□IATA　□SITE　□SKAL　□中国会奖专业委员会　□其他，请说明：</td></tr>
<tr><td>其他行业资质</td><td colspan="2"></td><td colspan="2">政府采购资质</td><td colspan="3"></td></tr>
<tr><td colspan="8">分子公司基本信息（如该公司旗下有承接地接业务的分/子公司或办事处，请在下表说明）</td></tr>
<tr><td>公司名称</td><td>公司性质</td><td>所在地</td><td>地接服务覆盖范围</td><td>可接待团组类型</td><td>负责人</td><td>联系电话</td><td>邮箱</td></tr>
<tr><td></td><td></td><td></td><td></td><td></td><td></td><td></td><td></td></tr>
<tr><td></td><td></td><td></td><td></td><td></td><td></td><td></td><td></td></tr>
<tr><td></td><td></td><td></td><td></td><td></td><td></td><td></td><td></td></tr>
<tr><td colspan="8">财务基本信息</td></tr>
<tr><td>开户名</td><td colspan="3"></td><td colspan="2">开户行名称</td><td colspan="2"></td></tr>
<tr><td>对公银行账号</td><td colspan="3"></td><td colspan="2">发票抬头</td><td colspan="2"></td></tr>
<tr><td>可开具的发票类型</td><td colspan="7">□增值税普通发票　□增值税专用发票　□其他，请说明</td></tr>
<tr><td>增值税普通发票可开具服务项目</td><td colspan="7"></td></tr>
</table>

续表

增值税专用发票可开具服务项目			
增值税专用发票开票是否有特殊要求	□否　□是，请说明	纳税人类型	□一般纳税人　□小规模纳税人

经营业绩（请详细说明近两年经营业绩），币种：人民币					
年份	公司总营业额	团队业务营业额	团队业务接待人数	团队业务团量	备注

公司管理人员信息						
级别	姓名	部门及职位	手机	座机	QQ/微信	邮箱
公司负责人						
业务负责人						
财务负责人						
导游部经理						

主要业务人员信息（请提供该公司主要业务人员详细信息，并请说明该公司可提供服务的业务团队人数为：　　人）						
姓名	部门及职位	从业经验	手机	座机	QQ/微信	邮箱

经营现状	
请详述供应商所获奖项	请详述该公司在中国境内是否接受过刑事、行政处罚；是否发生过负面舆情

保险基本信息（请在下表中对该公司投保情况具体说明，如投保多种保险，可逐一列明）				
投保的保险公司名称	投保的险种	保险期	投保保额（人民币）	保险费用（人民币）

续表

<table>
<tr><td>未投保任何保险，请说明原因</td><td colspan="4"></td></tr>
<tr><td colspan="5">业务接待能力</td></tr>
<tr><td>可接待类别（可多选）</td><td colspan="4">□高端旅游接待服务　□特种旅游接待服务　□政府政务接待服务　□商务接待服务
□团队旅游接待服务　□散客旅游接待服务　□其他：</td></tr>
<tr><td>可接待团组能力说明</td><td>单次接待人数上限</td><td></td><td>最长可接受支付账期</td><td></td></tr>
<tr><td>报价模式（可多选）</td><td colspan="4">□打包报价　□分项报价（分项目计算利润）　□分项报价（成本报价+服务费）</td></tr>
<tr><td colspan="5">业务情况概述</td></tr>
<tr><td>公司介绍（不超过300字）</td><td colspan="4"></td></tr>
<tr><td>主要客户（列举前5家）</td><td colspan="4"></td></tr>
<tr><td>特色服务</td><td colspan="4"></td></tr>
<tr><td>主要资源</td><td colspan="4"></td></tr>
<tr><td>签证服务</td><td colspan="4">如该公司可提供签证代送服务，请填写负责人姓名、联系方式及可代办签证种类/国家等</td></tr>
</table>

<table>
<tr><td colspan="7">优秀导游/领队信息</td></tr>
<tr><td>姓名</td><td>性别</td><td>年龄</td><td>学历</td><td>从业时间</td><td>熟练掌握的语言</td><td>从业亮点</td></tr>
<tr><td></td><td></td><td></td><td></td><td></td><td></td><td></td></tr>
<tr><td></td><td></td><td></td><td></td><td></td><td></td><td></td></tr>
<tr><td></td><td></td><td></td><td></td><td></td><td></td><td></td></tr>
</table>

<table>
<tr><td colspan="4">常用旅游客运公司情况信息</td></tr>
<tr><td colspan="4">一、自有旅游客运公司信息</td></tr>
<tr><td>公司名称</td><td>保有车数量</td><td>车型说明</td><td>承运人责任险及金额</td></tr>
<tr><td></td><td></td><td></td><td></td></tr>
<tr><td></td><td></td><td></td><td></td></tr>
</table>

续表

二、合作旅游客运公司信息			
公司名称	保有车数量	车型说明	承运人责任险及金额
成功案例（请提供近3年内接待过的重要或大型团组案例）			
客户名称	起止时间	人数	主要服务内容说明
备注/补充说明			
业务人员承诺上述信息填写均真实、准确无误。			
业务人员签字：			填写日期：　　年　　月　　日

注：① ICCA（International Congress and Convention Association，国际大会及会议协会）

② PATA（Pacific Asia Travel Assorication，亚太旅游协会）

③ IATA（International Air Transport Association，国际航空运输协会）

④ SITE（Society of Incentive and Travel Executives，国际奖励旅游管理者协会）

⑤ SKAL（International Association of Travel and Tourism，国际旅游旅行从业者协会）

任务评价

旅游供应商档案建立，需要学习旅游供应商档案的归档范围、不同类别旅游供应商原始资料的收集等知识，还需要掌握旅游供应商档案管理要求等知识，再结合定制旅游产品生产商的生产实际进行技能训练。本工作任务以某定制旅游产品生产商对一家新采购进来的地接旅行社供应商建立档案信息表为例，分析了相应的知识点和技能点，为了重点训练关键技能点，设置了任务实施环节，通过理论知识和实践技能训练一体化的学习模式，实现对知识的掌握和技能的提升。

思考与练习

单项选择题

1. 以下关于旅游供应商档案管理的阐述，错误的是（　　）。

A. 与本公司合作的旅游供应商应 100% 建立档案

B. 各业务部门具体负责建立合作的旅游供应商档案

C. 旅游供应商档案可以不用分类分级归档，也不需要长期保存

D. 应保证旅游供应商档案原始资料完整、齐全，使用方便，安全保密

2. 以下为某旅行社制定的旅游供应商的筛选条件，错误的是（　　）。

A. 旅游供应商近年来未发生重大责任事故

B. 旅游供应商未受到行政管理部门的处罚

C. 旅游供应商虽然有负面舆情，但因为有价格优势，还是可以进行合作

D. 通过 ISO 9001 质量体系认证的旅游供应商在同等条件下优先考虑

工作任务二　供应商服务绩效评价

任务引入

某定制旅游产品生产商与某地接旅行社供应商就当地旅游接待达成合作。该定制旅游产品生产商需要收集利益相关方对地接旅行社供应商绩效的评价并进行核实，并对地接旅行社供应商的服务绩效进行完整的过程性监督与评价。

任务分析

旅游供应商服务绩效评价是旅行策划人员根据绩效评价指标及权重对供应商完成过程性监督与评价的过程。要完成以上任务，需要学习旅游供应商绩效评价指标设置、收集利益相关方对旅游供应商绩效的评价并进行核实、对地接旅行社供应商的服务绩效进行完整的过程性监督与评价的相关知识。

知识链接

一、旅游供应商绩效评价指标

旅游供应商绩效评价是定制旅游产品生产商供应商管理的基础，也是对供应商进行风险控制的重要环节。

（一）旅游供应商绩效评价的目的

1. 作为旅游供应商奖惩的依据

定期对旅游供应商进行绩效评价可以及时了解其定期供货的质量表现。对于绩效表现好的旅游供应商，可以加强合作；对于绩效评价较差的旅游供应商，则应减少合作，必要时开展团队帮扶、项目辅导，如果旅游供应商的服务质量还是没有明显的改观，则应停止合作。

2. 作为订单分配的依据

绩效评价结果作为给旅游供应商分配订单的依据，可以降低人为影响，更加透明、公平。

3. 作为改善旅游供应商服务质量的抓手

在旅游供应商绩效评价的过程中，可以发现旅游供应商服务质量波动的影响因素和潜在风险，促使旅游供应商改善服务质量以及加强风险管理。

4. 作为选择战略合作伙伴的参考

分析旅游供应商的团队建设、技术与管理能力等绩效评价指标，作为选择战略合作伙伴的参考。

5. 建立稳定可靠的合作关系

及时与旅游供应商就绩效评价的内容与形式进行沟通，尊重旅游供应商的利益，建立稳定、共赢的合作关系。

6. 引入竞争机制

通过旅游供应商绩效评价引入竞争机制，优胜劣汰，促使旅游供应商提高绩效水平。

（二）一票否决的绩效评价指标

（1）旅游供应商未取得相关业务经营许可证和营业执照，或者出现超经营范围的产品或服务。

（2）旅游供应商近年来发生重大责任事故，或受到行政管理部门的处罚，或在新闻媒体上有社会影响极大的负面报道。

（3）旅游供应商近三年与定制旅游产品生产商在合同履约上存在重大纠纷，或者该供应商是定制旅游产品生产商客户的主要投诉对象。

（三）旅游供应商绩效评价的要素

定制旅游产品生产商应当根据自身业务实际，依据以下要素，制定旅游供应商绩效评价指标及权重体系。

1. 质量水平

包括但不限于：产品或服务的优良率；质量保证体系；对质量问题的处理；售后服务能力。

2. 接待能力

包括但不限于：订单处理的及时性；扩大接待量的弹性；淡旺季增、减订单的应变力。

3. 价格水平

包括但不限于：优惠程度；付款周期；成本下降空间。

4. 人力资源

包括但不限于：经营团队；员工素质。

5. 现有合作状况

包括但不限于：合同履约率；旅游者满意度；合作年限；合作融洽关系。

（四）旅游供应商绩效评价指标体系

旅游供应商绩效评价指标体系的建立，内容可参考表 4-3。

表 4-3　旅游供应商绩效评价指标体系

评价指标	评价标准	评价方法
质量指标	合格率 = 合格数 ÷ 全部产品数	定量分析法
成本指标	市场平均价格比率 =（供应商的价格 − 市场平均价格）÷ 市场平均价格 最低价格比率 =（供应商的价格 − 市场最低价格）÷ 市场最低价格	定量分析法
交付指标	订单准时处理率 = 订单准时处理的次数 ÷ 总订单申请数	定量分析法
服务指标	① 合作态度是否积极配合 ② 售后服务是否专业、反馈是否及时 ③ 其他指标	定性分析法

（五）分配绩效评价的指标权重

根据旅游供应商绩效评价的目标，给每个指标分配考核的权重。权重的分配体现各个指标在整个绩效评价体系的相对重要程度，因每个组织对各个指标的关注度各不相同（例如，有些组织对成本特别关注，而有些组织重视质量），其权重的设置也各有不同。

（六）不同类型旅游供应商的绩效评价指标设置

1. 地接旅行社供应商绩效评价指标设置

应重点关注其公司资质、当地旅游要素采购能力、产品策划能力、接待服务能力等。

（1）同区域内，在保持相同接待标准的情况下，当地采购能力强，有价格优势的地接旅行社供应商获得较高的评价。

（2）同区域内，与本公司有长期合作关系、合作良好、服务质量有保障的地接旅行社供应商获得较高的评价。

（3）同区域内，在旅游目的地专职导游多、导游队伍业务能力强的地接旅行社类供应商获得较高的评价。

（4）同区域内，旅游者满意度高的地接旅行社供应商获得较高的评价。

（5）同区域内，安全管理制度健全、安全管理措施完善的地接旅行社供应商获得较高的评价。

地接旅行社供应商服务绩效评价表

知识卡片

扫描二维码，了解地接旅行社供应商服务绩效评价表的相关内容。

2. 旅游客运公司供应商绩效评价指标设置

应重点评价其公司资质、车辆状况、司机技术与服务态度等。

（1）道路运输企业质量信誉等级高的旅游客运公司获得较高的评价。

（2）近三年安全事故发生率低的旅游客运公司获得较高的评价。

（3）结合车辆性能、车况、乘坐舒适度、外观以及司机技能与服务态度等要素，旅游者满意度高的旅游客运公司获得较高的评价。

3. 住宿供应商绩效评价指标设置

应重点评价其经营资质、硬件设施条件、服务质量、区位条件、周边环境、交通状况、治安状况等。

（1）证照完备的住宿供应商获得较高的评价。

（2）星级或品质等级高的住宿供应商获得较高的评价。

（3）加入全国知名连锁品牌的住宿供应商获得较高的评价。

（4）结合硬件设施、服务质量、区位条件、周边环境、交通状况、治安状况等要素，旅游者满意度高的住宿供应商获得较高的评价。

旅游住宿供应商服务绩效评价表

知识卡片

扫描二维码，了解旅游住宿供应商服务绩效评价表的相关内容。

4. 餐饮供应商绩效评价指标设置

应重点评价其经营资质、店内及周边环境卫生状况、硬件设施、服务质量、区位条件、交通状况、治安状况等。

（1）证照完备的餐饮供应商获得较高的评价。

（2）结合菜品口味、卫生状况、服务水平、硬件设施、消毒程序、区位条件、交通状况、治安状况等要素（见表 4-4），旅游者满意度高的餐饮供应商获得较高的评价。

5. 景区（点）供应商绩效评价指标

应重点评价其经营资质、资源级别、旅游热度、景区（点）内及周边环境状况、配套设施条件、应急处理能力、服务质量、区位条件、交通状况、治安状况等。

（1）证照完备的景区（点）供应商获得较高的评价。

（2）品质评定等级高的景区（点）供应商获得较高的评价。

（3）结合景观品质、旅游知名度、环境状况、综合体验、配套设施条件、服务质量、安全状况、交通状况、治安状况等要素，旅游者满意度高的景区（点）供应商获得较高的评价。

二、定期收集利益相关方对旅游供应商绩效的评价并进行核实

定制旅游产品生产商应定期收集利益相关方对旅游供应商的评价并进行核实。旅游团队的陪同人员应及时反馈旅游供应商履约情况并以书面形式上报。重要事件应由定制旅游产品生产商委派专人，通过暗访、实地考察，向旅游供应商查问等方式进行核实。

定制旅游产品生产商应定期收集旅游者对旅游供应商服务质量的评价，及时发放和回收旅游者满意度调查表。相应表单回收后应由专人进行分析，并对“满意”事项和“不满意”事项进行核实。

知识卡片

表 4-4 为旅游者对餐饮供应商满意度评价表。

表 4-4　旅游者对餐饮供应商满意度评价表

序号	评分内容	权重	评分标准			
			满意（8～10分）	较满意（5～7分）	一般（3～4分）	不满意（0～2分）
1	饭菜品种与搭配	10%				
2	饭菜数量与价格	10%				
3	饭菜烹饪色、香、味	20%				
4	上菜速度	5%				
5	上菜温度	5%				

续表

序号	评分内容	权重	评分标准			
			满意（8～10分）	较满意（5～7分）	一般（3～4分）	不满意（0～2分）
6	食品卫生	20%				
7	餐厅就餐环境	10%				
8	餐厅文化氛围	5%				
9	餐厅人员仪表和着装	5%				
10	餐厅服务品质	10%				
总得分						
评价时间			评价人			

旅游者对住宿供应商满意度评价表

知识卡片

扫描二维码，了解旅游者对住宿供应商满意度评价表的相关内容。

旅游者对景区（点）供应商满意度评价表

知识卡片

扫描二维码，了解旅游者对景区（点）供应商满意度评价表的相关内容。

三、对旅游供应商的服务绩效进行完整的过程性监督与评价

旅游供应商提供的旅游服务产品是在旅游者消费的过程中生产出来的。旅游者接触旅游供应商服务是一个动态的过程，由了解资讯、进入场景、参与互动、进行体验、动身离开等若干环节构成，每一个环节的服务都会影响到旅游者的感受，进而影响旅游者对定制旅游产品品质的评价。因此，定制旅游产品生产商对旅游供应商的服务绩效要进行完整的过程性监督与评价。

定制旅游产品生产商应审核旅游供应商旅游服务产品资讯的真实性、合法合规性和吸引力，派出暗访人员或亲赴供应商服务现场进行考察，对酒店包房、定点餐厅等可通过试住、试餐等方式实地暗访（客户指定的供应商也应了解相关情况，如有隐患和缺陷须明确提示客户），通过电话回访旅游者、在服务现场发放旅游者满意度调查表等方式对旅游者进行调研，还可通过旅游团队陪同人员的意见反馈，对旅游供应商服务绩效进行即时性跟进、监督和评价。

任务实施

一、定制旅游产品生产商应定期收集陪同人员、旅游者对地接旅行社供应商绩效的评价并进行核实，可以考虑采用以下方式。

（1）要求陪同人员做好旅游供应商服务绩效评价，规范填写《导游（领队）日志》里的相关内容，陪同人员上交的《导游（领队）日志》由定制旅游产品生产商委派专人负责检查和分析，重要事件应通过暗访、实地考察、向旅游供应商查问等方式进行核实。《导游（领队）日志》格式参考见表4-5。

表4-5　导游（领队）日志

旅行社基本信息							
组团旅行社			电话			联系人	
全陪导游			手机			邮箱	
地接旅行社			电话			联系人	
地接导游			手机			邮箱	
旅游者基本信息							
团号				人数		客源地	
定制旅游产品				团队性质		□散客　□整团	
游客领队		所在单位		单位职务		联系电话	
散客代表		代表人数		联系电话		关注事项	
散客代表		代表人数		联系电话		关注事项	
散客代表		代表人数		联系电话		关注事项	
散客代表		代表人数		联系电话		关注事项	
带团过程基本情况							
途径城市							
游览景点							
行程中发生的问题及处理结果							

续表

时间	行程变更及原因	住宿餐饮变更及原因	其他事项变更及原因	书面手续
D1				□有 □无
D2				□有 □无
D3				□有 □无
D4				□有 □无
D5				□有 □无
D6				□有 □无
D7				□有 □无
D8				□有 □无
D9				□有 □无
D10				□有 □无

团队运行中各项服务评价及问题					
		满意	一般	不满意	主要问题
行程安排	旅游者				
行程安排	导游				
酒店服务质量	旅游者				
酒店服务质量	导游				
用餐服务质量	旅游者				
用餐服务质量	导游				
旅游客车服务质量	旅游者				
旅游客车服务质量	导游				
景区游览服务质量	旅游者				
景区游览服务质量	导游				
体验活动服务质量	旅游者				
体验活动服务质量	导游				
导游服务质量	全陪导游				
导游服务质量	地接导游				

旅游者意见建议
（尽量引用原话）

续表

<table>
<tr><td>旅游者姓名</td><td></td><td>职业</td><td></td><td>联系方式</td><td></td></tr>
<tr><td colspan="6">全陪导游/地接导游行程安排的总体评价</td></tr>
<tr><td>一句话点评</td><td colspan="5"></td></tr>
<tr><td>一句话建议</td><td colspan="5"></td></tr>
<tr><td colspan="6">团队重大事件发生原因、过程及经验教训（可附纸说明）</td></tr>
<tr><td colspan="6"></td></tr>
<tr><td>导游签字</td><td></td><td>导游部
经理签字</td><td></td><td>质检部
主管签字</td><td></td></tr>
<tr><td>日期</td><td></td><td>日期</td><td></td><td>日期</td><td></td></tr>
</table>

（2）定制旅游产品生产商应定期收集旅游者对旅游供应商服务质量的评价，及时发放和回收《旅游者满意度调查表》（见表4–6）。相应表单回收后应由专人进行分析，并对“满意”事项和“不满意”事项进行核实。

表4–6　旅游者满意度调查表

<table>
<tr><td rowspan="2">序号</td><td rowspan="2">评分内容</td><td rowspan="2">评价细则</td><td rowspan="2">权重</td><td colspan="4">评分标准</td></tr>
<tr><td>满意
（8～10分）</td><td>较满意
（5～7分）</td><td>一般
（3～4分）</td><td>不满意
（0～2分）</td></tr>
<tr><td rowspan="4">1</td><td rowspan="4">旅游行程安排</td><td>1.1　景区（点）游览时间、内容、数量与合同约定相符</td><td rowspan="4">40%</td><td rowspan="4"></td><td rowspan="4"></td><td rowspan="4"></td><td rowspan="4"></td></tr>
<tr><td>1.2　旅游行程安排节奏合理，旅游者休息时间充足，劳逸结合</td></tr>
<tr><td>1.3　旅游行程安排较好地体现了旅游者对定制旅游的需求，景区（点）吸引力符合预期要求</td></tr>
<tr><td>1.4　旅游行程安排安全可靠，无投诉</td></tr>
</table>

续表

序号	评分内容	评价细则	权重	评分标准			
				满意（8~10分）	较满意（5~7分）	一般（3~4分）	不满意（0~2分）
2	旅游交通	2.1 交通工具规格与合同约定相符	15%				
		2.2 旅游客车设施良好、驾驶员服务态度及驾驶技术良好					
3	住宿安排	3.1 住宿安排与合同约定相符	15%				
		3.2 住宿设施设备齐全，安全、卫生，服务人员服务周到，态度热情					
4	餐饮安排	4.1 餐饮安排与合同约定相符	15%				
		4.2 就餐环境好，菜肴卫生可口，分量充足					
5	导游服务	5.1 导游服务态度良好	15%				
		5.2 导游讲解内容丰富、言之有物					
		5.3 导游旅行生活服务水平良好					
		5.4 导游处理突发事件能力较强					
总得分							
评价时间				评价人			

二、某定制旅游产品生产商委托某地接旅行社进行当地旅游接待，某定制旅游产品生产商采取以下措施，对某地接旅行社的服务绩效进行了完整的过程性监督与评价。

（1）定制旅游产品生产商审核地接旅行社供应商编制的行程安排计划，确保行程安排计划与旅游合同约定的各项服务要求一致，且行程安排计划没有出现违反法律法规要求的用语。

（2）定制旅游产品生产商派出暗访人员参加旅游团队，及时反馈地接旅行社供应商以及单项服务供应商的服务绩效。

（3）定制旅游产品生产商通过电话回访旅游者、在服务现场发放旅游者满意度调查表等方式对旅游者进行调研，并将相关意见建议及时反馈给地接旅行社供应商。

（4）定制旅游产品生产商要求陪同人员及时汇报对地接旅行社供应商服务绩效的评价，并根据情况进行处理。

任务评价

旅游供应商服务绩效评价，需要学习和掌握旅游供应商绩效评价表单的填写、旅游供应商服务绩效过程性监督与评价等知识，再结合定制旅游产品生产商的生产实际进行技能训练。本工作任务以某定制旅游产品生产商对地接旅行社进行服务绩效评价为例，分析了相应的知识点和技能点，为了重点训练关键技能点，设置了任务实施环节，通过理论知识和实践技能一体化的学习模式，实现了对知识的掌握和技能的提升。

思考与练习

单项选择题

1. 以下旅游供应商服务绩效的评价指标中，错误的是（　　）。

   A. 旅游供应商服务的法律风险

   B. 旅游供应商的硬件设施

   C. 旅游供应商的运营能力

   D. 旅游供应商服务场所周边的环境设施

2. 定制旅游产品生产商派出专人对旅游供应商的服务进行实地暗访，以下做法中错误的是（　　）。

   A. 对旅游供应商的实地暗访应重点考察硬件设施和服务质量

   B. 暗访结果应形成书面报告

   C. 客户指定的旅游供应商只需要打电话了解大概情况即可，可以不用实地暗访

   D. 对定点酒店、定点餐厅等可通过试住、试餐等方式进行实地暗访

工作任务三　供应商的激励与退出

任务引入

某定制旅游产品生产商通过对某餐饮供应商进行服务绩效评价，发现该供应商总体表现较佳，但在菜品设计和服务质量等方面还存在问题。该定制旅游产品商需要对其硬件设施条件、运营能力和配合程度进行综合评判，以便对其进行约束和激励，促使其进一步提高服务质量。

任务分析

旅游供应商的激励与退出是旅游供应商管理的关键环节。要完成以上任务，需学习定制旅游产品生产商关于旅游供应商激励与退出的规定，以及定制旅游产品生产商如何采取恰当的旅游供应商激励和退出机制等相关知识。

知识链接

一、旅游供应商激励与退出的规定

（一）旅游供应商质量等级管理

定制旅游产品生产商应对旅游供应商进行质量等级评定。一般而言，定制旅游产品生产商对旅游供应商可以设置质量分级体系，如五级制、三级制或者打分制。认定等级为“优质”的旅游供应商，其提供的产品或者服务从未收到旅游者的投诉，旅游者对其旅游质量评价得分往往是“满意”。认定等级为“一般”的旅游供应商，其提供的产品或者服务不会成为旅游者投诉的重点，没有明显瑕疵。认定等级为“不合格”的旅游供应商，其提供的产品或者服务往往成为旅游者投诉的重点，其产品或服务有严重质量缺陷。

对于质量等级为“优质”的旅游供应商，可以采取激励措施，以激发其积极性；对于质量等级为“不合格”的旅游供应商，要求其限期进行整改，但如果没有改进，则考虑将其退出。

（二）旅游供应商的激励

1. 旅游供应商激励对象

旅游供应商激励对象包括旅游供应商自身、旅游供应商关联企业，以及旅游供应商企业管理人员、业务人员和一般员工。

2. 旅游供应商激励措施

（1）延长合作期限。

（2）增加合作份额。

（3）增加旅游供应商提供的服务类别。

（4）提升旅游供应商的质量等级。

（5）颁发证书或锦旗。

（6）现金或实物奖励。

（三）旅游供应商的退出

1. 旅游供应商退出的条件

（1）旅游供应商服务绩效长期处于较低水平。

（2）旅游供应商与定制旅游产品生产商在合同履约上存在重大纠纷，或者该供应商是定制旅游产品生产商客户的主要投诉对象。

（3）旅游供应商在服务过程中发生重大责任事故，给定制旅游产品生产商造成重大损失。

（4）旅游供应商在新闻媒体上有对社会影响极大的负面报道。

2. 旅游供应商退出机制

（1）填写拟退出的旅游供应商情况分析表

知识卡片

拟退出的旅游供应商情况分析表如表4-7所示。

表4-7　拟退出的旅游供应商情况分析表

业务部门		旅游供应商名称	
产品/服务名称		产品/服务要求	
旅游供应商服务质量问题			
旅游供应商违约要点			
该旅游供应商给公司造成的损失			

续表

拟退出该旅游供应商的原因			
拟采取的结算收尾措施			
质检人员	部门	职务	签名
审核人员	部门	职务	签名

（2）办理旅游供应商退出的结算收尾事宜。

二、慎重选择激励与退出的供应商

定制旅游产品生产商应综合评判旅游供应商的硬件设施、运营能力、配合程度，慎重选择激励与退出的旅游供应商，对服务绩效评价高的进行激励，对服务绩效评价低的将其退出。可参考以下的旅游供应商服务绩效评价重要项目一览表（见表4-8），经综合评价等级为优秀等级的可以考虑列入拟激励的供应商，等级为不合格等级的应考虑列入拟退出的供应商。

表4-8　旅游供应商服务绩效评价重要项目一览表

评价项目		优秀等级	良好等级	合格等级	不合格等级
硬件设施		硬件设施完备，质量好，外观整洁美观，维护良好	硬件设施完备，质量好，维护较好	硬件设施较为完备，质量合格，维护程度一般	硬件设施不完备，质量不合格，没有维护
运营能力	供应能力	供应能力强，产品或服务交付及时，交付进度始终能满足定制旅游产品生产商业务所需，没有产生附加费用	供应能力较强，产品或服务交付进度能满足定制旅游产品生产商业务所需，产生了附加费用（1至5笔之间）	供应能力一般，偶尔因产品或服务交付进度问题影响定制旅游产品生产商业务；产生了附加费用（6至10笔之间）	供应能力差，供应不及时，因产品或服务交付进度问题经常影响定制旅游产品生产商业务，产生了附加费用（10笔以上）

续表

评价项目		优秀等级	良好等级	合格等级	不合格等级
运营能力	接待质量	服务缺陷订单数为0项	服务缺陷订单数小于3项	服务缺陷订单数小于10项	服务缺陷订单数大于10项
	成本	价格合理，旅游旺季价格上涨不超过去年同期	价格较为合理，旅游旺季价格上涨超过去年同期的5%	价格有上涨趋势但总体还算合理，旅游旺季价格上涨超过去年同期的8%	价格高，有暴利嫌疑，且不同意降价；旅游旺季价格上涨超过去年同期的15%
配合程度		能主动进行服务绩效改进和提升	收到定制旅游产品生产商要求提高服务绩效的通知后，能及时改进，并取得实质成效	收到定制旅游产品生产商要求提高服务绩效的通知后，改进效率和改进效果尚可	收到定制旅游产品生产商要求提高服务绩效的通知后拒不改进或无力改进

三、能灵活采用旅游供应商激励模式，并进行适时调整

常见的旅游供应商激励模式如下。

（一）价格激励

定制旅游产品生产商提高对旅游供应商的采购价格，以增加旅游供应商获利可能性。但在实际情况中，定制旅游产品生产商较少采用此种激励模式。

（二）订单激励

在旅游供应商供应能力可以承受的前提下，定制旅游产品生产商增加对旅游供应商的订单量，此种激励模式可以起到立竿见影的良好效果。

（三）商誉激励

商誉是一个企业的无形资产，反映了企业的社会地位，定制旅游产品生产商可以对旅游供应商进行褒奖，并在同行业中推广和宣传其企业品牌形象，帮助旅游供应商提高商誉，从而营造更好的合作共赢氛围。

（四）组织激励

定制旅游产品生产商可以和旅游供应商建立更加紧密的战略伙伴式合作关系，双方共同组建产品设计开发联盟，共享创新型产品设计与开发的收益。

四、妥善办理拟退出供应商的结算收尾工作

定制旅游产品生产商业务部门对旅游供应商服务绩效进行认真评价后，

拟订准备退出的旅游供应商名单，并填写拟退出的旅游供应商情况分析表，将相应佐证材料提交主管部门审核。经主管部门审核无误并批准后，开始启动将该旅游供应商退出的流程。

定制旅游产品生产商应委派专人联系该旅游供应商，解除双方的合作协议，结算业务往来款项，协商处理有可能产生纠纷的专项事务。若协商不成，定制旅游产品生产商可启动法律维权程序。值得注意的是，旅游供应商退出后的结算收尾工作，是保障定制旅游产品生产商减少损失的重要手段。结算收尾工作既是具体细致的技术业务，也是灵活务实的公关艺术。在实际操作中，应注意以下要点：仔细核对协议中所涉及利益的条款；慎重制定结算收尾方案；核实清楚业务往来明细及盈利和亏损；收集和管理好书面依据材料；把握结算技巧，坚持原则的同时也可适当让步。

任务实施

某定制旅游产品生产商对某餐饮供应商的硬件设施、运营能力和配合程度进行综合评判，以便对其进行约束和激励。该餐饮供应商建筑特色鲜明，餐厅装修具有文化气息，用餐设施完备，厨房实行规范化管理，严格执行食品卫生管理制度；菜品具有特色，但是质量参差不齐，上菜时间偶尔有延迟现象，影响旅游者用餐体验；餐饮服务热情周到，但是菜品价格不太稳定，有上涨趋势但总体还是比较合理；能够主动进行服务绩效整改提升，并与定制旅游产品生产商保持积极主动的沟通。

该定制旅游产品生产商对餐饮供应商下达了以下服务绩效提升建议：严格检验菜品；提高上菜速度，提供优质餐饮服务；报价时应清楚说明成本和利润构成；在保障质量的前提下适当降低菜品价格；改进菜品口味，增加菜品样式。

该定制旅游产品生产商经综合考虑，对这家餐饮供应商采取了如下激励措施：

1. 延长合作期限，将合作期限由一年延长至两年。

2. 酌情增加订单，每季度对该供应商服务绩效进行一次评价。

3. 联合开发地方特色菜式，共同开发和推广新菜式，形成紧密型合作关系。

任务评价

掌握旅游供应商激励与退出的内容，需要学习旅游供应商激励与退出的规定、如何选择激励与退出的旅游供应商、旅游供应商激励模式等知识，再结合定制旅游产品生产商的生产实际进行技能训练。本工作任务以某定制旅游产品生产商对某餐饮供应商的沟通、评判以及激励为例，分析了相应的知识点和技能点，为了重点训练关键技能点，设置了任务实施环节，通过理论知识和实践技能训练一体化的学习模式，实现对知识的掌握和技能的提升。

思考与练习

请选择当地一家定制旅游产品生产商，在与该企业深入沟通的前提下，填写一份该企业拟退出的旅游供应商情况分析表。

附录 经典定制旅游产品示例

本附录共收录了4个经典定制旅游产品，编写思路为：精选有新意、制作精良的定制旅游产品，进行拆解分析，每一个定制旅游产品都收录“产品简介”“具体行程”“产品亮点”“服务亮点”4个部分。“产品简介”主要介绍定制旅游产品的概况和特色，“具体行程”介绍定制旅游产品行程的编排，“产品亮点”阐述定制旅游产品的吸引力，“服务亮点”介绍定制旅游产品生产商在服务方面的贴心安排。

本附录中的案例可用于技能训练。在实际教学中，可结合研发企业的品牌特色、客源市场、业务范围、定制旅游产品研发能力，对定制旅游产品研发的企业背景进行深入分析。还可结合具体案例，对定制旅游产品的目标市场分析、定制旅游产品开发所需资源分析、定制旅游产品制作、定制旅游产品供应商管理等技能点进行针对性的训练。

童话雪乡＆东北冰雪民俗文化——冰雪东北深度游

一、研发企业

上海关东旅行社有限公司。

二、目标市场

本产品目标市场主要为国内南方中青年家庭游或亲友游，满足他们冰雪运动、东北民俗和冰雪体验的旅游需求。

三、产品简介

上海关东旅行社有限公司推出的童话雪乡 & 东北冰雪民俗文化——冰雪东北深度游是 4 晚 5 天的旅游行程。行程全程以体验冰雪为主线，精选了冰雪王国哈尔滨老街冰雪艺术馆、世界著名滑雪圣地亚布力滑雪场、中国雪乡等旅游目的地，同时体验东北民俗，参与东北赶大集、在中央大街吃一根马迭尔冰棍，充分满足旅游者对美景美食、民俗探索的旅游需求。

四、具体行程

第一天：各地启程，相约哈尔滨。

旅游者自行乘机前往冰城哈尔滨，抵达后导游接机。参观哈尔滨大剧院，走进哈尔滨老街冰灯艺术馆，感受冰城独具的冰雪文化及冰雪魅力的“水晶琉璃世界”。晚餐安排特色铁锅炖，大家围着东北灶台大铁锅，加入排骨、豆角、白菜、粉条、茄子等一起咕嘟咕嘟炖，再加上玉米面的窝头，享受东北特色美食。住宿酒店：哈尔滨皇冠假日酒店。

第二天：滑雪圣地亚布力滑雪场体验激情滑雪——牡丹江。

乘车前往“林海雪原我的家”——滑雪圣地亚布力滑雪旅游度假区。沿途欣赏皑皑白雪的旖旎群山，莽莽林海，壮丽无比的北国林海风光。抵达后在群山环抱的 Club Med 地中海初级滑雪场一展身手、体验惊险与刺激的初级滑雪 3 小时课程，和冰雪亲密接触，在雪地里撒欢玩耍。晚餐安排年味杀猪菜。东北习俗杀年猪，炖上腌制的酸菜，热乎乎地吃上一锅，酸爽难忘。住宿酒店：牡丹江世贸假日酒店。

第三天：亚雪百里雾凇——中国雪乡。

早餐后乘车前往亚雪百里高山雾凇长廊。百里雾凇有“天无三日晴”之说，积雪期长达 7 个月，雪量堪称中国之最，且雪质好，黏度高。这里是长白山余脉，是西伯利亚冷空气和日本海暖湿气流的交汇处，冬季雪量很大，厚达半米，银装素裹。乘坐雪地摩托登顶秃顶子山，当摩托车穿越森林，满山遍野神奇而罕见的自然景观雾凇、雪松尽在眼前。随后加入年货赶大集的行列。冬季这里的天暗得相当早，家家户户按当地习俗都早早地点上了大红灯笼，整条大街灯火通明，雪韵大街的两旁摆满了“年货”，体验东北赶集，找寻城市中久违的年味儿。在雪乡大石碑可观看东北民俗大秧歌，穿上“大红大紫”的东北秧歌服装，扭在雪韵大街上，为白色的雪增添了一道亮丽的风景线。天气条件许可的情况下，观看大型雪地篝火晚会。雪乡的夜景尤为美丽，洁白如玉的白雪在大红灯笼的照耀下，宛如朵朵白云飘落人间，幻化无穷。入住雪乡体验火辣辣的关东情，睡在暖暖的农家大炕上，一天的疲惫瞬间蒸发。住宿：雪乡豪华双人火炕民宿。

第四天：感受雪乡袅袅炊烟—哈尔滨。

雪乡清晨时每户农家起床后都会生火烧炕、做饭，袅袅炊烟配上皑皑白雪，美得让人难以置信。导游在这里教大家拍摄“泼水成冰”的时尚大片，参与《智取威虎山》最具东北味的个人写真活动，花棉袄、绿头巾、狗皮帽、大烟袋……各种服饰道具，一应俱全。随后参观雪乡历史文化展览馆。这是一座造型别致、古朴典雅的建筑，馆内陈列展品 3 100 余件，展现了雪乡文化特点、地域特色和历史发展进程。午餐后前往棒槌山观景台。沿着观光栈道游览山边民居。在这条栈道上可俯瞰雪乡农家错落有致、雪压屋低的全景，也可远望群山披银、玉树琼枝的景致。告别雪乡后乘车返回哈尔滨。晚餐安排东北特色美食烧烤撸串儿。

第五天：感受哈尔滨，结束美好的东北之旅。住宿酒店：丽景花园酒店。

早餐后逛一逛拥有欧洲各类风格建筑、亚洲最长的商业步行街中央大街，感受异国风情百年老街的韵味。参观哈尔滨标志性建筑松花江防洪纪念塔和中东铁路桥。午餐安排东方饺子王饺子宴。根据返程航班时间乘车前往哈尔滨机场，结束美好的东北之旅。

五、产品亮点

（1）深度冰雪文化之旅。东北冰雪旅游具有很强的参与性，通过雪乡玩雪、赶集、大秧歌、泼水成冰、历史文化展馆等活动项目，让旅游者感受不一样的民俗风情，满足旅游者深度体验的旅游需求。

（2）体验冰雪运动乐趣。通过亚布力滑雪活动，学习滑雪知识，感受滑雪魅力。

六、服务亮点

（1）精选旅游项目组合行程。童话雪乡 & 东北冰雪民俗文化——冰雪东北深度游行程精选旅游者乐于接受的旅游项目、餐食安排和入住酒店，通过多样化的搭配组合设计，为旅游者提供丰富的旅游体验。

（2）管家式行程服务。具备专业素质的资深导游提供管家式服务，帮助旅游者深入了解景区资源和民俗文化。

滨海骑行，追风少年——骑遇海南之旅

微课："滨海骑行，追风少年"骑遇海南体验之旅

一、研发企业

海口民间旅行社有限公司。

二、目标市场

本产品目标市场主要为国内青少年家庭游或亲友游，满足他们单车骑行旅行、热带滨海风情和海南民俗体验的旅游需求。

三、产品简介

海口民间旅行社有限公司推出的滨海骑行，追风少年——骑遇海南之旅是 4 晚 5 天的旅游行程。行程以海南原生态滨海雨林风情美景为依托，摆脱枯燥的高速公路，体验追风少年的感觉；超级骑行体验，每天 30~50 千米经典骑行线路；优选 3 段滨海公路 + 兴隆国家绿道，运动强度适中；串联了丰富的体验项目；住进呆呆岛浪漫星空露营，把家安在自然里、星空下；边看风景，边享受身体协调发力的节奏；每完成一次骑行，也完成了一次情感的沉淀与升华。

四、具体行程

第一天：从各地抵达海口。

全国各地游客自行通过航班、火车前往海口，抵达后，前往酒店报到登记及入住。住宿酒店：禧福源大酒店（酒店地处海口市繁华的主干道凤翔东路，毗邻海口东火车站，西面美舍河凤翔湿地公园。距离观澜湖华谊冯小刚电影公社、骑楼老街、五公祠、海之语海洋世界、万绿园等景点约为 30 分钟车程）。

第二天："琼海明珠·穿梭南洋"——千年渔港潭门镇。

早餐后旅程正式开始，乘车前往博鳌水城（车程 125 千米，大约 1 小时 50 分钟），车上相互认识，分组，选拔组长，小组分工，取队名和口号。到

达博鳌水城后，由专业领骑配发自行车及装备，骑行技巧培训，安全事项介绍。

骑行第一站由博鳌水城至千年渔港潭门镇，骑行距离约 9 千米，用时大约 45 分钟。沿着滨海公路骑行，沐浴温暖的海风，呼吸清新的空气。抵达后参观南海博物馆。继续沿滨海公路骑行兜风，巡游博鳌潭门 2 个滨海小镇，并穿越跨海大桥，感受海南的魅力。之后骑行返回博鳌。晚上自由活动，可选择坐在海边发呆、散步，也可前往网红打卡地海的故事酒吧用餐小憩。全天骑行约 30 千米，返回酒店休息。住宿酒店：博鳌华美达酒店（酒店位于博鳌镇滨海大道，步行可达沙滩，海岸线长达数千米）。

第三天："最美滨海路 · 追寻归侨史"——石梅湾兴隆国家绿道滨海田园游。

上午沿着柏油公路骑行在绿树成荫的田园世界，穿梭在人烟稀少的乡间小道，进入蔡家宅，了解海南本地衣锦还乡的乡土文化。骑行距离约 13 千米，用时大约 1 小时。其后乘坐大巴前往石梅湾（车程 73 千米，大约 1 小时），用午餐。餐后沿着美丽的石梅湾海岸线继续骑行，途经神州半岛，骑行途中可以采摘椰子，品尝清爽椰汁。骑行距离约 5 千米，用时大约 40 分钟。乘坐大巴前往兴隆小镇，这里是海南咖啡之乡、华侨之乡。参观兴隆热带植物园，品鉴香浓的兴隆咖啡。骑车进入兴隆国家绿道，穿梭在热带植物王国里，环山绕水、绿树成荫、鲜花浪漫，充分享受低碳环保的骑行体验。骑行距离约 13 千米，用时大约 1 小时。后乘车返回酒店，自由活动。全天骑行约 31 千米。住宿酒店：老榕树（酒店位于万宁兴隆温泉大道，整体环境设计精巧，与自然、地形充分结合，与建筑融为一体）。

第四天："趣享逍遥 · 篝火露营"——纵横在海岛，与大自然零距离接触。

早餐后开始全新一天的骑行。小伙伴们相互鼓励，一起加油爬陵水大坡，这里的坡度极大，坚持到山顶就能畅享爽歪歪的大下坡。骑行距离约 39 千米，用时大约 3 小时 15 分钟。中午抵达陵水，打卡海南美食陵水酸粉。乘车前往猴岛码头，乘坐摆渡船穿过疍家渔村，再乘坐景区摆渡车，翻山越岭过后便来到极具私密性的呆呆岛纯生态海岸线。在这里尽情享受轻松悠闲的度假时光，与大海、沙滩、椰风、岩石亲密接触。在原始、宁静、生态、浪漫的七彩沙滩搭建帐篷，与大自然高度融合，充分体验"天人合一"的生活意境，感受与都市截然不同的夜晚。在温柔的海边沙滩享受落日晚宴和篝火晚会。自由活动时间可步行至情人崖仰望浩瀚星空、俯瞰七彩沙滩，也可参加抓螃蟹等活动。全天骑行约 39 千米。住宿：呆呆岛露营。

第五天："陵水清水湾 · 三亚海棠湾"——继续游览或返程。

早餐后返回本岛，整理装备，继续骑行前往清水湾。骑行距离约 4 千米，用时大约20分钟。清水湾位于陵水县东部沿海，是一个人迹稀少、风景秀丽的度假胜地，可同时观赏到清水、白沙、奇岭、怪石，其12千米长的弧形海岸一半是礁岩，一半是沙滩，集合了海南东西两地截然不同的景观。继续骑行前往海棠湾。骑行距离约35千米，用时大约3小时。海棠湾是三亚五大名湾之一，风光旖旎，与亚龙湾、大东海相比，这里还没有染上城市的喧嚣与繁闹。乘车前往三亚市（车程31千米，大约1小时），结束全部行程。全天骑行约39千米。旅游者可在三亚继续游览或返程。

五、产品亮点

（1）该产品以3个主题构成了“滨海骑行，追风少年”的骑遇海南体验行程，将海南的博鳌、兴隆、石梅湾、陵水、三亚等地的热带风情与民俗文化、骑行风光与露营体验相结合，增强了旅游者沉浸式的体验感。

（2）超级骑行体验，每天30~50千米经典骑行线路，优选3段滨海公路+兴隆国家绿道，强度适中，又串联了丰富的体验项目，旅和游结合，乐在其中。

（3）行程中的4晚住宿各具特色，在充分放松、享受海景、体验露营的同时，也注重住宿产品组合的高性价比。

六、服务亮点

1. 产品设计体现“年轻态”理念

将滨海旅游文化、雨林风情、康养旅居、网红打卡等多种资源进行设计整合，并根据不同主题、特色定制、网红元素、时下流行等需求进行产品策划，符合年轻人的喜好。

2. 贴心的行程保障服务

注重旅游者的体验和参与感，为旅游者提供贴心服务。全程保障车跟随、专业领队骑行贴心指导，应对行程中各种突发情况。

3. 特色餐食安排

全程4正餐包括黎家簸箕餐、海鲜风味大餐、海南糟粕醋火锅、椰子鸡等海南当地特色餐。

千年侗寨·梦萦三江——侗族非遗文化游学之旅

一、研发企业

广西旅发旅行社集团有限公司。

二、目标市场

本产品目标市场主要为国内大专院校在校学生，满足他们探索广西民族风情、体验非遗文化魅力的旅游需求。

三、产品简介

广西旅发旅行社集团有限公司推出的千年侗寨·梦萦三江——侗族非遗文化游学之旅是4晚5天的旅游行程。行程以桂、湘、黔三省区交汇的广西柳州三江侗族自治县旅游资源及丰富的非遗文化为依托，展现侗族人口集中的侗族文化旅游区，以“千年侗寨·秘境程阳”为主线，感受“中国侗寨生活沉浸式体验”：世界历史四大名桥之一的程阳永济桥（风雨桥）、鼓楼和吊脚楼集群，感受桥楼建筑的魅力；以布央仙人山为代表的高山茶园香飘四海；147项县市区和国家级非遗项目，让旅游者感受别样的侗族风情。

四、具体行程

第一天：从各地抵达三江侗族自治县。

旅游者自行通过航班、高铁、高速公路前往三江侗族自治县，抵达后，前往酒店，工作人员协助办理报到登记及入住手续。住宿酒店：三江福禄山好旅酒店（酒店是一家以侗族特色传统文化为设计理念的休闲式酒店，坐落于三江侗族自治县侗乡大道，东南向毗邻福禄寺森林公园，西面为浔江，具有得天独厚的自然景观资源。距离三江著名景点三江风雨桥、多耶广场、鼓楼、侗乡鸟巢均为3分钟车程）。

第二天：“千年侗寨·秘境程阳”——程阳八寨体验游。

早餐后，乘车前往程阳八寨景区（约20千米、车程30分钟）。程阳八寨是世界上最大的侗族聚集自然村寨，也是侗族文化的展示地和“中国最大的侗族木构建筑实体博物馆”。先后被评为“中国首批景观村落”“2019中国最美乡村·示范村”“2019乡村振兴·优秀示范村”，这里也入选了“中国世界文化遗产预备名单”，更有着“中国最美山水侗寨”的美誉。在程阳八寨参观世界著名的程阳永济桥，以及世界上最大的独柱鼓楼——平寨鼓楼。之后到侗族风情浓郁的月也歌堂感受国家级非遗——侗族多耶的魅力。中餐品尝侗族特色火塘油茶宴。打油茶是三江的传统，也是国家级非遗项目，同时体验侗族传统美食揞糍粑制作，品尝高山糯米饭、稻田禾花鱼、酸鱼、酸肉等美食。中餐后，参观侗族木构建筑博物馆。博物馆与程阳八寨木构建筑交相辉映，彰显“木构活态博物馆”的特殊意义。侗族木构建筑营造技艺被列入国家级非物质文化遗产名录。侗族木构博物馆充分展示各类古木遗产、侗族树木自然科学知识、各类侗族建筑、传统家具、雕刻艺术等。在博物馆中开展非遗木构搭建体验，在非遗传承人的指导下认识侗族木构文化，搭建木构模型。其后参观侗族银饰博物馆，侗族银饰博物馆以典藏文明，传承文化为使命，是中国侗族地区以收藏、传承、研发、加工为主的综合性银饰博物馆，向旅游者介绍濒临失传的制银工艺。之后乘车前往中国月也侗寨，月也是侗族重要的非物质文化遗产之一，意为集体游乡做客，是侗乡的一种社交习俗。在月也侗寨，可以体验盛装迎宾、芦笙迎客、拦路对歌等民俗文化活动，有打油茶、打糍粑、百家宴、讲款、歌谣、多耶舞等大批非物质文化遗产项目，而百家宴是侗族待客的最高礼仪。每逢村寨互访或有特别尊贵的客人来访时，全村各户自备酒菜饭，一起到鼓楼坪“一”字形摆开长桌，客人可从第一桌吃到最后一桌，你来我往、觥筹交错、热闹非凡。它以“欢乐、友谊、安定、团结”为永恒的主题，传达“平等、和谐、大同”的理想。晚餐后，旅游者参与杨应溪非遗文化交流中心侗族农民画游学体验课。三江侗族农民画是中国侗画的典型代表，当地人凭着直觉与大胆想象，把自己熟悉的生产生活场景进行艺术创作，融合了侗族刺绣、剪纸、服饰等民间传统美术的表现手法，以画传情、以画传神，表达了他们对自然、对家乡、对生活的美好向往和追求。体验课上大家可以在侗画师的带领下，创作侗画作品。酒店：三江福禄山好旅酒店。

第三天：“早春茶香·指尖非遗”——布央仙人山观光游。

早餐后前往三江县清花绣坊体验非遗侗绣。侗族有着悠久的织绣历史，旅游者可以在这里参观侗绣作品，体验侗绣剪纸及基础针法。中餐后前往布央仙人山景区。三江布央仙人山景区的万亩茶园分布在海拔600~1 000米高山的梯田之上，周围没有工业污染，负氧离子含量高。在这里可以自在呼吸、放松身心，倚靠围栏品茶谈天、欣赏日落，享受归园田居的怡然时光。住宿酒店：布央三江星空木屋酒店（酒店位于布央仙人山景区内，地处千亩茶海之中，卧拥云海日出，仙境茶园，四季红枫林，魅力侗寨等景点）。

第四天：“山水茶香·古镇留芳”——丹州水上古镇休闲游。

早餐后，旅游者可以背上竹篓，带上工具体验采茶制茶的乐趣。这里的茶树集雾水之精华，聚大地之灵气，有着“高山出好茶”的自然生态环境。在三江仙人山景区，感受侗族风俗与茶文化完美结合的魅力。中餐后前往丹洲古镇（车程约1小时）。丹洲古镇处在四面环水的一座小岛上，曾是三江县明、清、民国时期县城所在地，岛上有明代古迹丹洲书院、东门城楼、北门城楼、古城墙、怀远县城石刻地图等景点。这里的居民世代以种植沙田柚为生，是名副其实的“柚子之乡”。酒店：三江福禄山好旅酒店。

第五天：“侗族客厅”——大侗寨景区。返程。

早餐后自由参观三江大侗寨景区。三江大侗寨景区是一个集侗族建筑景观、民族特色演艺、民族特色购物、侗乡餐饮等项目于一体的旅游综合体，有世界上最长的风雨桥——三江风雨桥，世界上最大的鼓楼——三江鼓楼，侗族文化街月亮街和主体为木结构的侗族特色场馆侗乡鸟巢等景点。中餐后前往高铁站或机场，结束难忘的侗乡之旅。

五、产品亮点

（1）该产品以“千年侗寨·秘境程阳”“早春茶香·指尖非遗”“山水茶香·古镇留芳”3个主要单元构成了“千年侗寨·梦萦三江”的侗族非遗文化体验行程，涵盖广西三江的好山好水和风土人情，是聚焦三江侗族文化的深度体验旅游产品。

（2）该产品组合了多项侗族非遗项目，通过建筑、绘画、制银、刺绣、饮食等传统工艺的组合，强调了参与性和体验性，既展现了侗族传统文化的魅力，也提升了产品的品质。

（3）一地游的行程设计减少了行程中的舟车劳顿，也让旅游者增加了在地体验时间。晚间项目的安排丰富了旅游者的行程，刺激了夜间经济。行程开启前后旅游者还可组合周边其他旅游项目，自由度较高。

六、服务亮点

1. 产品要素丰富，创意理念别具一格

根据旅游目的地自然文化遗产、优美自然环境、风土人情、民俗节庆、休闲康养、创意农业等多种资源进行搭配组合，并结合主题定制、时下流行、个性化体验等方案策划实施。

2. 资深的研学旅行服务团队

精选全国优秀导游、广西十佳导游、广西十佳研学导师、侗族文化体验导师，尤其对于在研学领域有丰富经验、并且能结合侗族文化实操经验的导师辅导研学课程。

3. 主题化设计，沉浸式体验

全程精选侗族文化品质酒店，集住宿、观景、休闲于一体。三江福禄山好旅酒店，突出侗族非遗文化，装饰元素突出国家级非遗项目侗族木构建筑营造技艺，广西壮族自治区非遗项目三江侗族农民画、侗族打油茶等特色，让旅游者沉浸式地体验侗族文化。布央仙人山星空木屋更是与大自然零距离接触，置身高山茶园之中，日出日落尽收眼底，彰显人与自然和谐共生的侗族文化。用餐精选地方风味餐厅，从仪式感满满的百家宴到侗族农家特色菜，充分体验侗族传统敬酒仪式“高山流水”和“口味酸·氛围欢”的侗族饮食风俗。

云上梯田行走·滇越铁路探秘——滇南轻徒步人文探索之旅

微课："云上梯田行走·滇越铁路探秘"滇南轻徒步人文探索之旅

一、研发企业

云南之路国际旅行社有限公司。

二、目标市场

本产品目标市场主要为热爱运动、喜欢人文景观的中青年群体，满足他们户外徒步、遗产探索和文化体验的旅游需求。

三、产品简介

云南之路国际旅行社有限公司推出的云上梯田行走·滇越铁路探秘——滇南轻徒步人文探索之旅是5晚6天的旅游行程，适合旅游者进行户外人文探索旅游。行程以世界文化遗产红河哈尼梯田文化景观和重要的线性文化遗产资源滇越铁路以及"滇南邹鲁"建水和"过桥米线的故乡"蒙自为主要线路节点，把中国传统农业奇迹、近现代工业杰作和悠远的滇南传统文化串连在一起，以轻徒步的方式带给旅游者原住民般的深度文化体验。

四、具体行程

第一天：各地启程，昆明集结。

旅游者自行乘坐航班或高铁前往昆明，抵达后自行前往酒店，办理入住手续。

若中午以前抵达昆明，推荐参加市区半日游活动。下午14：00翠湖宾馆大堂集合，步行穿越翠湖公园，参观云南陆军讲武堂。后前往篆新农贸市场参观。篆新农贸市场位于昆明大观河边，是昆明市最大的农贸市场。这里有各种各样的奇异食材，蜂蛹竹虫、野生菌菇、新鲜蔬菜、鸡鸭鱼肉、熟食卤菜，不一而足。进入市场，如同进入食材大观园，那些色彩鲜艳的瓜果蔬菜、奇异食材令人目不暇接。后步行返回酒店。

全天徒步距离约6千米，徒步时间约3小时，地形为城市街道。

晚上19：00举行欢迎晚宴。晚宴期间，大家相互认识，介绍行程的整体情况。

住宿酒店：昆明中维翠湖宾馆（酒店地处昆明市中心风景秀丽、环境优美的翠湖畔。属于城市最繁华的地方，凝固了丰美的天然资源，浓缩了完整的人文历史，沉淀了城市的气质情感，邻近的云南大学、云南陆军讲武堂述说着翠湖的前世，酒吧、西餐馆、画廊、书店、宾馆却映照着翠湖的今生）。

第二天：昆明—九溪—建水。

早餐后参观云南铁路博物馆（周一、周二闭馆）。该馆主要展示云南铁路发展史，是一座以地方铁路发展史为内容的专题博物馆，完整再现了云南省铁路的发展历史。

后乘车前往九溪镇，午餐为玉溪风味餐。午餐后参观有 380 余年历史的九溪镇古龙窑、探访非遗传承人。观看非遗传承人拉坯成型，听他讲解上釉、烧制，了解从泥土到陶器的过程。亲手体验陶器制作、欣赏精美陶器成品。

下午乘车前往建水，晚餐为建水风味餐。晚餐后可步行游览建水古城。建水古城始建于元朝时期，是国务院公布的第三批中国历史文化名城。

住宿酒店：听紫云度假酒店（酒店由晚清黄锦府邸修缮改造而成，由三座相连的四合院组成，清雅古朴。下榻于这个宁静的酒店，旅游者可以在此品茶、读书、挥毫）。

第三天：建水。

上午乘小火车从临安车站出发，途中经停双龙桥，前往乡会桥车站。双龙桥横卧在泸水河与塌冲河交汇处，为一座十七孔石拱桥，桥上有三座阁楼，已经列入中国造桥史名录。从乡会桥步行 6 千米至团山村，在皇恩府张老师家宅院里品尝建水特色午餐。午餐后漫步有 600 余年建村历史的团山村，游览张家花园、张家祠堂、寨门、传统民居院落等。

下午步行游览建水古城，参观朱家花园、朝阳楼，水井、豆腐作坊，体验包豆腐。建水古城中有多处水井，如西门井、三眼井、四眼井、大板井等，井沿上深深的凹槽，是一代代人以绳索取井水留下的印迹，创造了特有的水井文化。建水豆腐以取西门井水制作的品质最佳，状如麻将牌大小的烤豆腐是建水乃至云南全省人民的最爱。动手体验包豆腐，用一块小小的纱布，放入豆腐，拧紧扎好，把松软无形的豆腐制作成一个个豆腐块。晚餐品尝建水烤豆腐（当地人称烧豆腐）。

晚餐自理，可体验各种建水古城的风味小吃。

晚上欣赏建水小调。建水小调是非遗传统音乐，流传于云南省红河建水，迄今已有 600 多年的历史。

全天徒步距离约 10 千米，徒步时间 3~4 小时，地形为乡村水泥道路和城区街道。

住宿酒店：听紫云度假酒店。

第四天：建水—元阳。

上午参观建水文庙，在学政考棚体验古代科举考试。建水文庙为现今尚存的中国第二大文庙，仅次于曲阜孔庙。文庙旁边的学政考棚，为明清时期的云南提督学政考棚，是云南南部四府学子举行院试的地方。让我们穿越时间，在学政考棚体验一次科举考试。先请主考官介绍考试流程，然后换上古代书生的服装，进入考棚。先参加文考（考题保密），再参加武考，考试题目为投壶。两场考试结束后，将评选出状元、榜眼、探花三甲，由主考官颁奖。

午餐为建水特色午餐。

下午乘车前往元阳，途中经停冷墩水果市场，热带水果吃个够。抵达元阳后欣赏梯田日落（根据天气情况安排）。

晚餐体验哈尼长街宴。长街宴是哈尼族的传统习俗。为体验这种独特的民族餐饮文化，旅行社精心组织了一个迷你版长街宴，在酒店前的通道上，把一个个方桌拼接起来，桌上是当地特产的稻田鱼、泥鳅、土鸡肉、土猪肉、花米饭、生态蔬菜等。

晚上举办星空下的讨论会。在元阳的夜晚，当旅游者抬头仰望，满天的星星在向旅游者眨眼。让旅游者在满天星斗下交流旅行中的感受，自由讨论（根据天气情况安排）。

住宿酒店：十二庄园·香典酒店（酒店是一间坐落在梯田旁边的精品酒店，小而精致。坐在酒店的观景平台，眼前是层层梯田和青山白云，诗和远方就在这里。光线以及云雾的变化，带来梯田景观的千变万化。住在这个酒店，足不出户就可以欣赏梯田美景）。

第五天：元阳。

上午赶乡村集市，梯田间徒步，访问哈尼人家。漫步在元阳的乡村集市，体验地道的乡村生活。水稻是中国最早驯化的粮食品种之一。在元阳的哀牢山区，全年气温适宜、雨量充足，哈尼先民在山坡上筑起一道道田埂，根据地形修造出宽窄不等的梯级水田，赋予粗犷的大山柔和的线条、优美的韵律。蘑菇房是元阳地区哈尼族的传统民居，夯土为墙，稻草覆顶，状如蘑菇。我们走进一户哈尼族人家，观看他们的生活环境，听家里的老人讲解他们的风俗习惯、家庭情况、收入来源。

午餐为野外山林烧烤。

下午在梯田间徒步，从箐口村、全福庄到坝达村，体验梯田摸鱼。

在元阳一望无际的千年梯田，通过徒步的方式，去丈量稻田的宏伟，去感受先人的智慧。踏上田间小径，穿村过寨，欣赏哈尼人因地制宜，采用原生态材料建造的蘑菇房；深入浩瀚梯田，了解哈尼先民利用灌溉系统，合理地把村庄、河流、森林、梯田融为一体的生态智慧。元阳梯田采取生态种植，不施化肥，不喷农药，而梯田内基本一年四季都有水，种植水稻产生的微生物、藻类等，给鱼类提供了丰富的食物。很多淡水鱼类以及泥鳅等生活在梯田里，同时又给水稻提供了生态肥料，形成一个良性的互利系统。让我们换上防水连体衣，一起下田去摸鱼吧！在泥水四溅中体会童年的乐趣。抓到的鱼，将成为晚餐的一道鲜美菜肴。

晚餐为哈尼族风味餐。

晚上继续星空下的讨论会（根据天气情况安排）。

住宿酒店：十二庄园·香典酒店。

全天徒步距离约 10 千米，徒步时间为 4~5 小时，地形多为梯田间徒步便道、山间小路。

第六天：元阳—蒙自—昆明。

上午乘车前往蒙自，在蒙自南湖边步行游览。蒙自南湖位于蒙自市南部，故名南湖，云南著名的过桥米线即发源于此。南湖边还分布着蒙自海关、哥卢士洋行（国立西南联合大学蒙自分校纪念馆）等遗址。

午餐为蒙自过桥米线风味餐。

下午游览碧色寨火车站。1909 年建成的碧色寨火车站是滇越铁路的一个大站。电影《芳华》以及《无问西东》在此取景后，碧色寨成了著名的网红景点。

乘车返回昆明，结束滇南人文探索之旅。

五、产品亮点

1. 旅游客车与轻徒步的无缝对接，深入探索滇南风土人情

在昆明，从翠湖宾馆到篆新农贸市场，是昆明主城区最具历史文化和生活气息的城市空间。穿越翠湖公园、流连街头巷尾、打卡篆新市场，初识活色生香的云南，体会昆明百姓的日常生活。在建水，从乡会桥车站沿庐江徒步至团山村，沿途是典型的南方田园景色，夏秋季时，水稻飘香、荷叶田田；冬春季节，瓜菜旺盛，麦苗青青。鸭群在小河中戏水觅食，不时可以看到乡民在田间劳作。在元阳，从箐口村、全福庄到坝达村，通过徒步的方式，去丈量一望无际、宏伟壮观的千年梯田，去感受千百年来先人的耕作智慧和文化传承。

2. 多样化的文化遗产与非遗体验，慢节奏、多维度的心灵共鸣

参观米轨铁路车站原址上的云南铁路博物馆，乘坐穿行乡野的法式小火车，打卡网红火车站“碧色寨”，了解百年滇越铁路的风雨历程。探访 400 年历史的玉溪古龙窑，听非遗传承人讲述古窑历史以及传统制陶工艺，做一件个性十足的专属陶器。在建水古城亲自动手做豆腐、听小调，体验科举考试。梯田摸鱼，山野烧烤，哈尼家访，长街宴席，在世界文化遗产地做一天梯田里的哈尼人。

六、服务亮点

（1）全程精选品质酒店，集住宿、观景、休闲为一体。昆明选择翠湖宾馆，用轻盈的脚步重温汪曾祺先生的《翠湖心影》；建水下榻百年老宅听紫云酒店，在古建筑的厚重之中感受禅意轻盈；元阳入住十二庄园·香典酒店，在自然村落里的野奢酒店体会光影变幻。

（2）用餐精选地方风味餐厅，从昆明到蒙自，滇南美食一“碗”打尽。

（3）徒步安排轻松从容，从城市到乡野，身心渐次放松，回归自然。

（4）高规格接待礼仪。16~20 人的轻奢小团，行程配置乘坐率不高于 60% 的空调旅行车，10 年以上服务资历的中高级资深导游，特聘九溪龙窑非遗传承人和张家花园嫡传后人现场讲解。

参考文献 <<<<<<<<<

[1] GB/T 16766—2017，旅游业基础术语[S].

[2] LB/T 072—2019，包价旅游产品说明书编制规范[S].

[3] 韦鸣秋，白长虹，华成钢．旅游公共服务价值共创：概念模型、驱动因素与行为过程——以杭州市社会资源国际访问点为例[J]．旅游学刊，2020，35(3)：72-85.

[4] 厉才茂．无障碍概念辨析[J]．残疾人研究，2019(4)：64-72.

[5] 俞军．俞军产品方法论[M]．北京：中信出版社，2019.

[6] 艾瑞咨询．中国在线定制旅游行业研究报告2018[DB/OL]．report.iresearch/report.pdf.aspx?id=3204.

[7] 尹立杰，尹苗苗．基于网红美食的专项旅游线路设计——以南京市美食休闲为例[J]．中国商论，2020(23)：54-57.

[8] 李文玉．烟台非物质文化遗产旅游线路设计研究[J]．旅游纵览（下半月），2020(10)：116-117.

[9] 黄颖，毛长义．非物质文化遗产旅游线路设计——以渝东南为例[J]．长江师范学院学报，2019，35(2)：25-32，126.

[10] 宋晓，张新成，陈水映．服务生态系统视角下的游客价值：价值感知与生成过程[J]．四川旅游学院学报，2021，(5)：69-75.

[11] 黄雪君．公共图书馆与旅游融合的模式探讨[J]．传媒论坛，2021，4(14)：143-144.

[12] 伍静，孙可晴，陈玮宁．后疫情时代“云旅游”高质量发展模式与路径探究[J]．现代商业，2021，(20)：44-48.

[13] 董丽苹．定制旅游中的体验类活动设计分析[J]．旅游纵览，2020，(19)：64-67.

[14] 邹光勇，刘明宇，何建民．从单边市场到双边市场：旅游定价文献综述[J]．旅游学刊，2018，33(2)：77-89.

[15] 张伟强．旅游资源开发与管理[M]．广州：华南理工大学出版社，2013.

[16] 张春莲，盖艳秋．旅行社计调操作实务[M]．北京：中国旅游出版社，2017.

[17] 叶娅丽．旅行社计调业务[M]．武汉：华中科技大学出版社，2017.

[18] 刘晓杰，常永翔．旅行社经营与管理[M]．2版．北京：旅游教育出版社，2018.

[19] 潘仕梅，秦琴．旅游资源规划与开发[M]．广州：广东旅游出版社，2019.

[20] 陈丹红．旅游市场营销学[M]．北京：清华大学出版社，2019.

[21] 朱镇，黄秋云．大尺度旅游线路的设计质量评价体系与检验：以欧洲出境观光游

为例［J］. 旅游学刊，2019，34（1）：23-33.

［22］曹阳，葛军莲，龙毅等. 时空协同的城市旅游行程规划模型构建［J］. 地球信息科学学报，2019，21（6）：814-825.

［23］谢红霞. 沟通技巧［M］. 3版. 北京：中国人民大学出版社，2018.

［24］辛童. 中小企业供应商管理实战全书［M］. 北京：化学工业出版社，2018.

［25］孙磊. 供应商质量管理［M］. 北京：机械工业出版社，2020.

［26］王桂花. 供应链管理［M］. 3版. 北京：中国人民大学出版社，2019.

读者意见反馈

为收集对教材的意见建议,进一步完善教材编写并做好服务工作,读者可将对本教材的意见建议通过如下渠道反馈至我社。

咨询电话 400-810-0598

反馈邮箱 gjdzfwb@pub.hep.cn

通信地址 北京市朝阳区惠新东街4号富盛大厦1座

高等教育出版社总编辑办公室

邮政编码 100029

责任编辑:张卫

高等教育出版社 高等职业教育出版事业部 综合分社

地 址:北京市朝阳区惠新东街4号富盛大厦1座19层

邮 编:100029

联系电话:(010)58582742

E-mail:zhangwei6@hep.com.cn

QQ:285674764

(申请配套教学资源请联系责任编辑)